기우뚱한 균형

기우뚱한 균형

동요하는 우파와 좌파에게 권하는 우충좌돌 정치철학

2008년 7월 31일 초판 1쇄
2008년 11월 10일 초판 2쇄

지은이 | 김진석

편　집 | 문해순, 박대우
영　업 | 김우정
관　리 | 이영하

종　이 | 대림지업
인　쇄 | 미르인쇄
제　본 | 은정제책

펴낸이 | 장의덕
펴낸곳 | 도서출판 개마고원
등　록 | 1989년 9월 4일　제2-877호
주　소 | 서울시 마포구 공덕1동 105-225 2층
전　화 | (02) 326-1012
팩　스 | (02) 326-0232
이메일 | webmaster@kaema.co.kr

ISBN　978-89-5769-086-4　03300
ⓒ김진석, 2008. Printed in Seoul Korea.

www.kaema.co.kr

국립중앙도서관 출판시도서목록(CIP)

기우뚱한 균형 / 김진석 지음. ― 서울 : 개마고원, 2008
　　p. ;　cm --

ISBN　978-89-5769-086-4 03300 : ₩13000

정치 철학[政治哲學]

340.1-KDC4
320.01-DDC21　　　　　　　　　　　　CIP2008002246

＊이 책은 2008년도 인하대 교내연구비 지원을 받았음.

동요하는 우파와 좌파에게 권하는 우충좌돌 정치철학

김진석

기우뚱한 균형

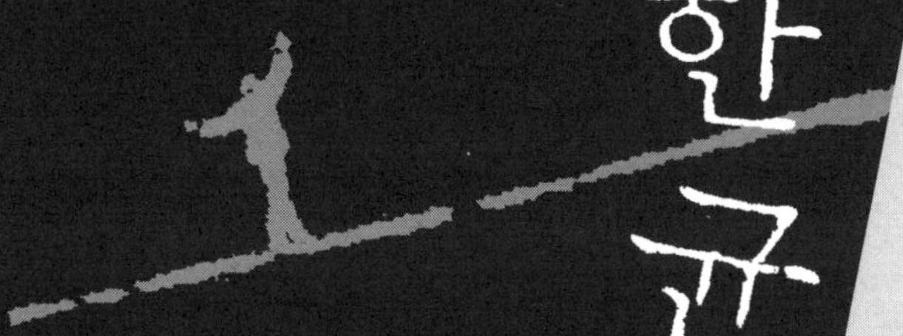

개마고원

기우뚱한 균형, 그 오래된 여정

처음 '기우뚱한 균형'에 대해 생각하고 쓴 건 거의 15년 전쯤이다.
『초월에서 포월로』(1994)를 낼 때쯤이었으니. 그 이후 계속 그것에
대해 생각하고 썼다. 그것이 책 제목 하나의 무게를 가진 표현이라
생각했지만, 책을 몇 권 더 내는 동안에도 그것을 제목으로 쓰지는
못했다. 제목으로 하기에는 아직 부족하다고 느꼈다. 철학적으로도
부족한 점이 있었고, 사회적 구체성을 확보하기에도 부족했기 때문
이다.

지난 몇 년 동안 『소외에서 소내로』와 『포월과 소내의 미학』을 내면
서 철학적으로 필요한 개념을 쌓았다. 개념들은 돌로 건축하듯 쌓아
야 한다. 무너지지 않을 정도로 차곡차곡, 견고하게. 말들은 돌처럼
서로 지탱하고 서로 물려야 한다. 공기와 바람에 자신을 허투루 내주
면 안 된다. 다른 한편으로 개념들은 그저 딱딱한 돌이나 벽돌이기만
한 건 아니다. 한국어로 만들어진 말들은 여기 사는 육체처럼 살아 있
고 부드러워야 좋다. 공기와 바람이, 그리고 땀도 통해야 한다.

사회적이고 정치적인 구체성을 확보하기 위한 준비 작업으로 몇 년 전 『폭력과 싸우고 근본주의와도 싸우기』를 냈다. 폭력뿐 아니라 근본주의를 동시에 대면하는 방식을 익혀야 했다. 가지각색의 근본주의가 그 자체로 폭력에 근거하고 폭력을 불러와 결국 근본주의의 중요한 덕목이었던 반폭력성이 무색해진 것이 지금의 현실이다.

『기우뚱한 균형』의 출간이 이렇게 오래 걸렸던 이유는 그 말이 철학적이고 서정적인 분위기를 짙게 가졌기 때문이다. 철학적이고 서정적인 말은 그 자체로 좋고 아름다울 수 있지만, 산문과 비평의 제목으로 함부로 내걸리기 어려운 점이 있다. 원칙으로나 결과의 모습으로는 좋지만, 현실 속에서 어떤 과정을 거쳐야 그런 모습이 나오는지 눈에 보이지 않을 수 있다. 서정적이고 시적인 결정체로는 좋지만, 사회적·정치적으로 민감한 상황에서는 시적 서정성이 오히려 모호함으로 작용할 수 있다.

과정으로서의 현실성을 드러내는 까칠까칠한 일이 필요했던 것이다. 그것을 위한 작업의 대표적 이름이 '우충좌돌'이다. 먼저 우측에 부딪치기. 이제까지 주류였고 앞으로도 한동안 강하게 남아 있을 우파에 부딪치기. 그 다음엔 좌측에도 부딪치기. 흔히 쓰는 '좌충우돌'에 대한 정치적 패러디인 셈이다. 그렇게 '우충좌돌' 과정을 거쳐야 겨우 기우뚱하게 균형을 잡을 수 있다. 이렇게 가까스로 잡힌 균형은 아직도 정치적이라기보다는 철학적이다. 존재하는 모든 것들 사이로 천천히 기어가거나, 혹은 빠르게 '우충좌돌' 부딪치며 지나가는 과정의, 과정 속에서의, 과정으로서의 결정체이다.

그러나 나는 철학적인 이야기만 할 생각은 없었다. 철학적이면서 정치적인 균형에 대해 이야기하고 싶었다. 이 책에서는 결과적으로 정치적 중도에 가까운 정책들이 옹호되곤 하지만, 그렇더라도 "이 책은 단순히 정치적 중도를 위한 사용서는 아니다"라고 말하고 싶다. 현 상황에서 인권이나 개인의 권리에 관한 정책이 문제가 될 때, 나는 좌파적이거나 자유주의적인 정책(좌파가 자유주의적인 건 아니고 심지어 때로는 서로 부딪치기도 하므로)에 동의한다. 예를 들어 대체복무제의 도입에 찬성한다. 그러나 그 정책을 지지하는 글이나 주장이 완벽한 평화를 전제하거나 목표로 삼을 때, 그래서 실재하는 모든 폭력을 엄격한 도덕주의의 관점에서 비난할 때, 나는 거기에 동의하기 힘들다. 그들 사이에서 부딪치며, 부딪치면서만, 겨우 균형은 기우뚱 잡히기 때문이다.

'기우뚱'은 복합적인 뉘앙스를 담고 있다. 끊임없이 우로 좌로 부딪쳐야 기우뚱 무게를 잡을 수 있다는 것, 그렇게 잡은 균형도 무거운 중심추를 마음 놓고 바닥에 늘어뜨려 놓지는 못한다는 것, 싸움이 필요하다면 부끄럽지 않은 힘을 선택하고 싶다는 것, 아니 마음 어느 구석에서도 전혀 부끄럽지 않을 수는 없지만 최소한 행동에서는 부끄럽지 않은 힘을 지키고 싶다는 것, 결과적으로는 어중간하게 보일 때도 있지만 기우뚱거림의 작은 차이들은 새파란 칼날에 베일 때의 싸한 아픔의 연속이라는 것, 그러나 싸움이 없어도 될 때에는 힘을 뺀 채 흔들리고 부끄러워하는 모습이 아름답다는 것, 그래서 균형은 그 자체로 완성된 산술적 상태는 아니지만 그렇다고 미완성은 결코 아니라는 것, 그건 목적으로서의 완성이 오기를 기다리는 결함 많은 상태는 아니라는 것, 기우뚱거리며 흔들리고 가는 일은 이미 그 과정으로 충분하다는 것.

그 말은 심지어 삐딱한 모습도 가진다. 아니, 사실은 삐딱함이 꽤 큰 몫을 가진다. 조금 딱딱한 이야기를 하자면, 우충좌돌하는 모습은 소위 변증법적 과정과는 거리가 멀다. 변증법적 종합을 이끌어내는 데에는 나는 관심이 없을 뿐 아니라, 오히려 그것과 아주 다른 '이것을 먼저 치고 저것도 치기'를 발견하고 싶었다. 나의 첫 책『탈형이상학과 탈변증법』(1992)은 '탈의 놀이'를 주제로 삼았었다. 탈을 쓰고 탈을 내고 이탈하기. 그 와중에서 '가로지르기'가 중요했는데, 나는 가로질러도 그냥 똑바로 가로지르는 움직임이 아니라 '비스듬한 가로지르기'를 그렸다.

살아 있는 것들은 삶의 밀도에 따라 기우뚱 균형을 잡는다. 걸을 때도, 날아갈 때에도, 미끄러질 때에도, 심지어는 기어갈 때나 누워 있을 때에도 그렇다. 누울 때도 우리 몸은 자리를 잡는다. 그렇게 움직이는 과정 속에 있다는 점에서 균형은 그저 '기우뚱한' 게 아니라 오히려 기우뚱거리는 것이다. 균형은 안정 속에 있다기보다는 위험과 위기 속에서 생성한다. 평균대 위에서의 움직임이 그러하듯. 완벽한 균형, 완성된 균형은, 그래서 없다. 잘 잡힌 균형조차 기우뚱거릴 뿐이다. 사람마다, 그리고 같은 사람이더라도 균형점은 그때그때 달라질 수 있다. 이 책은 일반적으로 통용될 수 있는 균형을 제시하려고 하지 않는다. 다만 기우뚱하더라도, 또 기우뚱하기에, 그리고 기우뚱할수록, 우리는, 같은 시대를 사는 동시대인이여, 우리는 그것, 기우뚱거리는 것을 잡을 수 있다. 찰랑찰랑하는, 쓰러질 듯 견고한 그것을.

이 책의 글들은 지난 4, 5년 전부터 집중적으로 쓴 것들이다. 그 이전에도 '기우뚱한 균형'에 대해 쓴 글이 있지만, 싣지 않았다. 잡지에 실렸던 글들은 대부분 책의 출간에 맞춰 수정되었다. 부분적으로 고쳐 쓴 것들이 있고 많이 고쳐 쓴 것들이 있다. 거의 새로 쓴 것도 있다. 예로 든 구체적 상황들은 가능한 한 현재 시점에 맞게 고쳤지만, 당시 글의 맥락에 맞춰 그대로 둔 것들도 있다. 글 속에서 언급한 예들이 워낙 예민한 문제들인만큼 실제 상황에서는 사람마다 조금씩 다른 균형감각을 발휘할 듯하다. 세상의 험하고 거친 꼴을 경험하면서 모든 사람이 같은 방식으로 균형을 잡으리라 기대하거나 요구하긴 어렵다. 더욱이 복잡한 세상사 모든 구석을 산술적으로 다 종합하고 걸러서 균형을 잡기는 더 어려울 뿐 아니라 그렇게 할 필요도 없다. 때때로, 아니 자주 우리는 선을 행한다면서 위선을 떨고, 본때를 보여준다면서 위악을 부리다 정말 나쁜 짓도 한다. 기우뚱거리며 우리가 지나가고 또 지나갈 검은 골짜기 하나는 이 위선과 위악의 협곡이다.

마지막으로 제목에 대한 오해를 피하기 위해 해야 할 말이 있다. 위에서도 말했지만 '기우뚱한 균형'은 내가 오래 전에 고안한 표현이다. 지난 시절의 글 속에서 나는 그 말을 핵심 주제 중의 하나로 삼아 변주하면서도, 소중한 제목으로 아껴두었었다. 그런데 그동안에 다른 사람들이 그 말을 인용 없이 사용하곤 했다. 다른 사람은 몰라도, 특히 한 사람에 대해서는 언급이 필요하다. 김지하가 과거 전시회와 글 속에서 정확한 인용 없이 그 표현을 사용하곤 해서, 적지 않은 사람들이 '기우뚱한 균형'이 그의 독창적 사상이라고 생각한다. 여기서 잠깐 옛날 이야기 하나를 해야 할 듯하다. 내가 '포월'과 '소내', '기우뚱한 균형' 같은 개념을 만들어 사용하기 시작했던 1990년대 초반, 김지하는 이미 당시에 이들 개념에 대해서, 자의 반 타의 반으로, 오해를 불러일으켰다. 그 자신도 적절하게 인용하지 않은 채 그 말들을 사용해서, 그 개념들이 그의 사상이라고 여겨지는 상황이 적잖이 벌어졌다. 다행히 김지하가 직접 한 신문 칼럼에서 해명함으로써 대충 정리가 되었다. '포월'과 '소내'는 말할 것도 없지만, "'기우뚱한 균형'이라는 말은 김진석 교수가 만든 개념으로 내가 아주 즐겨 쓰는 멋진 말"이라고. 당시 우리는 문화적인 작업을 함께 준비했었는데, 이 '사건' 때문에 나는 그 작업을 떠났다. '기우뚱한 균형'을 이 책의 제목으로 삼지 않았다면 이런 거북한 지적도 하지 않고 그냥 지나갔을 수 있었을 터이다. 이제 그 말이 제목으로 표면에 등장한 상황이기에, 오해를 피하기 위해 이제라도 뒤늦은 언급이 필요하게 되었다.

이렇게 오랜 시간이 지나서야 그 말을 제목으로 쓰는 데는 이유가 있다. 은유적인 표현과 달리 개념 작업은 만만치 않은 시간을 요구했고, 나는 서두르고 싶지 않았다. '소내' 개념도 당시에 벌써 생각한 것이었고 그 이후 지속적으로 그에 대해 글들을 썼지만, 그 제목으로 책이 나온 것은 거의 10년이 지난 2004년이었다(『소외에서 소내로』). 이 기회를 빌려 말하자면, 이 표현들은 아직도 인용 없이 모호하게 사용되거나 이상하게 변형되어 사용되곤 한다. 아는 사람은 아는 일인데, '가로지르기'라는 표현도 1992년의 첫 책 이후 내가 큰 주제로 삼았었다. 정확하게 말해 신조어는 아니었지만 주제적인 표현이었다. 그런데 그 후 인용이나 언급 없이 그 주제적 표현을 제목이나 주제로 그냥 사용하는 일도 벌어지곤 했다.

많이 나가지 않을 책의 출판을 맡아준 개마고원에 고마움을 표시하고 싶다.

차 례

우충좌돌 지식인

/김훈과 홍세화 사이로

중도(中道), 힘과 부끄러움의 사잇길

사자성어 '좌충우돌' 은 괜한 짓하는 모습을 싸잡아 비난하는 말이다. 그 말은 그러면서 은근히 중도를 칭송한다. 얼마 전부터 나는 이 말을 비틀고 싶어져서, '우충좌돌' 이란 말을 쓰고 있다.

우선 그 말에 붙어 있던 괜한 부정적인 뉘앙스를 뒤집고 싶었다. 양쪽으로 부딪치는 일은, 그것이 그저 공허한 양비론에 그치지 않는다면, 매우 적극적이고 긍정적인 일이 될 수도 있다. 그러나 그렇게 양쪽으로 충돌하는 데에도 순서가 있을 듯하였다. 이제까지 너무 오른쪽으로 치우쳤던 한국의 사회정치적 혹은 이념적 상황을 수정할 필요가 있었다. 먼저 부딪쳐야 할 쪽이 있다면 그것은 장기간 기득권을 누려왔던 오른쪽일 것이다. 그 다음에, 혹은 그와 동시에 왼쪽에도 부딪칠 구석이 있을 듯했다. 그럼으로써 가까스로 균형을 잡을 수 있을 듯했다.

　이렇게 기우뚱한 균형을 잡음으로써 '좌충우돌'이 너무 쉽게 점유하고 있던 중도적 가치를 다시 확보하고 싶었다. '좌충우돌'이라고 말할 때 사람들은 너무 쉽게, 너무 게으르게, 중용을 지키고 중도를 가는 척했다. 그러나 가만히 보건대 그것은 제대로 된 중용도 중도도 아닌 듯하다. 일단 고전적인 의미의 중용은 그렇다 치고, 요즘 사람들이 말하는 중도에 대해서만 말해보자. '좌충우돌'을 그저 부정적으로 보는 한, 중도가 적극적인 의미로 확보될 리 없다. 중도가 적극적이고 활동적인 의미로 확보되려면, 오른쪽과 왼쪽 양편의 극단과 부딪치는 일이 긍정적이고도 적극적으로 파악되어야 한다. 그래야만 중도는 너털웃음 지으며 신수 좋은 얼굴로 가는 길이 아니라, 매우 힘겹고 매우 예민하지만 그렇다고 우거지상을 하고 갈 필요는 없는 길로 드러날 것이다. 또 그래야만 지나치게 보수와 진보로 편향된 풍경 속에서 가까스로 기우뚱거리는 균형을 잡을 수 있을 듯하다. 그렇다고 중도에 무작정 우월성을 부여해야 할 필요는 물론 없다. 다만 보수와 진보, 혹은 극우와 극좌가 극단적으로 맞부딪치면서 아우성치는 현재 상황에서 바람직한 중도의 의미가 어떤 것인지 생각해볼 필요는 있는 듯하다.

중도(中刀), 너무 무겁지 않고 날렵하게

　김훈과 홍세화를 보수적 비탈과 진보적 비탈에 놓는 이유는 어쩌면 우연일 수도 있다. 몇 년 전에 그 두 사람이 '우연히' 한겨레신문사에 입사했었다. 서로 상이한, 아니 상반될 정도의 세계관을 가진 사람들이 진보적인 신문사에 특채되었기에 많은 사람들이 의아해했고, 나도 그런 사람들 중 한 명이었다. 그 후 전자는 잠깐 있다가 나왔고, 후자는 그 안에서 점점 더 중요한 역할을 하는 듯하다. 어쨌든 한겨레신문사는 왜 그런 결정을 했는지 당시 뚜렷한 설명을 하지 않았다. 보수와 진보로 갈라진 사람들을 포용하면서 중도의 스펙트럼을 넓히려는 시도를 공식적으로 하는 것인지, 아니면 무슨 다른 심오한 뜻이 있는지 오리무중이었고, 그것은 지금도 그렇다. 특히 김훈은 그러기 몇 년 전 『한겨레21』에서 자신의 보수적인 취향과 기질을 용감하다 못해 호탕하게 밝혀 화제가 되었었다. 『한겨레21』과 쌍벽을 이루는 시사주간지의 편집국장을 겸하고 있던 김훈에게 그 화제가 물의로 확대되었는지, 그는 『시사저널』 편집국장직을 사퇴하고 말았다. 이런 전력의 김훈을 보란 듯이 홍세화와 한묶음으로 특채했으니, 한겨레신문사의 용감한 시도는 또 다른 화제를 불러일으킬 만했다. 그런데 그 시도의 모호함은 한겨레가 대표하는 정체성에도 그 후 부분적으로 옮아 붙지 않았나 싶다. 한겨레가 강력하게 진보를 하려는 것인지, 아니면 포용력 있는 중도를 하려는 것인지, 그 모호함에 나는 때때로 고개를 갸우뚱거린다. 그것을 한겨레 탓으로만 돌리기 힘들다는 것은 나도 안다. 지금처럼 혼란한 국면에서 어느 한쪽으로만 치우치기 어려운 점이 분명히 있기 때문이다.

이 두 사람과 좌우에서 부딪치려는 또 다른 이유는, 우연히도 그들이 개인적으로 아는 선배이기 때문이다. 이 우연한 요인이 이 글을 쓰는 데 적잖이 부담으로 작용한다. 다소 불쾌한 부딪침을 피할 수 없을지도 모르니 말이다. 그러나 나는 이 부담을 담담하게 받아들이기로 했다. 그런데 여기서 '부담'은 다만 글 안에서 그들과 부딪치는

데 그치지 않는 듯하다. 문화의 공적 차원에서 대립하며 의미 있는 역할을 하는 두 사람을 사적으로 안다는 부담도 있는데, 그 사적인 성격을 나는 글이라는 공적 공간을 통해 조절하고 싶은 것이다. 비평을 하는 자는 사적으로 쓸 수 있는 말과 공적으로 써야 할 말의 무게를 되도록이면 같게 만들어야 한다고 여기기 때문이다.

두 선배를 비평하면서 정치성에 대한 판단이 없다고 한다면 거짓일 것이나, 그렇다고 정치적인 관심사가 이 글의 핵심인 것은 아니다. 정치적 관심사도 약간 옆에서 떨어져 그 역할을 하기는 하지만, 세상을 보는 시각이 그것보다는 더 중요할 듯하다. 세상, 세상이란 대체 무엇일까? 가까이 가려고 하면 멀어지기만 하는 세상이라니. 아무튼 우충좌돌하기를 너무 무겁게 생각하지는 말자. 칼싸움 보듯이, 혹은 하듯이 재미있게 생각해도 된다. 칼싸움 이야기는 그냥 하는 말은 아니다. 우충좌돌하기는 단순히 편한 길에서 유유자적하는 중도는 아주 아니지만, 그렇다고 무작정 쿵쿵 부딪치면서 가운데를 뚫거나 다지는 일도 아니다. 가운데 길의 좁음은 다 아는 일이지만, 그러나 실제로 얼마나 좁은가를 느끼는 일은 역시 그 길을 가는 사람에게 달렸다. 내가 보기에 칼 같은 중(中)이 있다. 칼로 베어야만, 아니 칼로 벤다는 말도 사실 너무 진부해졌는데, 칼로 비집어야만 드러나는 중도, 가운데 길이 있다. 그것은 공간이라 하기에는 너무 좁은 길이다. 칼은 좁은 공간을 비집고 들어가며, 자르고 들어가고, 헤치면서 겨우 나온다. 나오는가 하면 다시 자르고 들어간다. 다시, 다시, 다시…… 그렇게 중도(中道)는 중도(中刀)가 된다.

김훈, 위약(僞弱) 뒤에 숨은 당당함

　김훈이 앞의 『한겨레21』 대담에서 보란 듯이 도발적으로 보수성을 표방했을 때 진보적인 사람들은 대부분 비판적이었던 듯한데, 사실 나는 마음 한구석으로 다른 생각을 했다. 자신의 보수성을 당당하게 드러내지 못하는 '헛보수'들이 허다한 판에 당당하게 보수를 드러내는 태도는 괜찮다고 여겼기 때문이다. 이념이나 거대담론으로 정당화되거나 정리되지 않는 삶의 누추한 모습이나 완강한 태도, 그리고 도덕으로 정당화될 수 없는 폭력적인 밀고 당김이 인간 세상에 있다는 것을 날것으로 드러내는 사람도 있어야 하기 때문이다. 사실 이 점이 그의 글이 가진 장점이기도 하다. 화려한 이념이나 거대담론으로 사물들을 설명하고 정리하려는 어설픔 혹은 어쭙잖음을 우습게 아는 것. 산문도 그렇지만 기사를 쓸 때도 그는 사람들의 악하고 약하고 추한 면을 슬며시 내놓거나 아예 뻔뻔하게 내놓았다. 악하고 약하며 추한 면들은 마치 옛날부터 있었고, 지금도 있고, 앞으로도 여전히 있을 것처럼 드러난다. 그래서 역사적 사실들을 관찰하는 그는 악착같이 그 역사성을 넘어, 여전(如前)했으며 또 여래(如來)할 풍경을 슬슬 불러낸다. 그의 글에는 세상에서 불러준 이념과 개념으로 사물을 설명하지 않으려는 집요한 시각이 있다.

　물론 이념과 도덕에 사로잡히지 않은 사물들의 모습과 인간들의 행위가 꼭 악하고 약하고 추한 것만은 아니다. 꽃과 여자들과 바퀴를 묘사하는 그의 산문들은 꿈틀거리는 생명으로 넘치며, 굴러가는 바퀴처럼 날렵하다. 색과 선으로 넘치는 사물과 인간의 모습이 폭력적이면서도 무구하다는 점을 파악하는 호모 루덴스의 시각은 악동의 시각 같다. 악하고 약하고 추한 면에 대한 예민한 시각을 갖고 있으면서 동시에 그는 육체를 가진 것들의 무구함에 끼어들어 한없이 즐기려는 시각을 드러낸다. 이 두 시각이 적당하게 혹은 재미있게 합체하면서 유장한 관점을 합성할 때, 그의 글은 더 멀리 보게 하고 더 넓게 보게 한다.

그러나 악하고 약하고 추한 면을 서술하려는 그의 의지 혹은 욕망, 그리고 사회적 가치판단에서 도망가려는 그의 욕망은 나를 불편하게 하는 경우가 많다. 첫번째 경우는 그가 인간의 악한 면을 위악적으로 과장하면서, 그와 동시에 사회적이고 정치적인 행위에 대해 역사적인 판단을 훌쩍 유보한 채, 너무 넓고 너무 높은 비역사적 관점에서만 보려고 하는 때이다. 그 관점은 너무 비역사적이어서 자연주의적 적나라함으로 넘치지만, 다른 한편으로 사회적 인간이 사회적 차원에서 어쩔 수 없이 빌리는 사회적 판단을 쉽게 경시하거나 무시하는 듯하다. 사회과학적이고 역사적인 판단의 중요성을 말한다고 해서 그것이 꼭 옳거나 우월하다고 말하는 것은 아니다. 그것의 유한성을 알면서도 인간은 그 유한성 안에서 가능하면 사회적 객관성을 확보하려고 애를 쓰는 것일 뿐이다. 어느 쪽을 선택하는 것이 꼭 옳은 것은 아니지만, 제한된 맥락 안에서 행위하고 실천하는 인간은 또 어느 쪽을 선택해야 한다. 이것은 사회적 동물인 인간이 지닌 위대함이자 왜소함일 것이다.

그런데도 그는 "너는 어느 쪽이냐고 묻는 말들에 대하여" 한편으로는 너무 완강하게, 한편으로는 너무 한가하게 가소로움을 표한다. 그러면서 어느 쪽에도 끼지 않아도 당당할 수 있다고 표표히 말한다. 이 당당함이 문학적 텍스트에서는 어느 정도 가능할 것이다. 아니,

어느 정도가 아니라 꽤 가능할 것이다. 그러나 정치적인 사건들의 역사성이란 때때로 어느 한쪽으로의 정당한 개입을 요구하는 것도 엄연한 사실이다. 이 지점에서 정치적 개입을 초월하는 듯한 그의 말들은 그의 당당했던, 어떤 점에서는 여전히 당당한 보수성에 상응하지 않는다. 또 정작 그가 그토록 중요하게 생각하는 인간의 실존성을 탈각시키는 듯하다. 정치적 판단 속에서 기어가는 인간 조건이 아무리 하찮게 보여도, 사실 그것을 떼고 나서 존재하는 실존이 또 무어 그리 대단하겠는가. 변덕스럽고 불완전한 사회적 실천에 진지하게, 진지한 시늉을 하고 임하지 않는다면, 그의 '당당한 말'도 그가 그토록 우습게 여기는 말과 크게 다를 수 있을까, 나는 생각한다.

한 예로 김대중 정부 때 있었던 언론사 세무사찰을 들어보자. 그 사찰이 치밀하지 못했고 장기적인 일관성을 띠지도 못해서 정치적 당당함을 결여했다는 것은 웬만한 사람은 다 안다. 따라서 단순히 신문사들이 주장하듯 언론 자유가 액면 그대로 핵심인 것도 아니고, 정부가 말하듯이 조세 정의가 액면 그대로 핵심인 것만도 아닐 것이다. 따라서 그 둘 가운데서 어느 쪽 하나만을 진리의 차원에서 양자택일해야 하는 것은 아닐 터이다. 역사의 제한된 틀 안에서 합리적 가치판단을 하기 위해 애쓰고 싸우는 경우, 우리는 최선은 아니더라도 차선이나 차악의 차원에서 사회적 판단을 내려야 한다. 이 경우 언론사들의 탈세는 적발되고 고발될 수 있는 사회적 사건이라는 점이 부정될 필요는 없을 터이다. 그런데도 김훈은 다 헛소리라고, 자신은 모든 정치성을 초월한 것처럼, 일갈한다.

이 판국에 술이 약해 보이는 여성 국회의원이 제 맘에 안 드는 신문 칼럼을 쓴 소설가를 향해 "지식인이라면 어느 편인지를 분명히 밝히라"고 삿대질을 했다고 한다. 나는 경악했다. 어느 편인지를 밝히라니! 어느 편에 속하는 것이 나의 지성일 수가 있는가. 당신들은 또 어느 편인가. 나는 이른바 언론의 '자유' 편인가. 나는 이른바 조세의 '정의' 편인가. 내가 '자유'의 편이라면 '정의'를 배반하는 것이고 내가 '정의'의 편이라면 '자유'를 부정하는 것인가. 이러니 어느 편인가를 밝히라는 말은 대체 무슨 말인가. 잠꼬대인가 술주정인가. 언어는 더 이상 인간의 말이 아니다. 아무런 의미도 담겨져 있지 않은 음향처럼 들린다. 지옥의 모습은 본래 이러하다.(김훈, 『너는 어느 쪽이냐고 묻는 말들에 대하여』, 생각의나무, 2002, 84~85쪽)

역사성을 초월한 자유와 정의 가운데에서 양자택일하는 문제는 어차피 핵심이 아니다. 어떤 시대 상황에서는 어느 쪽도 선택하지 않을 수도 있지만, 때로는 좋든 싫든 어느 쪽을 선택해야 하는 것이 인간이란 동물의 존재조건이겠다. 그런데도 김훈은 이 역사적 제한성 혹은 유한성을 인정하지 않은 채, 마치 문제의 핵심이 절대적 진리의 싸움인 것처럼 문장을 가파르게 이끈다. 그 싸움판은 절대적 진리에 못 미치기에 지옥이라고, 그는 호기 있게 '깽판'을 놓는다. 피할 수 있으면 사회적 위악을 피하는 것이 좋은 것은 사실이다. 그러나 그가 사회적 위악을 피한다면서 그것보다 훨씬 크고 어마어마한 스케일의 위악(僞惡)을 저지르는 것은 아닐까. 곧 그는 어느 편에도 속하지 않는 천상의 언어와 지옥의 언어 사이에서 어느 쪽인지를 말하라고 다그치는 위악에 빠진 듯하다.

정치적 대립을 가소롭게 여기며 표표히 움직이는 그의 산문에서 적지 않은 사람들이 매력을 느낀다. 그러나 정치적 언어의 사용은 제약이기도 하지만 또 '인간 극장'에 빠져서도 안 될 것이다. 그가 생각하듯이 정치적 최선은 존재하기 힘들며, 나도 그것을 믿지 않는다. 그러나 정치적 최선이 부재할 때 인간은 무모한 일인 줄 알면서도 정당한 권력을 구성하고 행사하기 위해 노력하며, 부당한 권력은 비판하려고 애를 쓴다. 만일 이 모든 일이 다 개수작이라면, 정말 그렇다면, 인간 언어야말로 더 이상 소리를 낼 필요가 없지 않을까.

> 이 나라의 모든 사태는 권력투쟁이 아닌 것이 없다. 지역 간의 갈등과 대립도 권력투쟁이고 민노총의 파업도 권력투쟁이다. 색깔론과 역색깔론이 모두 권력투쟁이고 의약분업도 권력투쟁이고 통일조차도 권력투쟁의 제물이 되어간다. 권력만이 이 지옥의 헌법인 것이다. 여당과 야당의 싸움은 말할 것도 없고, 정부와 신문, 야당과 신문, 크다는 신문과 작다는 신문, 진보라는 신문과 보수라는 신문, 신문과 방송 사이의 이 아수라 싸움만이 모두 다 말짱 권력투쟁인 것이다.(김훈, 같은 책, 84쪽)

권력투쟁의 관점에서 보면 권력투쟁 아닌 것은 없는 것처럼 보인다. 그러나 그렇다고 해서 실제로 인간 행위가 꼭 그렇게 무차별적 권력투쟁인 것은 또 아니다. 싸움과 갈등의 눈금에도 미세하나마 차이가 있다. 따라서 일정한 범위 안에서 사람들은 그 눈금의 차이에 따라, 바로 인간 언어의 덕택, 혹은 바로 그 탓으로, 선택을 한다. 이 점을 그가 전혀 모르는 것도 아니다. 그도 인문적 제도와 잣대의 중요성을 종종 강조하기 때문이다. 그런데도 그는 자신의 언어에 취해 사회적 판단의 필요악을 왕왕 초월한다. 사회적 선택을 화려한 이념이나 거대담론으로 지나치게 포장할 필요는 없겠지만, 그렇다고 선택의 여지 혹은 택일의 자유의지가 전혀 없다고 위악을 부릴 필요는 없는 게 아닐까.

이렇게 사회적 위악을 피한다면서 그는 지옥의 위악을 불러내는데, 그 와중에서 그는 알게 모르게 약함을 과장한다. 위약(僞弱)한다. 마치 자신이 한없이 힘없는 민중이자 산골처사인 듯 말한다.

> 정치권력이 되었건 언론이 되었건, 힘센 것들이 많은 힘없는 사람들을 이처럼 능멸하고 조롱해도 좋은 것인지, 치가 떨리고 이가 갈린다.(같은 책, 84쪽)

만일 이 말들이 조금만 해학적으로 씌었다면 어쩌면 펑펑 웃으면서 즐기고 지나갈 수 있을 듯하다. 그러나 그의 이런 구절들은 적지 않은 경우 위악을 동반한 위약으로 넘쳐서 부담스럽다. 정말 힘없는 사람의 언어라고 하기에는 그의 언어는 매우 화려하고 매우 힘이 있다. 자신의 언어를 소중히 하다못해 자신의 미학적 언어의 힘에 취한 듯이 보일 때가 적지 않다. 자신의 언어로 어떤 사회적 판단과 선택도 넘어설 수 있다고 자부하는 사람은—실제 그의 산문은 그에게 그런 능력이 있음을 보여주는데—자칫하면 언어의 탐미에 경도되기 쉬운 듯하다. 이 순간 그의 언어는 위악과 위약 사이에서 흔들거린다.

그래서 위악적 당당함이 매력인 그의 언어는 어느 순간 자기도 모르게 위약적 감상에 빠지는 듯하다. 여기서 과장된 감상을 느끼는 것은 나쁜일까? 앞의 '치가 떨린다'는 말은 아마도 이 경계에 있을 것이다. 외로움을 과장하여 호소하는 경향도 이 지점에서 드러난다. 그가 자주 불러내는 '무참함'의 정서도 한편으로는 선비식의 실존에 호소하지만, 동시에 감상적 외로움을 과장하는 듯하다. 하지만 여러 신문사의 여러 직위를 초개처럼 버릴 정도로 당당했던 그가 아닌가. 또 그는 자신의 개인주의적 기질을 글에서 호방하게 드러냈었다. 나는 그의 그런 당당함이 부러웠다. 그런데 어느 순간 그가 힘없음과 무참함을 과장하곤 하는 일이 마음에 걸렸다. 보통사람, 정말 힘없는 사람들이 보기에 그런 과장은 위악과 위약이 뒤섞인 일이리라.

그의 과장된 무구함과 무력감은 그가 종종 장엄함의 정서에 호소하는 것과 교묘하게 맞물린다. 어떤 경우에는 그 호소가 절절하지만, 적지 않은 경우에 이미 그는 위험을 무릅써야 하는 사회적 판단에서 벗어나 있기에, 그 호소는 다만 말의 잔치에 그치는 듯하다. 허무에 호소할 때도 그렇다. 맹목적인 이념과 거대담론의 틈으로 비치는 허무의 풍경을 직시하는 것이 그의 날카로움이기는 하지만, 종종 그는 허무를 과장한다. 더구나 매우 탐미적인 언어로 장엄하게 과장한다. 이 경우 미학적인 언어에 사로잡혀 독자는 자칫하면 맹목적으로 허무의 정서에 탐닉하게 된다. 끊임없이 언어의 하찮음을 고백하는 그는 왜 스스로 언어의 미학에 과도하게 탐닉하는 것일까.

위악과 위약의 꼬리 물기, 당당함과 외로움의 꼬리 물기도 정말 그가 어느 쪽도 선택하지 않는다면, 나름대로 인정되고 존중되어야 할 것이다. 그러나 실제로는 어떤 사람도 선택을 하지 않고 초연하게 버티기는 힘들다. 아무리 무심하고 무구한 듯한 언어도 그 언어가 작동하는 문학적 장(場) 안에서의 일정한 정치성을 초월할 수는 없다. 실제로 내가 보기에 그는 보수를 선택하고 있다. 단순히 정치적인 의미의 보수가 아니라, 육체의 원시적인 움직임과 아날로그를 지향한다는 의미에서 근원적 보수다. 그리고 당대의 경향을 기본적으로 소외된 것으로 본다는 의미에서도 그렇다. 이런 태도 자체는 존중되어야한다. 나는 실제로 그가 자신이 선택한 보수를 당당하게 말할 때가좋았다. 그런데 거기에서 벗어나 마치 자신이 어느 쪽도 아니며 어떤정치성도 띠지 않았다고 말한다면, 너무 무구함을 과장하는 일이 될듯하며, 당당한 보수가 아니라 무책임한 보수가 될 위험이 있다.

사실 2004년에 있었던 코미디 중 하나는 『칼의 노래』를 둘러싸고일어난 에피소드이다. 헌법재판소에서 탄핵결의안이 기각되기 전 당시 노 대통령이 청와대 안에서 즐겨 읽는 몇 권의 책 중에 『칼의 노래』가 있다고 보도되었다. 당시는 탄핵에 반대하는 범국민적 촛불의물결이 요동치던 때였으니만큼 그 책에 대한 관심이 거의 구국적인관심의 연장선에 있었다고 할 수 있다. 결과적으로 그 책이 베스트셀러가 되는 데에는 노무현의 '의도하지 않은' 오버액션이 크게 기여했다. 그런데 실제로 김훈은 극우 경향의 신문들에 대해 비판적이지도않았을 뿐 아니라 또 당시의 참여정부에 대해 호의적이지도 않았으니, 노무현이 그 책을 즐겨 읽는다는 보도는 그 자체가 소극(笑劇)이었다. 아니, 그 책을 즐겨 읽는다는 대통령의 '고독한 결의의 시간' 도소극이 된 셈이다. 의도하지 않은 우연한 사건들의 와중에서 일어난사건들이었지만, 사태의 우연성에 희극적인 요소가 슬그머니 끼어들었던 셈이다. 그런 우연한 사건의 흐름에 대해서도 김훈은 다소 인색한 평가를 내렸는데, 그 책을 훌륭하게 만드는 데 크게 기여한 당시상황에 대해서 그가 조금은 아량을 베풀었으면 좋았을 것이다.

『한겨레21』 대담을 둘러싼 '진보적' 비판이 정치성에 대한 그의 개인적 염증을 불러일으키는 데 역할을 했을 수는 있지만, 그렇다고 그것이 원인이 되어 탈정치적 태도라는 결과를 낳았다고 보기는 어렵다. 왜냐하면 실제로 그가 넓은 뜻의 정치성에서 벗어나 있는 것은 아니기 때문이다. 정치적인 사건에 대해 개인이 일정하게 거리를 둘 수는 있지만, 넓은 의미로 현재의 문화적 사건에 대해 개인과 집단이 철저하게 탈정치적이기는 힘들다. 그들의 태도는, 아무리 그들이 의식하지 못하더라도, 어느 정도 정치적인 성격을 띠고 있기 때문이다. 낙태가 그렇고 도롱뇽 살리기가 그랬다.

많은 사람이 어쩔 수 없이 제 몫의 위악을 끌고 다니며, 그것은 나도 마찬가지다. 그의 다소 위악적인 보수성이 나는 크게 불편하지 않다. 다만 그가 그 위악에 위약을 섞지 않았으면 한다. 그리고 무구함을 과장하지 않았으면 하며, 덧붙여 하찮은 인간사를 초월하는 장엄함을 과장하지 않았으면 좋겠다. 이렇게 꼬집는 게 나의 위악이다.

홍세화, '똘레랑스' 아래 흐르는 근본주의

김훈이 드물게 혹은 은밀한 방식으로만 정치적인 흐름들에 개입하는 것과 달리 홍세화는 아주 적극적으로 개입하고 있다. 바로 공식적인 기사를 통한 그의 정치적 개입의 적극성이 아마도 나로 하여금 그의 글에 대해 비판적인 지적을 하기로 마음먹게 한 중요한 요인인 듯하다. 물론 그가 글과 기사 혹은 방송을 통해 단지 정치적으로만 개입을 하는 것은 아니다. 사회적 약자를 위해 여러 방식으로 적극적이고 진보적인 개입을 하고 있음은 잘 알려져 있다. 아마도 그의 엄격하게 진보적인 관점이 사회와 정치에 대해 엄격한 판단을 내리게 하는 것일 게다.

과거 노무현 정부 시절 이야기로 돌아가보자. 처음부터 그는 그 정부를 신뢰하지 않았고, 그 이후 줄곧 강한 비판과 비난으로 일관했다. 노무현 정부는 출범 당시부터 북한 핵문제 때문에 미국에 끌려다니는 불행한 형국이었고, 당당하지 못한 외교가 숱하게 비판의 대상이 되었다. 출범한 지 한 달밖에 안 된 2003년 3월에 홍세화는 벌써 다음과 같이 극단적인 말을 한다.

> 노무현은 지지자들의 반대 속에 그가 개혁 대상으로 삼았던 수구세력의 품에 스스로 들어간 것이다.(『한겨레』, 2003년 3월 24일자)

노무현이 당시 '수구세력의 품에 스스로 들어갔다'는 표현은 지나치다. 미국에 당당하지 못한 점은 진보적 관점에서 비판의 대상이 될지언정 수구적이라고 보기는 힘들다. 다수의 시민들이 속으로는 미국에 대해 당당해지고 싶지만 막상 어떤 정책에서 결정을 내릴 때에는 신중해진다. 홍세화는 이들 모두가 수구적이라고 말하고자 하는 것인가?

2003년 6월 민주노동당은 노무현 정부 100일 평가토론회를 가졌다. 당시 외교 분야 발제를 맡은 윤영상 평화군축운동본부장이 "한미 정상회담과 북한 핵문제에 대한 노무현 정부의 대응에 화가 나 있지만 민노당은 한반도 정세의 더 큰 불안정과 긴장을 가져올 노무현 정부의 실패를 원하지는 않고 있다"고 말했다. 같은 자리에서 홍세화는 민노당과 달리 나름대로 가졌던 기대가 벌써 "허물어졌다"고 극단적으로 말하면서, 정부는 "분명 수구적인 의식을 벗어나지 못했다"고 평가를 내렸다.(《프레시안》, 2003년 6월 4일자 참고)

비판할 수는 있지만, 당시 출범 후 100일 밖에 안 된 상황에서 너무 냉정하고 극단적인 평가가 아니었나 싶다. 이런 극단적인 평가는 줄곧 이어졌다. 2004년 12월에 이르러서는 개혁이 완전히 "끝났다"고 극언한다. "타락한 개혁에 나중은 없기 때문이다." 진보적 관점에서 너무 느릴 뿐 아니라 갈팡질팡하는 정부의 행보를 혹독하게 비판할 수는 있다. 그러나 그래도 희망을 가지고 출범한 정부를 출범 시작부터 계속 이렇게 혹독하게 비방하는 태도는 좀 지나친 것이 아닐까? 아량도 없고 관용도 없는 것은 아닐까?

나도 이전 정부를 두둔할 생각은 전혀 없다. 다만 당시 느러터져 보였던 개혁을 어떻게 평가해야 하는가에 대해서, 정부에 대한 비판과 조금 다른 태도가 존재할 수 있을 뿐 아니라 또 필요했다는 점을 지적하고 싶은 것이다. 홍세화는 정부를 지지하는 사람과 현 단계에서 개혁을 지지하는 사람을 모두 같은 수구의 통속으로 몰아갔는데, 이런 일방적인 태도는 수정되어야 하는 것이 아닐까? 개혁이 더디게 진행되는 것은 정부의 무능 탓도 있었지만 다른 한편으로는, 그도 잘 알듯이 아직도 완강하게 저항하는 보수와 극우 탓이 컸다. 그들은 2004년 4월까지만 해도 대통령을 탄핵할 정도로 의회를 장악하고 있었고, 그 이후 비록 의회 과반수를 놓치기는 했지만 2004년 말까지도 아직 120석을 가진 거대 야당으로 국보법의 폐지를 막고 있지 않았던가. 정부는 비판하더라도, 개혁을 지지하는 다수는 그 정부와 좀 구분해야 하지 않을까? 이들은 선거에서는 특정 정당을 지지했지만 단순히 그 정당에 예속되지 않은 채 정부를 끌어당기며 단계적인 개혁을 이루려는 생각을 갖고 있었다고 보아야 하지 않을까? 시민들이 그저 단순하게 정당이나 정부를 지지하면서 거기에 예속되고 또 거기에 끌려가지는 않는다.

좋다. 정치적 비판이야 얼마든지 가능하다고 하자. 내 질문의 초점은 다른 데 있다. 개혁이 처음부터 끝까지 없다고 일방적으로 비난할 때 홍세화는 정치적 관점에서 그런 비난을 했을 터이다. 그러나 정치적 차원에서 보자면, 그는 현재 민주노동당을 비롯한 진보정당과는 다른 정치적 방식으로 개혁을 원하는 이들이 상당수 존재한다는 것을 최소한 인정은 해야 하지 않을까? 노무현과 개혁의 지지자를 단순하게 일방적으로 동일시하면서 모두 수구라고 싸잡아 비난하는 대신, 민주노동당을 비롯한 진보정당의 노선에 심정적으로 동의하기는 하지만 아직은 한 표뿐인 표를 선뜻 진보정당에 던지지 못하는 사람들이 꽤 있다는 것을 인정해야 하지 않을까? 이들은 무엇보다도 보수세력이 순순히 물러서지 않는 형국에서 전략적으로 판단할 부분도 꽤 있다고 생각한 사람들일 것이다. 그러나 그는 그렇게 생각하지 않았다. 개혁의 지지자는 무조건 민주노동당 노선의 지지자와 동일해야 한다고 가정했다. 이런 동일시는 지나치다. 그런 판단은 정치적 판단이 아니라 이념적 도그마에 불과하지 않을까. 나는 개인적으로 2002년 대선 이전에도 부분적으로 민노당을 지지했고 지금도 그렇지만, 현실적 개혁안을 구체적으로 평가할 때엔 꼭 민노당을 비롯한 진보정당의 노선으로 판단하지는 않는다. 무엇보다도 결선투표 제도 없이 단순 과반수를 선택하게 만드는 선거제도가 그렇게 만들 터인데, 아마 다른 적지 않은 사람들도 그렇게 판단할 것이다.

개혁에 대한 진보적 비판과 독선적 비방이 다르다고 할 때, 홍세화는 진보적 비판의 금도를 너무 쉽게 넘어갔던 것이 아닌가 싶다. 이 점은 그가 개혁방식을 줄곧 정치적으로 비난하면서도, 정작 정치적인 대안을 제시하지 못했다는 데에서도 드러난다. 그가 진보적인 관점에서 정부를 비판하는 것이야 충분히 존중될 수 있다. 그러나 자신의 정치적인 개입만큼 다른 정치적인 선택도 존중해야 하지 않을까? 그는 오로지 진보적인 방식의 정치만이 존재한다고 믿는 듯하다. 그러나 이것은 정치에 대해 과도하게 도덕적인 규정으로 흐를 수 있다. 현 단계 한국사회에서 심정적으로는 사회민주주의를 추구하면서도 정치적으로는 중도적으로 투표하는 사람이 상당수 있다. 특히 국제관계에서 적지 않은 사람들은 탈냉전을 추구하면서도 막상 현실정치의 틀 안에서 판단할 때는 조금 보수적으로 판단한다. 아마도 한국이 처한 국제 상황에 대한 나름의 상황 인식 때문일 것이다. 이 상황 인식은 나름대로 상식적 균형을 잡고 있다고 보아야 한다. 그런데 그는 자신의 순수주의적 진보의 관점에서 이들 모두를 한심한 수구로 지칭하고 만다.

진심으로 진보정당의 미래를 위해서라도 꼭 그의 방식으로 판단할 필요는 없다고 여겨진다. 지금 아쉽게도 다소 보수적이거나 중도적으로 판단하는 사람들 중 다수는 민주주의가 진행되는 정도에 따라 얼마든지 진보정당에 동의할 수 있는 사람들이다. (민노당 기관지『진보정치』가 한길리서치연구소에 의뢰한 결과도 이 점에 대해 시사적이다. 민주노동당을 지지하는 않는 응답자 중 50.1%는 "상황에 따라서 민주노동당을 지지할 수도 있다"고 답했다. 당시 열린우리당 지지자의 67.3%는 이 같은 '조건부 지지' 의사를 밝힌 반면, 한나라당 지지자의 51.0%는 "지지할 가능성이 없다"고 답했다. 《오마이뉴스》, 2005년 1월 10일자) 최소한 이런 희망과 기대를 가지고 그들에게 접근해야 한다. 그들을 수구라고 비난하고 적으로 삼는 것으로만 정치적 역량을 강화할 수 있다고 생각한다면 착오거나 독단일 터이다. 그들은 온건하고 합리적인 개혁이 이루어지면 얼마 후에 우리 사회가 충분히 사회민주주의를 할 수 있다고 생각했던 사람들이기 때문이다. 다르게 말하면 중도좌파 혹은 좌파적 사회를 기대하면서 현 단계에서는 중도라는 선택을 하는 사람들이 여전히 상당수 존재한다는 이야기다.

그러나 그는 이렇게 생각하지 않는 듯하다. 그는 현재 다수의 사회 구성원들이 그저 자신들의 사회경제적 정체성을 배반한 허위의식을 가지고 있다고 판단한다. 허위의식을 이렇게 엄격하게 규정하면 자칫 독단적인 엘리트주의로 빠지기 쉬운데도, 그는 이 점에 대해서 주의를 기울이지 않는다. 그 이유를 극우 혹은 보수 매체의 탓으로 돌리기도 하지만, 기본적으로 그는 다수의 사회구성원이 그저 허위의식에 빠져 있다고 여긴다. 이 점은 그가 상대적으로 빈약한 진보정당 지지자에 대해 어떻게 생각하는지를 살펴보면 뚜렷하게 드러난다. 정치적 진보주의자라면, '많은 서민과 민중이 진보정당을 지지하지 않는 것일까'라는 물음에 대답하기 위해 고민해야 할 것이다. 홍세화는 여기서 사람들이 무조건 잘못된 의식을 가지고 있고 심지어 모두 자발적으로 자본권력에 굴종하고 있다고 관념적이며 엘리트주의적으로 혹독하게 평가한다.

> 19세기 사회주의에 기초해서 이야기하자면 1300만 노동자가 노동자 의식을 가져야 하지만, 우리가 알 듯 그중에서 노동자 의식을 가진 사람은 극소수에 지나지 않고 **자신의 존재를 그야말로 배반하고** 노동자라는 생각조차 가지고 있지 않아서 **자발적으로 자본권력에 순응하는 것이 그대로 보인다.**(앞의 민주노동당 토론대회 발표문. 강조는 필자

에 의한 것임)

이런 관념적 엘리트주의는 실천적으로도 전략을 방기한 무책임한 방식이 아닌가 싶다. 노동자들은 단순한 의식화의 대상이 아니다. 극우 매체의 영향이 상당히 있기는 하지만, 그것을 포함해서 지역적 혹은 세대적 보수성까지도 정치적 지형도 안에서 객관적으로 평가하고 대응하는 태도가 바람직하다. 정치개혁을 원하는 집단이 사람들에게 좋은 정책적 대안을 제시하면서 그들을 설득하는 노력은 하지 않고 그저 노동자나 민중이 자발적으로 자본과 권력에 굴종하고 있다고 훈계한다면, 구시대적 오만이 아닐까? 그런 오만에 빠진 사람은 그렇게 비굴하게 자발적으로 자본권력에 굴종하는 사람들을 비난하고 저주만 하기 십상이다.

그는 다수의 시민들이 현재의 미흡한 민주주의 아래 나름대로 정치적인 판단을 한다는 것을 아예 인정하지 않으려고 한다. 아주 극우적인 사람들을 제외하고 중도적인 혹은 심지어 보수적인 판단을 하는 상당수의 사람들은 지난 시대의 왜곡된 역사적 구조를 거쳐 지금도 왜곡된 구조 속에서 살고 있기에, 많건 적건 왜곡된 정치적 판단을 한다고 볼 수 있다. 민주정치란 것이 최소한 원칙적으로 모든 개인에게 동등한 정치적 권리를 부여하는 것이라면, 그것을 인정하는 바탕 위에서 그들을 정치적으로 계몽하거나 설득하도록 노력하는 태도가 합리적이다. 그런데 그는 엄격한 진보주의자의 높은 단상에서 내려다보면서, 지금 당장 진보적 이념과 이상을 따르지 않는 사람들은 모두 자본권력에 자발적으로 굴종하는 배반자라고 판결한다. 독단적인 인식일 뿐 아니라 진보정당의 미래를 위해서도 별 도움이 되지 않을 관념적인 판결로 보인다.

그의 극단적 진보주의가 정치 영역에서 그치기만 하면 별 문제가 아닐 수 있다. 불행하게도 그것은 사회에 대한 판단에서 도덕적 근본주의의 성격을 띤다. 나는 다원적 민주사회는 다소 잡종적이며, 많건 적건 순수하지 못한 세속성을 전제해야 한다고 본다. 나는 이 점이 자본주의의 현재와 미래에도 비슷하게 적용될 수 있다고 여긴다. 혹은 최소한 자본주의의 진행에 대해 나는 거대담론 투의 결론이나 저주를 내리는 것을 되도록이면 피하고, 구체적인 문제들을 충실하게 설명하도록 노력해야 한다고 생각한다. 그런데 그는 현재 자본주의는 모두 신자유주의에 종속되어 있으며, 따라서 모두 타락한 상태에 있다고 평가한다. 더 나아가서 현재 한국사회는 전체적으로 '물신숭배에 빠져 있다'고 이념적으로 판단한다. 구체적으로 어떤 집단이나 행위가 그런 경향을 띤다고 말해야 마땅한데도, 그는 총체적이며 무차별적인 이념의 잣대로 한국사회에 저주를 퍼붓는다. 우습지 않은가. 이런 저주는 아주 보수적인 사람들이 내리는 바로 그 저주가 아닌가.

물신숭배에 휩쓸려 물질적 가치로 인간의 가치를 압도해버린 사회구성원들.(『한겨레』, 2003년 11월 17일자)

동지는 보이지 않는다. 물신이 지배하는 사회에서 보이지 않는 것에 누가 가치를 인정하겠는가.(『한겨레』, 2004년 3월 11일자)

자신의 정치적 정체성을 배반한 채 자본권력에 자발적으로 굴종한다고 여겨진 사회구성원들을 이제 물신숭배에 빠져서 허우적거리고 있는 한심한 인간들로 간주한다. 그러면서 그는 동지가 보이지 않는다고 투정하고 힐난한다. 그러나 오히려 잠재적 동지들을 도덕적 엄숙주의의 관점에서 비난하고 비방하면서 내쫓고 있는 것은 아닐까? 현재 개혁이 여러 가지 면에서 미흡하고 답답하게 보이더라도 다수의 사람들이 사회민주주의 체제를 선호한다는 것이 여론조사에서도 드러난다면, 시간이 좀 걸리더라도 답답함과 분노를 참고 이들을 정치적으로 설득하고 견인하도록 애쓰는 것이 마땅하지 않을까? 그도 인정하듯이 많은 점에서 개혁은 혁명보다 어렵다. 그렇다면 무능한 정부와 정치가는 비판하더라도, 민중에 대한 희망과 기대는 버리지 말아야 하지 않을까? 그런데 정작 그는 민중에 대하여 아주 독단적이고 독선적인 평가를 일삼는다.

한국 사회와 정치가 그동안 무책임하고 부패한 궤적을 겹겹이 그린 것은 사실이다. 그런 점에서 과거사 청산은 중요하며, 지지부진한 청산 작업은 비판해도 된다. 그러나 비판하더라도, 구체적인 사건과 인물에 대해 해야 한다. 혹은 문제적인 사회구조에 대해 심층적인 분석을 해야 할 것이다. 그렇지 않고 총체적으로 한국사회를 싸잡아 비난하고 저주하는 것은 개혁의 동력 자체를 포기하고 방기하는 일로 귀착하기 쉽다. 무책임한 과거사의 뻘밭에서도 한국사회는 여러 점에서 나름대로 진보했다는 점에 차분하게 주의를 기울이자. 분노의 와중에서 넉넉함과 여유를 간직하는 것이 한국사회에 대한 애정이고 관용이 아닐까. 그런데 '경제동물의 사회'라는 제목이 붙은 다음 칼럼은 애정이나 관용을 찾아보기 힘든 저주로 보인다.

마을마다 '잘 살아보세!'가 울려 퍼졌고, 교육과정을 이용한 전일적인 국가주의 의식화가 이루어졌으며, 대중매체는 권력과 자본의 하위수단으로 동원되어 물신주의를 이 땅에 깊이 뿌리내렸다. 인문학적 기초는 설 자리가 없었고, 사람들은 점차 인간 자체에 대해 채울 수 없고 갚을 수 없었던 부채의식을 점차 물신에 몸을 맡기는 것으로 대신하였다. 그리고 물신에 몸을 내맡긴 삶이 몸만 편한 게 아니라 마음까지 편하다는 점을 차차 알게 되었다. 경제동물의 사회가 탄생한 것이다.(『한겨레』, 2004년 7월 29일자)

아무리 국가주의 및 과도한 경제화에 대한 비판적 문제의식의 큰 틀에서 출발했다고 하더라도, 경제동물을 빙자한 이런 식의 저주는 위험하다! '경제동물'이란 표현은 서구가 일본을 향해 남용한 말 아닌가? 조심하자. 좌파라고 모두 이런 식으로 개발도상국의 현대화 과정에 비난을 퍼붓지는 않으며 그럴 권리를 가진 것도 아니다. 그가 그렇게 신봉하는 프랑스의 선한 마르크스주의자조차도 자본주의의 공과 과에 대해서 복잡하고 차분한 분석을 했다.

안타까운 점은, 이런 식으로 물신주의를 비난하는 태도는 극단적 보수주의자의 태도와 비슷하다는 것이다. 사람들이 "채울 수 없고 갚을 수 없었던 부채의식을 점차 물신에 몸을 맡기는 것으로 대신"했다는 표현도 신학적 근본주의의 냄새를 진하게 풍긴다. 민중에게 무슨 갚을 수 없는 부채의식이 있단 말인가? 왜 그런 신학적 잔재를 억지로 민중에게 투사하는가? 이론적으로 보자면 좌파, 아니 극좌 일각의 '물신' 비판은 거꾸로 선 신학적 근본주의와 똑같은 경우가 많고, 그 점에서 극보수와 통한다. 실제로 사람들이 생각하는 것보다 훨씬 많은 부분에서 극우와 극좌가 만난다. 대중들이 근대적 자본주의에 자발적으로 동원되었다는 식의 이야기도 임지현 등이 말하는 '민중의 자발적 동원'을 빼닮았다. 이들의 말은 겉으로 드러난 말과는 달리 민중을 깔보고 멸시하는 것이다.

'똘레랑스'란 멋들어진 표현을 유행시키는 데 크게 기여했던 홍세화가 이런 식으로 관용없는 태도를 보이는 게 유감스럽다. 물론 사회적 약자에 대해 관용을 가지지 못하는 한국사회에 대해서는 구체적으로 얼마든지 혹독하게 비판해도 좋다. 그러나 그는 알게 모르게 한국사회 전반의 개혁적 동력과 민주적 가능성을 비난하면서, 힘겹게 현대화를 이루어가는 세속적인 사회에 대해 따뜻한 관용을 잃어버리고 있다.

약자를 위한 관용의 관점에서 한국사회가 부끄러움을 많이 잃은 것은 사실이다. 그러나 민주사회의 보통 인간들과 그들이 사는 국가는 아울러 힘을 필요로 한다. 힘 없이는 어떤 주체도 주체성을 견지하기 힘들기 때문이다. 홍세화는 이 점에 거의 주의를 기울이지 않는다. 미국에 대해서도 그저 주체성을 가져야 한다고 주장할 뿐, 어떤 현실적인 힘의 균형 속에서 미국과 상대해야 할지에 대해서는 정작 아무 대책도 없다. 주체성을 확보하기 위해서는 존재에 대한 부끄러움을 잃지 않아야 하지만, 동시에 존재의 힘을 획득해야 한다. 넓은 뜻의 관용을 위해서는 부끄러움과 아울러 힘도 필요하기 때문이다. 그렇다. 약자에 대한 관용이 우선 필요하지만 그런 것 못지않게 사회와 국가의 힘에 대한 관용도 필요하지 않느냐고 묻고 싶다. 프랑스의 공화국 정신을 그렇게 칭송하는 그가 그 몇 분의 일만이라도 한국 사회와 민중의 힘에 신뢰를 줄 수는 없는가. 프랑스 사회의 관용도 단순히 그 사회의 선한 의지나 계몽정신 덕택에 생긴 것은 아니다. 대외적 주체성 확보를 위하여 국가가 강력한 힘을 견지하고 요구했기에 생긴 것이며, 그 힘을 바탕으로 국가 차원에서 미국에 대항할 수 있는 것이다. 또 오랜 기간에 걸쳐 식민지를 운영하면서 얻은 힘과 부끄러움에 대한 성찰을 바탕으로 관용을 실행하고 있는 것이다. 그와 달리 한국사회는 부끄러움과 힘에 대한 현대적 계몽성을 확보할 충분한 시간을 얻지 못했고, 그러다 보니 짧은 기간에 모든 것이 동시에 진행되느라 수많은 상처가 도지는 와중이다.

현재 사회는 말 그대로 세속적인 사회다. 이 원칙은 매우 중요하다. 자본주의의 폐해가 많이 존재하지만 그저 물신주의가 사회를 지배한다고 도덕적으로 일갈한다면, 현대 사회가 견지해야 할 중요한 세속화 원칙을 깨뜨리기 쉽다. 현대 민주주의가 자본주의와 가지는 관계는 생각보다 매우 복잡하며, 따라서 민주주의를 지향하는 사람이 섣불리 자본의 영향을 폄하하거나 부정하기 어려운 구석이 있다. 또 물신적 경향이 부분적으로 혹은 꽤 있더라도, 그 이유만으로 사회에 저주를 퍼붓는 것은 정당하지 못한 처사인 듯하다. 더구나 일부의 물신적 경향 탓으로 전체 민중의 가능성을 폄하하고 맹목적으로 부정한다면, 민중에 대한 모독이 아닐까. 또 물신적 경향 자체만을 보자면, 민주화가 발달된 서구 선진국에서 더 깊이 존재한다. 다만 충분히 오랜 기간을 거쳤기 때문에 여러 방식으로 순화되고 다양한 완충지대를 가졌을 뿐이다.

세속화를 무시하거나 폄하하는 진보주의는 맹목적이다. 사회적 약자에 대한 관용과 더불어, 세속화된 개도국의 보통 인간에 대해, 그리고 그 사회의 힘에 대해서도 관용을 갖기를 바란다. 이 관용이 더욱 넓은 뜻의 관용일 듯하다.

우파는 힘을 과장하기 쉽고 좌파는 부끄러움을 과장하기 쉽다. 다르게 말하면 전자는 힘이 없으면 아무것도 안 된다고 말하기 쉽고, 후자는 부끄러움이 없으면 아무것도 안 된다고 말하기 쉽다. 그러나 내가 보기에 어느 하나만 있는 것으로는 충분하지 않다. 그래서 어느 한쪽만을 강조하는 우파와 좌파 모두와 나는 부딪치고 싶다. 전자는 위악으로 흐르기 쉽고, 후자는 위선으로 흐르기 쉽기 때문이다. 힘과 부끄러움 사이에서 기우뚱, 균형을 잡자.

인문학
보편주의와 실용주의 사이로

인문학, 솔직하게 위기를 받아들여라

2006년 9월 중순경 고려대 문과대학 교수들이 인문학의 위기를 선언했을 당시, 나는 이상하게도 충격을 받지도 않았을 뿐 아니라 그리 신선한 느낌도 받지 않았다. 신선한 느낌이 오지 않는다는 상황이 나 자신에게도 이상하게 느껴질 지경이었다. 이제 마땅히 일어서야 할 사람들이 떨치고 일어서는구나, 혹은 당연히 외쳐야 할 사람들이 외치기 시작했구나 하는 느낌도 없었고, 이제 다른 사람들도 그 뒤를 따르겠구나 하는 예감이 그리 반갑지도 않았다. 일종의 식상함이 내 머리를 둔탁하게 때리는 느낌이 들면서 오히려, 나를 포함한 인문학자들은 왜 이리 식상한 짓만 반복하는 것일까 하는 일말의 무력감 섞인 분노가 꿈틀댔던 것 같다. 내가 밥벌이를 하는 대학도 몇 년 전부터 끈질기게 철학 전공을 없애려고 하는 판에 나는 응당 그 위기 선언에 동의하고 같이 외쳐야 했을 터인데도 그런 동참 의식이 가물가물했으니, 정말 이상한 일이었다.

사실 '인문학의 위기'라는 말은 나뿐 아니라 다른 사람들에게도 묘한 감정의 소용돌이를 불러오는 듯하다. 사람들이 인문학 혹은 인문정신이 위기를 맞는 것 자체를 즐거워하지는 않을 테지만, 그렇다고 인문학자들이 뾰족한 대책이나 반성 없이 위기만 외치며 국가의 지원을 요구하는 일도 달가워하지 않을 듯하다. 따지고 보면 오늘날 매순간 위기에 직면하지 않는 분야가 어디 있겠는가? 물론 모든 분야가 위기지만 인문학이 가장 타격을 받고 있다고 말할 수도 있다. 인문학자로서, 더구나 인문학 분야에서도 가장 안 되는 철학과에 재직하고 있는 사람으로서 나도 그 점은 인정한다. 인문학의 위기가 일차적으로 인문학 교수들의 위기라는 점은 사실 그 점을 반영한다. 그러나 그렇다고 해서, 다른 어떤 것보다 인문학의 위기를 외치며 소위인문적 삶을 회복하자고 주장하거나 국가의 지원을 요구해야 할까? 그렇게 해도 좋다는 말인가? 나는 사실 그렇게 할 마음이 생기지 않고, 그렇게만 할 수도 없는 상황이라고 생각한다. 왜 그런가?

우선 인문학 내부에서 반성과 성찰이 충분하지 않다는 점을 지적하자. 대한민국이 수립된 이후 대학들은 대학 졸업장을 따려는 일반국민들의 욕망에 편승해 모두 백화점식 종합대학을 만들었다. 이 경향은 1980년대 초 전두환 정권이 대학들의 규모를 불려놓았을 때 한층 그리고 걷잡을 수 없을 정도로 확대되었다. 거의 모든 대학들이별다른 생각 없이 인문학 혹은 문과대학의 전공을 나열하는 맹목적경향은 그래도 학생들이 졸업 후 취업을 할 수 있는 동안에는 크게가시화하지 않았다. 어쩌면 그동안 한국 사회는 과도하게 인문학에 기생했다고 수 있을 정도로 인문학 졸업장을 과잉생산했다(아마도 그동안 한국사회는 절충적 인문주의만으로도 그럭저럭 해 나갈 수 있었던 계몽적 혹은 근대적 성격을 띠었다고도 할 수 있을 것이고). 일례로 인문학 중에서 가장 인기가 좋았던 영문학은 인문학에 기생하면서 실제로는 미국적 지배방식을 복제했고, 실용영어가 최고라는 믿음을 은연중에 확산시켰을 것이다. 또 최근에 와서야 '한국어 문학 전공'으로 이름을 개칭하기 시작한 국문과의 지속가능한 견고함은 사실 민족국가주의가 지닌 난공불락의 힘에 알게 모르게 기생했다. 다르게 말하면 인문학자들이 가장 중요한 기초학문이라고 지금도 주장하는 인문학은 이제까지 많건 적건 실용적 지역학에 제 몸과 정신을 기대고 있었다. 지금도 대부분의 문과대학에 속하는 일문학(혹은 일본학)이나 중문학(혹은 중국학)도 소속은 인문학이지만 사실 실용적 지역학의 이익을 취하고 있고, 그 이유로 과거 영문학이 누렸던 인기와 비슷한 성격의 인기를 누리고 있다. 제대로 된 문학 전공자를 길러내지 않으면서도 문학 간판 내걸기. 이런 기생적 행위가 어디 있을까?

잘 되는 인문학 전공만 이렇게 기생적으로 그 존재를 영위했던 것은 아니다. 지금 어떤 점에서 최악의 상황에 직면하고 있지만 과거에도 영화를 누리지 못했던 철학도 소위 인문정신에 투철하지는 못했다. 많은 동양철학자들이 서양철학에 대해 은근한 갈등과 질투를 느꼈다고 할 정도로, 철학 전공은 내부에서조차 인문적으로 잘 조화하거나 화해하지 못한 채 분열적 상처에 시달렸다. 그 이유가 복합적이겠지만, 기본적으로 동양철학자들은 서양철학의 현대적 성격에는 일면 동의하면서도 서양의 식민주의를 내심 비판했던 듯하다. 그리고 그 비판에는 동의할 만한 점이 없지 않다. 철학을 한다는 교수들이 실제로는 미국 철학의 특정 분파나 독일 철학의 특정 텍스트를 독단적으로 수입하고 평생 앵무새처럼 중얼거렸던 경향을 부인할 수 없다. 또 철학을 하는 교수들이 철학적으로 행동하기는커녕 일반인들보다 더 일관되지 않거나 솔직하지 않게 행동하는 것을 심심치 않게 볼 때, 나 자신 철학이라는 인문학의 기치를 똑바로 들어 올리는 일이 부끄러웠다.

요컨대 인문학 자체 혹은 인문학자의 삶이, 요즘 위기를 말하는 사람들이 주장하듯, 그렇게 인문적이지 않았다. 다르게 말하면 전통적 인문학은 근본적으로 일종의 보편주의에 근거하고 있는데, 산업사회가 빠른 속도로 진화하는 와중에 이런 보편주의는 급속히 퇴색하고 있었고, 따라서 그것을 액면 그대로 계속 주장하거나 요구하는 일은 무지한 일이거나 이중적인 일이었다. 또 각각의 인문학은 나름대로 실용적 혹은 지역학적 이득을 취하고 있었는데, 인문학은 그 점을 무시하거나 간과하곤 했다. 또는 영문학처럼 새로운 기득권에 기생하거나 철학처럼 과거의 기득권에 기생하였고, 중국학처럼 복합적으로 과거 기득권과 새로운 기득권에 기생했다. 이 기생 자체가 나쁜 것은 물론 아니지만, 인문학은 때때로 자신이 마치 순수한 인문정신에 근거하고 있는 것처럼 말하는데, 이 점이 도리어 인문학에 대한 믿음을 잃게 하는 요인으로 작용한다. 이 이중적 상황은 현재에도 반복되고 있다. 인문학이 순수하고 기초적인 인문정신에 기초하고 있는 듯이 말하면서 많은 인문학자들은 동시에 그것이 매우 실용적일 수 있다는 점(미국에서 인문학과 졸업생이 취업이 잘 된다거나)을 강조하고 있으니, 인문학은 이 이중적 요구 사이에서 가랑이가 찢어지고 있는 셈이다.

고고한 교양의 고약한 함정

인문학의 위기를 보도하는 매체들도 이 이중적 혼돈 사이에서 갈 피를 잡지 못하고 있다. 이 점을 보여주는 몇 가지 사례가 있는데, 그 중 대표적인 것은 서울대 등 일류 인문대학원이 입학 정원을 채우지 못하거나 겨우 채우는 것을 두고 인문학의 위기라고 보도하는 기사들이다. 그 보도를 접하는 일반 시민들도 순간적 혼돈에 빠지면서, 정말 인문학이 부당하게 위기에 빠졌다고 생각하게 된다. 그러나 우리는 이 점에서 솔직해져야 한다. 사실 인문대학원의 입학 정원이나 재학생 수는 몇 년 전부터 공급 과잉 상태에 있다. 학부생 수보다 대학원생 수가 더 많은 대학원들이 적지 않으며, 이것은 일류 대학의 경우에 더 심각하다. 벌써 10년 전부터 인문학의 위기가 사회적으로 공론화되었는데도 상위권 대학들은 이 점을 심각하게 받아들이지 않았고, 자진해서 대학원생 수를 줄이는 조처 따위를 취하지 않았다. 그러고는 이제 와서 다시 위기를 말한다면, 나부터도 그 진실에 공적으로 이의를 제기할 판이다.

학부는 겨우 정원을 채우거나 지원자 수가 점점 줄어드는 상황에서 어떤 전공의 대학원생 수가 학부생 수의 몇 배나 된다면 이는 분명 비정상적인 상황일 터인데도, 상위권 대학들은 그 현실을 오랫동안 방치했다고 할 수 있다. 대학원생들의 등록금으로 장사를 한다는 비난이 터져도 어쩔 수 없으리라. 대학원의 적정 정원을 산정하는 일이 실제 상황에서는 결코 쉬운 일이 아니겠지만, 대학원생 정원을 적정 수준으로 줄이려는 노력은 매우 중요하다. 그리고 그 점에 대해서는 일반 시민들이나 매체들도 더 이상 위선적 기만에 빠지지 말아야 한다.

교육부 혹은 정부는 BK21사업 등이 대학원의 특성화를 유도하면서, 과잉 정원의 축소를 유도한다고 말할 것이다. 어떤 점에서는 그렇다고 할 수 있다. 교육부의 지원을 받는 전공에는 대학원생들이 많이 지원할 것이고 지원을 받지 못하는 전공에는 중장기적으로 학생들이 지원하지 않는 경향이 커질 것이다. 그리고 경쟁을 전혀 하지 않는 것보다는 일정한 경쟁체계를 도입하는 것이 필요할 수도 있다. 그러나 현재 교육부의 정책은 특정 인문학 전공(예를 들면 사학이나 철학)에 대해 하나 혹은 둘 정도의 대학원을 집중 지원하는 방향으로 가고 있는데, 이런 방식은 너무 제도적이고 하드웨어에 치중한 접근으로 보인다. 연구자 규모가 큰 대학원의 특정 전공만 선택하여 그곳의 대학원생들만 통째로 집중 지원할 경우, 오히려 지원하지 않아도 될 인력을 과잉 지원하는 결과를 낳을 수도 있다. 그리고 현재 한국 대학에서 연구자들이 연구실적에 따라 자유롭게 이동하는 경향이 매우 적다는 점을 고려하면, 기존 교수진의 규모와 그들의 연구실적을 우선적인 조건으로 삼아 지원을 결정하는 일은 기존의 심각한 구조적 결함을 재생산하는 일이기도 하다.

그리고 인문학 위기론이 나올 때마다 빠지지 않는 요구가 있으니, 인문학은 기초학문이니 국가가 거국적으로 지원해야 한다는 것이다. 그러나 이 요구에도 뜯어보아야 할 점이 있다. 대학원생 수를 현 상태에 가깝게 유지할 의도로(물론 실제로 유지하기는 점점 힘들어지고 있지만) 혹은 인문학의 체제를 현 상태로 유지할 의도로 국가의 지원을 요구하는 것은 볼썽사납다. 다만 말 그대로 다른 학문에 비해 실용성이 떨어지는 기초학문이니만큼 국가가 정책적으로 지원해야 할 부분은 틀림없이 있다. 다른 응용학문처럼 실용화를 도모하기 힘들고 사립대학의 경우 그 성격상 운영하기 힘든 분야에 한해서 정부는 정책적 차원에서 지원을 해야 할 것이다. 지금 정부는 BK사업이나 지역거점대학 육성을 통해 그것을 하려고 한다고 말할 것이다. 대학이 자발적으로 안 바뀌니 정부가 반강제로 변화를 유도한다는 변명도 할 수 있을 것이고, 거기에도 일리는 있다. 다만 정부가 학과나 학부의 이름과 존재 자체를 없애도록 반강제로 추진하는 일에는 무리가 따르는 듯하다. 입학 정원을 획기적으로 줄이거나 최악의 경우 거의 없애더라도 전공의 이름은 한동안 유지할 수 있도록 융통성을 발휘하도록 유도할 수 있을 터인데, 현재 교육부의 정책은 학과나 대학의 하드웨어 자체를 통째로 없애는 쪽으로 기울어 있다. 이러니 교수들이 완강하게 '위기'를 주장하는 것이다. 각 전공이나 학과가 입학생을 따로 확보하지 않고도 연구진을 일정하게 유지하는 방안이 얼마든지 가능할 뿐 아니라 효과적인데, 정부는 제도와 시설의 하드웨어 조정만을 통해 가시적 효과를 과시하려는 것이고, 이 방식이 오히려 개혁에 대한 저항을 불러오는 듯하다.

　인문학이 중요한 기초학문이기에 공적인 지원을 받아야 한다는 주장에는 또 다른 그늘 혹은 함정이 도사리고 있다. 인문학이 기초학문인 것은 맞지만, 사실 인문학의 여러 전공들은 그들이 주장하는 그 기초성이 무색할 정도로 학문끼리 서로 칸막이를 세우는 문화를 유지해왔다. 흔히 인문학을 말할 때 문·사·철을 거론하지만, 실제로 이들 각 전공은 대학 제도 안에서 딱딱하고 높은 칸막이 속에서 서로 분리되어 따로 존재해왔다. 학제적 연구를 한다고 할 때도 각 전공들은 실제로 서로 삼투하고 섞이는 대신 하부주제들을 제각기 따로 관리하는 수준에서 머물렀으며, 따라서 제대로 된 학제적 연구는 수행되지 않았다고 할 수 있다. 문학과 사학, 철학 전공자 중에서 다른 분야로 관심을 넓히는 사람은 각각의 분야에서 이단자 취급을 받는 것이 일반적인 경우였으니, 인문학이 학문 중의 기초학문이라는 주장도 무색하게 들릴 정도다.

여기서 알 수 있듯이, 인문학이 기초학문이라는 주장에는 모호한 점이 상당히 있다. 학문의 성격이 고전적이며 근원적이라는 점은 맞지만, 그렇다고 인문학이 다른 실용적 응용학문의 필수불가결한 기초는 아닐 것이다. 그 점을 반영하듯 문학이나 철학을 필수과목으로 습득하는 전통은 대학에서 점점 엷어졌거나 사라졌다. 또 인문학의 범위가 응용학문의 일부 하부나 기초에 해당할 정도로 좁은가 하면, 그것도 아니다. 오히려 어떤 점에서는 더 넓다. 요컨대 문·사·철이 다른 응용학문의 실행을 위한 기초 전제가 되면 좋겠지만, 그렇다고 필수 전제로 존재하지는 않는다. 그런데도 인문학이 기초학문이라는 주장이 거의 맹목적인 수준에서 반복되는 경우가 적지 않다.

이 혼란을 부추기는 다른 주장이 '교양으로서의 인문학'이다. 전공 학생 수가 줄어드니까 인문학의 교양 측면을 강조하는 경향이 커지곤 하는데, 여기에도 작지 않은 함정이 도사리고 있다. 과거에는 문학이나 철학이 교양으로 작동하는 영역이 꽤 넓었다. 그만큼 사회가 아직도 상당히 인문적 전통에 뿌리를 내리고 있었다고 할 수 있으며, 직업의 종류도 제한되어 있었다. 그러나 우리가 잘 알다시피 '교양'이란 말은 다분히 근대적 계몽시대의 산물이며, 그 결과이다. 그래서 '교양'은 알게 모르게 유럽적이며 서양적이거나, 동양적인 경우에는 주로 중국적이다. 이제 전통적 의미의 그 교양은 상당히 퇴색했으며,

그 결과 지금 실제로 존재하는 다양한 종류의 교양과목 중에서 인문학이 차지하는 비중은 점점 줄어들고 있다. 이 점에서, 인문학이 교양학문으로 존재해야 한다는 주장과 인문학이 기초학문이라는 주장은 서로 잘 조화되지 못한 채 허망하게 헛돌고 있다.

인문학이 교양으로 살아남아야 한다는 주장에는 다른 허약한 측면도 있다. 전통적으로 '교양'의 성격이 국가나 사회가 요구하는 쓸모 있는 시민의 교육에 초점이 맞추어져 있었듯이, 아직도 교양은 그런 측면이 강하다. 따라서 교양은 따지고 보면 취업의 기회가 잘 보장된 일류 대학이나 상위권 대학에서 상대적으로 더 필요하거나 요구되는 경향이 강하며, 당장 취업이 급선무인 중하위권 대학의 학생들에게는 상대적으로 필수적이지 않은 것이 현실이다. 이들에게 교양은 말 그대로 사치나 장식 혹은 상징적 기득권으로 통한다. 그래서 중하위권 대학에서는 교양으로서의 인문학의 자리도 점점 줄어들고 있으며, 그나마 상위권 대학에서만 근근이 유지되는 상황이다. 이렇게 보면 인문학은 일반적으로 통용되는 인문적 기초학문이라기보다는 상위권 대학생들의 실용적 기득권을 보호하기 위한 상징적 장치로 여겨질 정도이다.

한 예를 들자면, 철학은 교양으로 존재하면 일반적으로 좋을 듯하다. 그러나 교양철학도 좋은 대학 학생들이나 누릴 수 있는 상징적 지식이 아닐까? 취업이 시급한 학생들은 그것을 누릴 경제적·사회적·문화적 여유가 없곤 하니까. 또 어떤 점에서는 철학을 배우지 않아도 얼마든지 기술적 지식을 잘 습득하고 기술자의 삶을 영위할 수 있다. 그 점에서 철학은 기초학문에 속하지는 않는 듯하고, 교양학문에 속한다고 할 때도 제한적 의미에서만 그렇다. 고전적 사회에서 철학은 기초나 교양이 아니라 목적이었고 완성이었다. 그리고 이런 정의가 차라리 솔직하고 명확할 것이다. 현재 철학은 목적이나 완성도 아니며 그런 상태를 지향하기도 어렵다. 마찬가지로 철학은 근대 시민사회에서처럼 교양의 성격을 요구하기도 어렵고 목적으로 삼기도 어렵다. 민주사회에서 철학의 성격 자체가 매우 모호하기 때문이다. 그래서 사실 '철학의 부재'라는 말처럼 모호한 말도 드물다. 우선, 인간 행위에서 철학이 없는 것이 다른 사회적 문제들의 원인인지, 아니면 기껏해야 결과인지 모호하다. 사회적으로 확인할 수 있는 철학의 위기에 대한 원인 중 중요한 하나는, 고등학교에서 철학이 정규 과목으로 존재하지 않으며 국가시험에서도 정식으로 채택되지 않고 있고 그 결과 일선 학교들이 철학 교사를 임용하지 않는다는 것이다. 그렇게 철학이 공식적으로 고사된 상태에서, 요즈음은 철학이 논술시험을 위한 도구로 다시 부활하거나 그것에 기생하는 상황이니, 얼마나 역설적인가? 인문학으로서의 철학은 그만큼 국가시험이나 공무원자격시험에 좌우되는 정도가 크며, 이러한 민족국가적 차원에서만 그것의 실용성 혹은 존재의 필요성이 대두되는 형편이다.

물론 앞으로 전문대학원 체제가 전반적으로 강화된다면 인문학이 교양과목이나 기초과목으로 존재할 가능성은 높아질 것이다. 그러나 내 생각으론 이 경우에도 칸막이 된 전통적 인문학 과목 자체만으로는 충분하지 않을 듯하다. 사회과학이나 자연과학 혹은 실용기술과의 접목을 두려워하지 않는 인문학이 필요할 듯하다. 그러나 이 상황에서 인문학의 미래를 위한 내부의 모색은 아직도 심하게 갈팡질팡한다. 어떤 사람들은 기초학문이라는 측면을 유독 강조하고, 어떤 사람들은 실용성을 부쩍 강조한다. 문제는 그 두 측면이 서로 충돌한다는 것이다. 실용성의 성격은 시대마다 다르겠지만, 언제고 실용적 성격을 도외시한 인문학이 존재한 적은 없었던 것 같다. 그러니 일정하게 실용적 측면을 강화해야 한다는 점 혹은 학생들의 실용적 요구를 받아들여야 한다는 점을 솔직하게 인정하는 것이 일단은 정직한 태도일 것이다. 그렇게 인정하고 출발하더라도, 그것을 실행하기 위한 구체적 방식에 대해서는 다시 논의가 분분하다. 예를 하나 들면, 적지 않은 인문학자들은 인문학을 인문학보다 폭은 넓되 고전적이지 않은, 어떤 점에서는 매우 잡스러운 문화이론으로 확대하거나 변모시키는 데 반대한다. 또 다수의 인문학자들은 사회과학적 관점을 수용하는 데에도 근본적으로 반대한다. 그러나 내 생각은 어쨌든 기존의 칸막이 된 인문학 체제로는 현재의 위기 상황을 뚫고 나가기 힘들다는 것이며, 인문학은 과감하게 사회과학과 자연과학, 기술과의 접목을 시도해야 한다는 것이다.

인문학, 보편주의와 실용주의 사이로

그러나 이 점이 또 힘들다. 구체적인 대응방식에 직면하면, 많은 인문학자들은 다시 인문학과 인문정신을 강조하기 때문이다. 그들은 인문학의 위기를 말하면서 새삼 인문적 삶과 인문정신의 위기를 강조한다. 현재의 위기는 대학의 인문학이나 인문학자의 위기에만 머무르는 것이 아니라, 근본적으로 인문적 삶과 인문정신이 위기에 처해 있다고 목소리를 높인다.

이 지점에서도 우리는 솔직해져야 한다. 인문정신이 사라진 것은 유감스럽고 때때로 슬프기까지 하다. 그렇지만 인문학의 위기를 말하면서 곧바로 인문주의와 인문적 삶의 회복을 주장하는 데에 나는 동의하기 힘들다. 그런 방식으로 회복해야 할 인문적 삶의 실체가 무엇인지 나는 확실히 알지 못하며 혹은 안다고 하더라도 그것의 회복을 소리 높여 주장하고 싶지도 않다. 인문적 삶의 쇠퇴는 개인들의 정신적 타락에서 기인한다기보다는 사회와 시대의 변화에서 기인할 것이다. 그리고 인문적 삶의 위기는 꼭 부정적인 성격만 가지는 것도 아니며, 정말 나쁜 것만도 아니다. 지금 이 급격한 변화가 위기로 다가오기는 하지만, 우리는 이 변화를 차분하고도 꼼꼼하게 성찰할 필요가 있다. 아니, 과감하게 말하면 인문적 삶의 쇠퇴는 굳이 한탄하고 서럽게 애도해야 할 대상은 아니며, 오히려 어떤 점에서는 우리가 긍정적으로 받아들이고 밀고 나가야 할 대상일 수도 있다. 다만 사람마다 이해관계가 너무도 달라서 그 변화의 영향도 제각기 다르며, 따라서 그 변화의 평가에 일반적으로 동의하거나 합의하기가 힘들다.

그러나 바로 이 점에 주의해야 한다. 급격한 사회변화 속에서 그 영향에 대한 평가가 사람마다 제각기 다르다는 점을 인정한다는 것은 다름 아니라 전통적인 인문주의의 변화와 쇠퇴를 인정하는 것과 연결된다. 전통적 인문주의는 인간으로서 보편적으로 추구해야 할 가치와 목표의 일반성을 전제했다. 그러나 오늘날 사라진 것은 다름 아닌 바로 그것이다. 이질적인 인간들의 다양한 삶의 방식들을 나름대로 인정하고 서술하는 일은 이제 더 이상 인문학이 하기 어려운 과제이며, 차라리 '인구학'이 해야 할 과제이다. 인구의 급격한 팽창, 그리고 그 팽창한 인구들이 모두 살아갈 만한 존재이유를 가지고 있다는 점을 인정하는 일은 인구의 증가와 인구변화의 추이, 그리고 무수한 인구의 무수하게 다른 권리를 면밀히 살피는 일로 연결되기 때문이다. 약자들의 권리를 함부로 짓밟을 수 없지만 그렇다고 강자들의 권리를 관념적으로만 부정하기도 어려운 상황, 이 상황에서 인문학은 너무 무력할 때가 많다. 그 상황에서 벌어지는 일들을 서술하기 위해서는 국제정치학의 관점과 생태학의 관점, 그리고 경제학의 관점과 경영학의 관점 등이 모두 요구된다.

이 점에서 나는 '인문학의 위기'를 곧장 인문주의와 인문적 삶의 위기로 확대하는 주장에 회의적이거나 어떤 점에서는 심지어 비판적이다. 과거의 적지 않은 인문적 삶의 방식은 오늘의 관점에서 보면 봉건적이며 목가적일 수 있다. 현존하는 사회의 관점에서 볼 때 잔존하는 잉여로 그것들이 존재하는 상황 자체에 과민하게 반응할 필요가 없을 수도 있으며, 때때로 그것은 행복한 사치일 수도 있다. 그러나 지금 그것들이 붕괴되었기에 삶의 위기가 초래되었다는 주장은 공허하게 들린다. 더욱이 인문적 삶을 주장하는 사람들은 때때로 그것과 선진국의 복지사회식 삶을 혼동하는 경향도 보인다. 오늘날 인문적 삶이라고 사람들이 생각하는 것은, 과거 사회의 목가적 모습이 아닌 경우, 대부분 선진국이 도달한 복지사회의 여러 바람직한 모습들인 경우가 많다. 생태적이며 인간친화적인 사회는 오늘날 상대적으로 선진국 사회에서 존재하기 쉽기 때문이다. 이 경우 그들은 선진국의 부유한 사회가 어떤 역사적 경로를 통해 현재 상태에 도달했는지 차분하게 살펴볼 필요가 있다.

요컨대 인간적 삶은 추상적으로 어떤 사회가 인문적 정신을 소유하고 있느냐 혹은 아니냐에 의존하는 문제라기보다 매우 정치적이며 경제적이고 때로는 군사안보적 측면까지 개입된 복잡한 문제다. 맹목적으로 인문적 삶의 가치를 회복하자고 주장하기보다는 많은 인구가 좋은 환경에서 일정한 행복지수를 누리며 살 수 있는 사회적 조건이 무엇인지 따져보는 일이 더 중요하다. 미국이나 중국 혹은 일본과의 관계가 예민한 상황에서 국제정치 혹은 국제관계의 복합성을 살피지도 않은 채, 그저 인문적 삶의 회복을 말하는 것은 무책임하고 위선적인 일일 수 있다. 강대국이 개입된 여러 문제에서 우선적으로 중요한 일은 국제관계가 어떻게 작동하고 있는가를 따지고 그에 대한 대응방식을 복잡한 전략적·전술적 차원에서 논의하는 일이지, 무조건 혹은 공허하게 인문적 삶의 회복을 외치는 일은 아닐 것이다.

이렇기 때문에 나는 인문학이 위기에 빠진 원인을 시장만능주의나 신자유주의에서 찾는 태도도 신중해야 한다고 생각한다. 시장이 과잉 팽창하는 것도 맞고 미국 중심의 신자유주의가 기승을 부리는 것도 맞으며, 그렇기 때문에 인문적 삶이 더 쪼그라드는 것도 맞다. 그러나 한국사회에서 인문학이 위기에 처한 것이 꼭 시장이나 신자유주의 때문은 아니며, 거기에 너무 큰 가치를 부여할 필요도 없을 듯하다. 오히려 많은 경우에 나는 인문학자들의 태도가 이중적이라고 생각하는 편이다. 여차하면 국가와 사회의 지원을 요구하면서 그들은 너무 쉽게 시장이나 경쟁을 비난하는 태도를 보인다. 마치 시장과 돈 혹은 실용성의 간섭을 받지 않는 인문학이 독립적으로 존재하는 것처럼 말하는 태도야말로 맹목적이고 공허하다. 자신이 사회적 비용 혹은 기회비용에 얼마나 의존하는지 솔직하게 공적 주제로 삼을 때, 인문학이 비로소 제자리를 찾을 것이라고 나는 생각하곤 한다. 고전적 텍스트나 과거의 텍스트에 크게 의존하는 인문학자들은 많은 경우에 현실적 행위의 위급함과 복잡함에 둔감하기 쉬운데, 그들은 자신들의 둔감함을 제대로 인식하지 않고 오히려 삶에 대한 근본적이고 인문적인 태도라고 해석하곤 한다.

인문학자로서 '인문학의 위기'라는 주제를 너무 냉정하게 서술한 것이 이상하게 보일지도 모른다. 또 구체적인 대안을 제시하는 노력을 많이 하기보다는 위기 담론의 허구성을 비판하는 데에만 주력했다고 여겨질 수도 있다. 물론 구체적인 대안을 모색하는 일은 중요하며, 정책적인 고려를 포함하여 여러 대응방안이 중장기적으로 실행되어야 한다. 그러나 일단 이 글에서는 인문학 위기 담론이 자칫하면 간과하기 쉬운 점들을 성찰하고 반성하는 데 주력했다. 현재는 인문학뿐 아니라 모든 분야의 삶이 위기에 직면하고 있으며, 따라서 어떤 점에서는 인간의 고전적 삶을 성찰하는 인문학이 가장 날카로운 위기를 겪는 것도 당연하거나 마땅할지 모른다. 위기 담론의 거품은 터뜨리되, 위기는 필요악일 수도 있다고 생각해보자. 그리고 전통적인 인문학은 매우 복잡한 인구학의 일부분으로 재편되는 과정 속에 놓여 있다고 생각해보자.

과거에 인문학이 '세계'를 말할 때 그것은 보편적 질서를 가진 공간이었다. 그러나 오늘날 '세계'란 많은 인구, 어쩌면 너무 많은 인구가 너무 다양한 요구와 욕망을 가진 채 끊임없이 꿈틀대는 아수라장에 가깝다. 그리고 현재 인류는 이 모든 사람의 입을 다 살리려는 지난한 과제를 붙들고 있다. 그러나 모든 사람의 입을, 더구나 어떤 사람은 터무니없이 크게 벌리고 어떤 사람은 조금밖에 벌리지 못하는 입을 다 살리는 일은 너무 위태롭고 어렵다. 그 일이 도대체 가능할는지도 의문이다. 어떻게 보면 모든 인구를 살리려는 장대한 노력이 인구의 위기를 불러오는 측면도 있다. 그렇다면 인문학이 위기라기보다는 인구와 인구학 자체가 위기라고 생각해야 할 것이다.

인문학자

메타세콰이어나무 숲 사이로

인문적 좌절과 환멸을 털고

밴쿠버행 비행기에 올라 기내식을 한 끼 먹고 한껏 느긋한 심정으로 와인을 한 잔 더 시켜 마신다. 드디어 바라고 바라던 대로 8년 만에 다시 연구년을 떠난다는 실감이 서서히 든다. 8년 전 첫째 연구년을 다녀온 후에 짧게는 일주일, 길게는 3주짜리 해외여행을 두 번 다녀온 적은 있었지만 한국사회를 이렇게 오랫동안 떠나 있을 기회는 정말 오랜만에 가지는 것이니, 만감이 교차한다면 조금 과장이겠지만 천감은 교차하는 듯하다. 새삼 넓은 세상으로 나간다는 느낌이 밀려들기 때문이다. 넓은 세상, 그래, 그동안 한국사회에서 열심히 살려고 무진 애썼지만, 한국은 좁은 세상이다. 그것은 어쩔 수 없지.

온 식구가 다 가니 싼 티켓을 구해야 해서 대한항공이 아닌 외국항공사를 이용하게 되었는데, 한국 항공사를 이용할 때와 사뭇 다른 느낌이 든다. 기내에서 틀어주는 영화에도 한국어 자막이 보이지 않으니, 한국어 자막을 볼 때의 느긋한 느낌은 어느새 사라진다. 이륙하자마자 벌써 한국을 멀리 떠난 느낌이 들고, 한국어는 고국에 털썩 내려놓고 이젠 영어를 해야 하는구나 하는 느낌이 머릿속에서 빠른 속도로 윙윙 회전한다. 해외에 다녀올 때마다 이젠 외국어 책만 보지 말고 말을 해야겠구나 하는 생각이 들곤 했지만, 이번에는 출발하는 비행기에서부터 정말 영어를 많이 해야겠다는 생각이 든다.

어찌 보면 당연한 생각인데도 이번에는 왠지 남다른 느낌이다. 왜 그럴까? 갑자기 머리가 복잡해진다. 그래, 그동안 나는 드물지 않게 영어책을 읽기는 했지만, 영어보다는 독어와 프랑스어를 많이 했다는 느낌이 든다. 독일에서 유학한 후에 다시 프랑스 쪽의 사상과 문화에 기울어서 프랑스 책을 읽느라, 나는 대다수의 사람들처럼 영어를 제일 외국어로 대접하지 못한 듯하다. 그러니 삶의 방식에서도 미국식 삶을 그리 중요하게 여기지 않았고 또 영어로 다른 사람들과 자유롭게 이야기를 해야겠다는 생각도 그리 들지 않았다. 다음 생은 몰라도 이번 생에서는 외교관 노릇은 하지 않을 터이니, 어쩌면 영어로 자유롭게 말을 하지 않아도 무방하다(사실 나는 다음 생에 태어나면 외교관을 한번 해보는 것이 어떨까 하고 가끔 생각하곤 한다. 혼자서 글만 쓰는 삶보다는 이해관계가 첨예하게 맞물린 일을 놓고 다른 나라 사람들과 대결하는 일이 해볼 만하다는 느낌이 있었고, 어쩌면 그보다 중요한 점은 이제까지 나는 내가 할 수 있는 일만 말하는 것이 정직한 일이라고 생각하고 살았는데 언젠가부터 그것만이 필요하거나 혹은 그것만이 다는 아니라는 느낌이 많이 들곤 했다. 자기가 꼭 하고 싶은 생각이나 일이 아니라 그것과 다른 빈말을 때때로 많이 할 수도 있고 때로는 적지 않게 해야 하는 삶도 가능하다는 느낌이 들었기 때문이다).

외교관은 그렇다 치더라도 가끔은 외국에 가서 살고 싶다는 생각도 없지 않았고 특히 정치적이고 경제적인 차원에서 미국을 알아야겠다는 생각이 없었던 것이 아닌데도, 영어로 말할 필요성을 별로 느끼지 않고 살았으니 이상한 일이다. 아니, 그 가능성도 옆으로 밀어놓자. 이제까지 국제학술회의 같은 데 가서 발표하거나 국제학술지에 발표하는 데 별로 중요성을 두지도 않았으니, 참으로 이상한 일이다. 그저 한국어로 글을 쓰는 것으로 만족하고 살았단 말인가? 마치 한국어로 글을 쓰는 것이 이번 생에서의 너의 모든 삶이었던 것인 양? 더구나 말로 하지 않고, 아니 말로 하지 못할 정도로 내면적이고 내면적인, 복잡하고 깊은 글자들을 쓰는 것이 제일 중요한 일인 양?

그런데 이제는, 아니 언젠가부터 그런 글을 쓰는 일이 과거처럼 그리 중요하거나 대단하게 느껴지지 않으니, 마음이 허한 것일까? 아니면 이제야말로 제대로 세상을 넓게 알아가는 것일까? 바로 이 갈림길에서 머뭇거리거나 방황하는 일이 자주 생기는 듯하다. 글이 말 없이 존재하는 것은 아니겠지만 서로 이야기하는 말 없이도 어느 정도 독자적인 텍스트로 존재하는 것을 글이라 한다면, 이 글은 세상에서 어느 정도의 무게를 차지하는 것일까? 전에는 글이, 사람들이 그저 떠들거나 소곤거리거나 수군대거나 잡담하거나 타협하는 말이 아니라 글이, 꼿꼿하게 혹은 똑바로 걸어가는 글이 세상의 정수라고 생각하거나 세상의 뿌리 혹은 대간을 이룬다고 여겼던 듯한데, 어느 때부턴가 점점 그런 확신이 엷어지고 사라진다.

나이가 들면서 글이란 것도 때로는 열에 들뜬 헛소리이거나 빈말이거나 혹은 기껏해야 몇 사람이 열중해서 말하는 소곤거림이거나 허풍이거나 장식인 경우가 많다는 것을 느끼곤 한다. 나만 해도 나름 대로 기를 쓰고 한글로 썼는데도, 그리고 그렇게 쓰는 일이 매우 공적인 일이라고 생각했는데도, 기껏해야 나만의, 아니 나 홀로만의 무게는 아니겠지만 겨우 몇 사람분의 무게를 가진 사적인 일로 여겨진다면, 그 느낌은 꽤 허망하지 않을 수 없다.

이 느낌은 출국하기 바로 전날인 어제, 책이 출간된 것을 보고 떠나오기에 더한 듯하다. 거의 십 년 동안 기획하고 쓴 것을 책으로 묶었지만 이상하게도 마음이 꽤 허하다. '포월과 소내의 미학'이라는 주제가 나에게는 매우 중요한 것이었지만, 나는 출간을 준비하면서 과연 새로 만들어 쓴 그 개념들과 주제들이 사회적으로 혹은 공적으로 얼마나 의미있는 일인지, 점점 확신할 수 없는 상태에 빠지게 된 듯하다. 그렇다고 '포월(匍越)'이나 '소내(疎內)'라는 개념들이 그 자체로 전혀 실용적이지 않은, 순전히 철학적인 개념이냐 하면 그것도 아니다. 말이야 쓰기 나름이니 사람들이 써주면 얼마든지 실용적 성격을 가질 것이다. '초월'이나 '소외'라는 말은 사람들이 얼마나 많이 쓰는가? 마치 그 말이 없으면 어떤 지적인 사고도 하지 못하는 것처럼 말하지 않은가?

아니, 아니, 그렇다고 사람들이 꼭 내가 고안한 개념들을 썼으면 좋겠다는 말은 아니다. 개인적으로야 그랬으면 하는 마음도 없지 않겠지만, 그것을 이루기 위해 내가 어떤 사회적 활동이나 정치적 행위를 끈질기게 혹은 몰래 하지는 않으니 내가 정말 그런 의지를 실제로 가지고 있다고 볼 수는 없다. 학회에도 잘 안 나가기에 학회 차원에서는 미미한 존재에 불과한 위인이 무슨 큰 의지를 표명하겠는가. 그렇다고 대중적인 글을 쓴 것도 아니라면, 나는 그저 나의 작은 꿈을 꾸었던 것일까? 사회적으로 혹은 공적으로 중요하든 말든 그저 내가 중요하게 생각한 꿈을 꾸고 또 꾸었던 것일까? 이 물음은, 어느덧 내년이면 한국 나이로 쉰이 될 정도로 내가 인생을 꽤 산 듯한 최근에 이르러서 부쩍 자주 출몰한다.

8년 전 파리에서 연구년을 보낼 때도 나는 마흔 문턱을 넘느라 나름대로 꽤 고생을 했다. 그런데 이제 쉰 문턱 바로 앞에 이르니, 인생에 대한 복잡한 느낌이 머리를 한층 더 무겁게 한다. 이제까지 철학적으로 혹은 인문적으로 살려고 무진 애썼다면 자신을 삶을 뒤돌아보며 그래도 제법 묵직한 느낌표나 물음표를 보아야 할 터이지만, 실상 최근에 이르러서는 오히려 거꾸로 이상한 느낌이 든다. 이상하게도 인생을 막 살았구나 하는 느낌이 머리를 툭툭 때리는 것이다. 막, 막, 살았다는 느낌. 이상하지 않은가? 철학적으로 혹은 인문적으로 살았다면 잘 살았다는 혹은 그래도 진지하게 살았다는 느낌이 가슴을 채워야 할 법이거늘, 이 무슨 해괴한 느낌이란 말인가? 그런데 더 해괴한 것은, 비록 그 막 살았다는 느낌이 기분 나쁘기는 하지만 그렇다고 아주 틀린 것은 아니라는 느낌이다. 철학적 지향이나 인문적 지향이 겨우 막가파식 행위였다는 말은 아니지만, 어쩌면 막가파식 행위와 아주 다른 것도 아닐지 모른다는 느낌이 똬리를 틀 때의 느낌이란, 해괴하고 기괴하다.

이제까지의 인문으로 충분하다

나의 이 느낌은 물론 10여 년 내내 계속되어온 '인문학의 위기'라는 상황과 알게 모르게 맞물려 있는지 모른다. 이 점에서도 나는 다수의 인문학자들과 다른 생각을 가지고 있는 듯하다. 비록 내가 재직한 대학에서 매년 철학과를 구조조정하거나 없애라는 압력이 거세고 아마도 곧 학과가 없어질지도 모르겠지만, 그렇다고 나는 '인문학의 위기'를 주장하고 싶지는 않다. 오히려 나는 인문학이 이 위기를 솔직하게 받아들여야 한다는 쪽에 서 있다. 요컨대 나는 인문학이 현재 상태로 지속가능하다고 생각하지 않는다. 한국 사회와 대학들은 전통적으로 운영해온 인문학을 개혁해야 할 필요가 있으며, 결국 그 체제에 알게 모르게 기생해온 나도 개인적으로는 개혁의 대상인 셈이다. 철학과 학과장을 하면서 수년 동안 철학 전공의 존재이유를 어떤 점에서는 불필요하게 혹은 어쩔 수 없이 역설해온 터라, 이제는 그런 구차한 소리를 하기도 싫다. 답답한 일은, 인문학을 개혁하고 구조조정하는 것은 좋은데, 사회적이고 공적인 차원에서 그에 대한 모색이 제대로 이루어지고 있지 않다는 것이다. 오히려 많은 인문학자들은 '인문학의 위기'를 외치며 알게 모르게 개혁을 피해가려는 일을 벌이는데, 그것은 아닐 듯 싶다.

물론 이 일은 쉬운 일이 아니다. 인문학의 위기를 단순히 인문학자들의 위기가 아니라 인문적 삶의 위기라고 본다면, 이는 단순히 인문학을 하는 개인들의 문제에 그치지 않기 때문이다. 마흔이 되어도 불혹은커녕 미혹에 빠지고 쉰이나 예순이 되어도 하늘의 명을 알거나 순해지지 않는 것도, 결국은 과거의 인문적 삶이 사라지고 우리가 새로운 시대를 살기 때문인데, 그렇다면 인문적 삶의 위기는 많건 적건 모든 사람에게 해당할 터이다. 그러나 여기서도 사람들 생각은 다르다. 어떤 인문학자들은 마치 인문적 정신이나 인문적 삶이 망가지거나 고갈된 것이 위기라고 말하지만, 나는 그것도 아니라고 본다. 여기서도 문제는 꼭 그 인문적인 것을 말 그대로 회복하는 데 있는 것은 아닌 듯하다. 오히려 문제는, 그 변화를 받아들이기는 해야 하는데, 그 변화에 대한 사회적 합의 혹은 논의가 제대로 이루어지지 않는 것일 터이다. 한 사회가 급격한 변화를 거쳐야 할 때, 최소한 중장기적인 계획을 수립하고 그에 대해서 구성원들이 동의해야 좋을 터인데, 그런 과정이 존재하지 않는 것이다. 민주사회의 정치적인 과정이라는 것도 결국은 이해관계와 힘의 논리가 지배하는 것을 피할 수 없겠지만, 한국사회에서는 유독 그 지배가 무지막지하다. 현재 사회에서 인문적 조정은 이루어지지 않고 있다. 까놓고 말하면, 인문적 조정이 이루어지지 않은 지 아주 오래됐다. 그런데 인문적으로 살려는 사람들은 마치 그런 조정과 화해가 이루어질 것처럼 믿는다. 막 믿는 것이다. 인문학자들 혹은 문화예술을 한다는 사람들은 그렇게 막 믿는 경향이 강하다.

그러나 그들이 막가파와 다른 것은 실제로 그들이 행동할 때 꼭 그렇게 행동하지는 않는다는 것이다. 그들도 현실세계에서는 많건 적건, 현실적인 인간으로 행동하고 사회적인 인간으로 행위하며, 정치적이고 경제적인 인간으로 활동한다. 어쩌면 그것이 자연스러운 사회현상일지 모른다. 아무리 인문과 문화예술을 말하는 사람이더라도 사회적이고 정치적이고 경제적인 욕망의 끈을 꼭 잡고 있으니. 문제는 그들의 말과 행동이 다르다는 데 있다. 종사하는 일이 인문과 문화이고 보니, 그들은 여차하면 인문적 문화의 중요성을 강조하거나 그것의 회복을 주장하곤 한다. 이 이중 기준이 안쓰럽고 부담스러우며, 때로는 지겨울 뿐이다. 이런 이중 기준이 인문학자들 가운데, 혹은 인간적 삶을 말하는 사람들 가운데 적지 않게 횡행하는 것을 보면서, 나는 인간적이고 인문적인 것이 하찮아지고 구차해지는 꼴을 목도하곤 한다.

그러나 따지고 보면 나 자신도, 비록 그런 인문적이고 인간적인 삶을 말로 주장하지는 않지만, 마음 한쪽은 여전히 '고독한 산보자의 꿈'을 꾸고 있는 게 아닐까? 그런데도 인문적 삶의 회복을 거창하게 주장하고 싶은 마음은 없다? 이게 무슨 혼란이고 혼돈이란 말인가? 인문의 좌절, 인문의 환멸이라고 말할 수 있는 것이 아닌가? 좌절, 환멸이라…… 그런 느낌을 씁쓰레하게 맛본 지가 어제오늘이 아니라 꽤 된 듯한데, 이렇게 독배를 계속 마셔야 하는 것일까? 아니다. 실컷 마셨다. 무엇보다도 징징 짜는 짓은 질색이다. 좌절과 환멸의 바닥에서 더럽게 떼굴떼굴 굴러본 것으로 충분하다. 어쩌면 인간적 인문의 위기는 단순히 좌절과 환멸이 아니라 새로이, 겸손하고 솔직해질 수 있는 기회일지도 모른다. 인간을 새롭게 경험하면 될 일 아닌가? 전통적이고 봉건적인 인간의 이미지에 집착하면서 현재의 인간에 대해 원한을 품기보다는, 현재의 인간을 새롭게 경험하면 될 일 아닌가? 그렇다면 인간적 인문에 대한 좌절과 환멸이 뒹굴던 자리에는 '이제 그것으로 충분하다', 아니 '이제까지의 그것으로 충분했다'는 홀가분함이 태어날 수 있을 듯하다. 최소한 그런 의지를 느낀다. 몸이 잘 따라주지는 않겠지만, 어쨌든 의지와 꿈을 느낀다. 그것도 꿈이라면 꿈인 셈이다.

그러나 정말 모든 인문적 좌절과 환멸을 털고 그렇게 홀가분하게 가벼워질 수 있을까. 과연 인문학에 담담하게 안녕을 고할 수 있을까? 혹은 직업을 바꿀 수 있을까? 피터 드러커도 노년이 되면 직업을 바꿀 결심을 해야 한다고 처음에는 역설했지만, 나중에는 이 전문화된 세상에서 새로 직업을 찾기는 어렵다는 것을 인식했고, 따라서 할 수 있는 것은 새로운 직업이 아니라 기껏해야 새로운 활동이나 관심이라고 하지 않았는가? 그렇다면 표면적인 직업은 계속 인문학 교수인 채, 모종의 이중 생활을 해야 하는가? 복잡한 생각들이 머릿속에서 시소를 타거나 롤러코스터를 타니, 연구년을 떠나면서 내 삶의 제일 무거운 숙제 중의 하나를 껴안고 가는 꼴이다. 연구년을 기다리면서, 이제 외국에 가면 공부는 한동안 하지 않고 실컷 놀면서 머리를 식혀야겠다는 게으른 생각을 하곤 했는데, 징조가 좋지 않다. 이렇게 무거운 숙제를 가지고 과연 잘 놀 수나 있을까? '자, 날아보자'며 홀가분한 마음이 되기는 글렀구나. '에라, 일단 날아보자' 정도인가.

나무들, 나무들에 마음을 뺏기며

밴쿠버는 생각했던 것 이상으로 날이 훤했다. 처음에 숙소를 정하지 못해 민박집에 한동안 묵었는데, 도착하자마자 짐을 푼 후 바람이나 쐴까 하고 아이들과 집을 나섰다가, 지평선이 저 멀리 태양 아래에서 가물거리는 것을 보고 갑자기 몸이 노곤해지면서 한 바퀴 돌아보려던 의지가 푹 꺾였다. 높은 아파트들이 폼을 잡는 서울에서는 지평선이 아예 보이지 않는데, 이층짜리 단독주택들이 한가로이 길게 늘어서 있는 풍경이 지평선의 존재를, 그것의 막막함과 완강함을 부각시켰을 것이다. 그리고 그 단층주택들 앞과 옆에 멋지게 서 있는 나무들! 밴쿠버는 높은 지역의 길에서도 바닷가가 보일 정도로 전망이 트인 도시고 바다 뒤로 병풍처럼 솟은 산꼭대기에 쌓인 눈이 보이는 멋있는 도시지만, 나는 단독주택들을 품고 서 있는 나무들이 제일 좋다. 어느 동네 길은 원시림처럼 굵은 메타세쾨이어나무들이 하늘을 가릴 정도로 높고 당당하게 늘어서 있는가 하면, 어느 동네 길에는 적당하게 따스한 높이로 자작나무들이 늘어서 있다. 한국에서는 오대산 기슭에 가야 볼 수 있는 자작나무가 우리 집 창밖에도 있다. 굵고 높은 세쾨이어나무도 좋지만, 연약한 듯하면서도 우아한 자작나무가 어쩌면 그리 좋은지! 처음에 그 나무 길을 보았을 때의 감동이 지금은 꽤 둔해졌지만, 그래도 밴쿠버가 살고 싶은 도시로서의 면모를 지금도 강하게 풍기는 이유는 최소한 나에게는 나무 때문이다. 어쩌면 나는 동네들을 살리는, 인간의 피곤한 삶을 위안하며 세워주는, 고독하고 당당한 나무들에 마음을 온통 빼앗겼는지도 모른다.

서울의 고급 주택가처럼 기껏해야 주택들이 자기 장식이나 부속품처럼 세워놓은 나무가 아니라, 동네와 길의 주인으로 당당하게 서 있는 나무들, 그래서 비로소 집들을 집답게 만드는 나무들. 말하자면 나무들은 고급 주택의 사적 소유물 노릇을 하는 대신에, 공적인 길에서 동네를 생태적으로 살리는 공적인 역할을 하고 있었다. 나무들의 공적인 생태학에 부응하여 밴쿠버 주택들도 2층 단독주택이 다수를 점하고 있었다. 4층 정도의 아파트나 고층 아파트도 일부 있기는 하지만, 다수는 단독주택이었다. 그와 비교하면 인문주의자가 많은 서울은 고층 아파트로 질식할 지경이니, 얼마나 우스운가?

물론 도시의 생태학이라는 것은 개인들의 선한 의지에 직접 의존하지는 않고 그것에 의해 결정되지도 않을 것이다. 도시의 형성은 다분히 지리정치적이고 지리경제적이며 기후적인 요인들에 의해 좌우된다고 보아야 할 것이므로. 그렇더라도, 아니 바로 그렇기 때문에 인간이 사는 도시의 환경에 대한 성찰은 인간적 삶에 대한 추구가 단지 인문적 혹은 인간적 의지에 의해 좌우되거나 결정되지 않는다는 점을 알려준다. 여기에서 나에게 가장 매혹적인 나무들도 꼭 인간의 선한 의지만으로 존재하는 것은 아니다. 늦은 가을부터 봄까지 쉬지 않고 내리는 비, 그리고 영하로 떨어지지 않는 해양성 기후 덕택에 침엽수와 활엽수들이 잘 자란다. 특히 침엽수 수종들은 쭉쭉 뻗으며 하늘을 찌른다. 검푸르게 높다. 세콰이어 나무들은 한국에서 몇 백 년을 거쳐야 도달할까 말까 한 높이를 겨우 60년 정도면 도달한다고 하니, 이렇게 좋은 자연 요인 덕택에 밴쿠버는 역사가 빈곤한 대신에 자연생태가 압도적이다.

자연은 이렇게 우수한데 역사의 빈곤은 어떻게 보면 한심할 정도 다. 여기는 자연밖에 없다고 말할 정도다. 그러나 바로 그 점 때문에 자연은 풍성하고 풍요롭다. 파리와 아주 반대의 상황이다. 파리는 아름다운 도시지만, 자연 자체가 도시 안과 밖에서 화려하고 장엄하지 는 않다. 그래서 역설적으로 역사의 빈곤이 이 땅을 '순수하게' 만들고 있다고 할 수도 있다. 오랜 역사의 한국 땅이 역사의 싸움과 갈등에 눌리고 끼어서 신음하고 있다면, 그리고 국경 밖의 땅의 역사 때문에도 오늘 한국은 역사 속에서 갈등을 빚고 있다면, 이 땅의 호수 와 나무들은 역사의 상처에 부대끼지 않은 채 자연의 자유를 누린다. 빙하 지역의 호수들은 특유의 비취색으로 화려하고 신비한데, 그 원인은 고유의 석회 함유량에 있다고 한다. 비록 그 이름들이 영국의 왕녀나 개척자들에서 기원한다고 하더라도, 그 역사성은 그저 자연의 신비함에 붙은 이름일 뿐, 자연의 존재를 가리거나 압도하지 못하는 듯하다. 또 개척기에 영국과 프랑스가 싸워 영국이 이긴 역사가 있고 현재도 퀘벡 주의 독립주의자들은 여전히 독립을 주장하지만,

수적인 면에서 세계 모든 호수 중 반 정도를 차지한다는 캐나다 호수들은 역사를 압도하는 만년설의 높이에서 유유히 흘러내리는 듯하다.

그렇다고 역사적 요인들이 아주 부족한 것도 물론 아니다. 200만을 헤아리는 광역 밴쿠버 인구 중에서 중국인의 수가 50만이 넘는다고 하니, 놀라운 일이다(한국인 교민도 6만 정도 된다고 한다). 1842년 아편전쟁의 패배로 영국에 넘겨진 홍콩은 155년이 지난 1997년 다시 중국에 반환되었는데, 이 시기를 전후해 많은 중국인들이 중국 사회주의를 두려워해 해외에서도 밴쿠버 쪽으로 많이 빠져나갔다는 소식을 당시에 나도 접했었다. 여기 와서 보니 그때 이주한 홍콩인들도 있지만, 그러기 훨씬 전부터 중국인들은 미국과 캐나다에 많이 진출해 있었다. 중국 이민 1세대의 역사는, 1881년 캐나다 대륙 횡단 철도가 놓일 때부터 미국 샌프란시스코에 있던 중국인들이 대거 이주하면서 시작되었다. 중국인은 1877년 샌프란시스코에서 발생한 반중국인 폭동과 1882년 미국 의회가 가결한 중국인 입국금지법으로 인해 샌프란시스코를 떠나 밴쿠버로 상당수가 이전했다. 당시 철도 노동자로 일했던 사람들은 일종의 인두세까지 착취당했는데, 캐나다 연방정부는 그때의 착취를 인정하고 당시 착취당한 세대에게 1인당 2만 달러의 손해배상을 결정했다. 현재 생존한 5명에게 최근에서야 배상이 이루어졌다.

그와 달리 캐나다로 이민 온 한국인의 다수는 중산층 이상일 것이다. 지금도 몇 억 정도를 투자하기만 하면 투자이민의 형태로 비교적 쉽게 이민을 올 수 있는 모양이다. 물론 돈이 있다고 치열하게 살지 않는 것은 아니겠지만, 치열하게 현지화하려고 노력하는 정도에서 차이가 나는 듯하다. 그런데 특이한 점이 있다. 한국 교육제도 때문에 이민 오는 사람들이 많지만, 그렇다고 학생들이 여기 와서 좋은 교육환경을 효과적으로 잘 누리느냐 하면 그것도 아닌 듯하다. 부모들은 한국의 지독한 교육제도가 싫어 이곳으로 왔다고 하면서도, 여기서도 다시 한국식으로 공부를 시키는 경우가 많기 때문이다. 한국 사회에서는 소위 일류 대학에 들어가기만 하면 대부분 졸업하고 취업전선에서도 그 덕을 톡톡히 보는데, 자식 교육에 열성인 부모들이 그 방식을 여기에 와서도 연장하곤 한다.

여기서는 상대적으로 대학에 들어가기는 쉽다. 학교 공부만 어느 정도 충실하게 하면 고등학교를 졸업하는 학생들은 대학에 갈 수 있다고 한다. 그러나 대학에 입학한 후의 성적이 매우 중요하다. 1학년 때의 성적이 2학년 이후의 전공 선택을 결정하고, 그 이후의 성적이 대학원 진학에 결정적으로 중요하다. 취업을 위해서는 대부분 전문 대학원에 진학해야 하는데, 대학원 진학을 위해서는 대학 입학 후의 성적이 가장 중요한 셈이다(대학원 진학이 필요 없는 경우는 회계사와 엔지니어뿐이라고 한다). 그런데 한국 학생들이 대학 입학 후 제대로 성적을 받아서 원하는 전공의 대학원에 진학하는 비율은, 여기 사회를 잘 아는 한 교민의 말에 따르면, 20% 수준에 불과하다는 것이다. 미국이 치열한 경쟁사회여서 많은 교민들이 아예 그런 상황을 예상하고 자식들 교육을 시키고, 따라서 많은 사람들이 주류사회에 진입한 것과 달리, 캐나다는 이민자 수도 적을 뿐 아니라 애초에 미국처럼 치열하게 경쟁을 하려고 온 사람들도 상대적으로 적기 때문에 상황이 좀 다른 듯하다.

물론 그 차이라는 것도 다른 면에서 보면 상대적이다. 여기 밴쿠버에 와서 다시 확인한 점은 여기서도 열성인 부모들은 자녀들을 미국 대학에 보내려고 한다. 돈 있고 더 열성인 부모는 아예 고등학교도 미국으로 보내는 경우도 적지 않게 있다고 한다. 바로 그 점이 여기서 나를 실망시킨 첫째 요인이었다. 큰애가 한국에서 공부에 별로 취미를 가지지 못했던 터라 한국과 다른 교육 상황을 기대했는데, 미국과 너무 붙어 있는 캐나다는 사회복지제도의 차이점에도 불구하고 미국의 주변부 역할을 하고 있었다. 또 캐나다 서부의 밴쿠버 지역은 인구가 적어 취업 기회가 적으므로 아무리 전문 직종 혹은 인기 직종이더라도 토론토를 비롯한 동부지역으로 진출해야 취업에 유리하다고 한다. 보통사람은 편하고 한가하게 살 수만은 없는 것이다. 캐나다의 영토는 남한의 100배 정도지만 인구가 3200만밖에 안 되고 그 중에 밴쿠버가 서부에서 제일 큰 도시이니 그럴 만도 할 것이다.

캐나다를 위한 한탄

그런데 내가 캐나다에 실망했다면 그 느낌의 핵심은 무엇일까? 단순히 대학교육에 관련된 문제 때문일까? 그것은 아닌 듯하다. 아마도 내가 캐나다, 그중에서도 미국 동부와 통합되었다고 할 수 있는 토론토를 피하고 인구가 적은 밴쿠버를 1년 동안의 체재지로 선택한 것은, 영어를 쓰면서도 미국의 중심에서 상대적으로 벗어난 삶의 방식을 살고 싶어서였을 것이다. 그런데 막상 캐나다의 서부에 와보니 미국식 삶의 흡인력을 피하기가 매우 어렵다는 것을 알았다. 그만큼 캐나다는 미국에 딱 달라붙어 있었다. 영어는 쓰되 미국과 뚝 떨어진 뉴질랜드로 갈 걸 그랬나 하는 생각이 들 정도였다. 뉴질랜드는 사람이 너무 없고 교회에 나가지 않으면 외롭다고 말하는 사람도 많지만, 그래도 영어를 쓰면서 미국의 블랙홀에서 벗어날 수 있는 오지가 아닐까 하는 생각이, 아직도 간간이 들곤 한다.

그렇다면 결국 여기 와서 미국과 세계화의 문제에서 벗어나기는커녕 오히려 그 블랙홀에 더 가까운 위험한 지역으로 온 꼴이 아닌가? 그렇다. 캐나다는 생각했던 것보다도 훨씬 더 미국과 밀착된 나라였다. 캐나다로 가기로 마음먹었을 때 어렴풋이나마 그래도 캐나다는 미국처럼 패권주의적인 나라는 아니므로, 세계화의 여러 경향을 관찰하면서도 비교적 마음 편하게 살 수 있지 않을까 하고 생각했다. 미국적 삶의 가까이에서 그 삶의 방식을 관찰하면서도 무의식적으로나마 내 몸과 마음을 미국과 동일하게 놓지 않아도 될 것이라는 모호한 희망이 있었다고나 할까. 그 희망의 모호함이 한국에서 전혀 감지되지 않은 것은 아니었다. 대학 기숙사에 전화를 걸려고 했을 때 국가 코드(1번)가 미국과 동일하며 지역번호도 미국과 동일한 체제 안에서 주어진다는 것을 알고, 한순간 머리를 세게 얻어맞은 것처럼 멍했다. 캐나다 땅이 미국 땅에 붙어 있는 상황이야 최근의 일이 아니지만, 전화 코드를 설정할 때부터 캐나다는 미국과 거의 한 국가로 인식되어 있었던 셈이다.

캐나다는 국가적 자립성을 매우 늦게 확보한 나라이다. 1931년에 이르러서야 영국으로부터 헌법의 자율성을 확보할 정도로, 미국보다 훨씬 늦게 정치적으로 독립하였다. 지금처럼 10개 주로 이루어진 연방 형태도 1949년에 이르러서야 달성되었다. 20세기 후반부에 캐나다의 국가적 동일성은 확고해졌지만, 그 기간에도 비슷한 앵글로색슨 문화를 가진 미국과 밀착된 상황은 국가적 독립성에 대한 의문을 끊임없이 야기한 모양이다. 1965년에 정치학자 조지 그랜트(George Grant)는 『한 국가를 위한 한탄(Lament for a Nation: The Defeat of Canadian Nationalism)』이라는 책을 써서, 이 나라의 정치적 독립성이 미약함을 슬퍼했는데, 이 책은 지금도 캐나다의 정치적 자율성을 성찰하는 데 중요한 역할을 하는 듯하다. 그 후 국가적 혹은 정치적 독립성은 상대적으로 강화된 듯하지만, 다른 한편으로 미국에 의한 흡수와 통합은 이 나라의 자율성에 지금까지도 여러 의문을 야기하는 듯하다. 특히 1994년 1월부터 발효된 북미자유무역협정은 특히 캐나다와 멕시코의 국가적 자율성에 심대한 영향을 끼치고 있는 듯하다.

그래, 어쩌면 이 모호함이 나를 이끌었는지도 모른다. 미국에 붙어 있을 정도로 매우 가까우면서도 미국과 다른 사회를 만든 나라, 영어를 쓰면서도 상대적으로 패권적 경향이 약한 문화, 20세기 전반까지도 정치적 독립성을 확보하지 못했지만 그 후 유럽 못지않은 복지사회를 이룩하여 훌륭한 사회적·국가적 동일성을 달성한 나라의 모호함. 이전에는 반은 의도적으로 미국적 삶에서 떨어져 있었는데, 이제 의도적으로 그것에 가까이 가고자 하면서도 정작 미국으로는 가지 않는 나의 상황이, 이 모호성을 배가하는 듯하다. 처음에는 나도 뉴욕이나 그 부근으로 가고 싶은 마음도 있었다. 그러나 여러 가지 일이 꼬여 결국 그곳으로 가지 않게 되었다. 너무 많은 한국 사람이 미국 권력의 중심부인 동부로 찾아간다는 생각에 나는 가지 말아야지 하는 공연한 고집이 생긴 탓도 있지만, 뉴욕 시내 임대료가 엄청 비싸다고 하기에 돈 걱정도 해야 했다. 그러나 이곳 밴쿠버도 살기 좋은 도시로 이름이 나 있는 만큼 물가가 비싼 곳이었고, 집값도 캐나다에서 가장 높은 수준이었다. 밴쿠버에서 두 시간 정도 떨어진 워싱턴 주 시애틀이 물가가 훨씬 싸다는 것을 한국에서도 듣기는 했지만, 어차피 미국과의 동일시를 도모하지 않을 바에야 마음 편하게 살자는 생각이 결국 미국을 살짝 피해 이 살기 좋은 모호한 도시로 향하게 만들었나 보다.

내가 선택한 이 삶의 모호함은 그래서 결국 한번 마음 편히, 온갖 철학적 고민에서 뚝 떨어져 실컷 놀아보자, 그래서 새 삶을 한번 찾아보자는 의연한 '결기' 마저 흔들고 있는 꼴이다. 쓸데없이 철학적으로나 인문적으로만 심오한 모호함에 더 이상 빠지지 말자고 다짐했건만, 오래 묵은 습성이 과감하고 명확하게 행동하는 것을 자꾸 가로막는 것이다. 그러면서 나는 '개화된' 인문학자라고 불릴 수 있는 자가 직면한 삶의 비극적 모호함에 대해 또 성찰만 하고 있는 꼴은 아닌가 싶다.

'개화된' 인문학자는 전통적인 인문학자와 달리 더 이상 인문적인 것이 그다지 중요하지도 않고 또 결사적으로 회복되어야 할 것도 아니라고 본다. 다르게 말하면 근본적인 것에 집착하는 '인문적인 것'보다는 다양하고 이질적인 사람들이 아우성치는 모습의 '인구적인 것'을 성찰하는 일이 현 시대에 걸맞은 모습이라고 생각한다. 그리고 그는 과거의 '인문적 세계' 대신에 정치적이며 경제적인, 그리고 생태적 차원의 세계가 더 중요하다고 생각하는 점에서, 세계의 개념 자체를 크게 바꾼 셈이다. 그러나 그렇다고 해서 그가 철학적이거나 문화적인 관점을 정말 버릴 정도로, 사회과학적이거나 경제적이거나 실용적인 방식으로 살고 있느냐 하면, 그것도 아닌 것이다. 아예 모든 인문적 포즈를 내버리고 솔직하고 명확하게 현실적이고 실용적인 접근방식을 취하는 것이 낫지 않을까 하는 생각이 마음 한구석에 구렁이처럼 똬리를 틀고 있지만, 타고난 심성 때문인지 또는 다른 이유에서인지, 그는 또 그렇게 적극적으로 행동하지 못한다. 개인적으로 나는 인간관계의 실제 모습을 담은 경영학이 매우 중요하다고 생각하고 인정하는 편이며, 따라서 시장이나 경영을 백안시하는 인문학자들을 보면 어안이 벙벙하거나 심지어 화가 난다. 그러나 실제로 내가 경영학적으로 행동하느냐 하면, 최소한 아직은, 아닌 것이다. 모든 현실적인 관계를 의식적으로 인정은 하되, 실제로 그렇게 행동하지는 못한 채, 텍스트 차원에서만 자신을 열어놓은 분자인 셈이다. 명예롭게 퇴각할 기회가 되면 한번 이 분열 상태를 깨고 솔직하고 명료하게 살아보자는 마음이 점점 굴뚝 같아지는 것을 느끼지만, 글쎄다. 과연 언제 그럴 날이 올는지……

찢어진 모눈종이

자신의 고향을 벗어나면 모든 개인은 생활에 필요한 모든 실용적 관심을 당연히 일차적으로 해결해야 하며, 따라서 현지의 낯선 생활 규칙과 게임의 규칙을 빨리 익혀야 한다. 고향과 국내에서는 오랜 세월 형성된 혈연과 지연, 학연의 끈들에 꽉 끼어 체면을 중시하며 살아야 하지만, 모든 종류의 이주 노동자들(나를 비롯한 이곳 교환학자들도 모두 거기에 속한다)은 외국 땅에 정착하는 순간 마법처럼 그 끈들에서 스르륵 풀려난다. 그리고 아무 이름 없는 외국인 'somebody'로서 싸고 좋은 물건을 구하느라, 그리고 실용적 정보들을 구하느라 정신없이 돌아다닌다. 국내에서는 실용적 정보가 선택 사양이지만,

낯선 세계 속에 휙 던져지는 순간, 그것은 가장 중요한 필수 사양으로 변모한다. 그래서 실용적 행위가 바야흐로 아주 자연스런 인간 행위가 되고, 실용적 행위를 자연스럽게 하는 사람이 인간적인 사람이 된다.

이런 상황에서 철학적 혹은 인문적 고민은 최소한으로만 하면 충분하고, 그 최소한의 범위를 넘어서면 그것은 삶을 방해하는 요인으로 여지없이 전락하는 듯하다. 철학적 혹은 인간적 고민은 실용적 삶의 부차적 기능 혹은 장식 노릇만 한다고 하면, 극단적인 주장일까. 아니면, 극히 자연스럽고 상식적인 모습인데도 우리가 쉽게 인정하지 못하는 것뿐일까. 앞에서도 말했듯이, 삶에 대한 철학적 혹은 인문적 모색은 최소한의 윤리, 자신의 양손으로 움켜쥘 수 있는 한줌밖에 안 되는 윤리로 자족해야 할 듯하다. 그것을 인정한다면 세상을 슬퍼하지 말고, 기꺼이 반겨야 하리라. 그러나 세상을 인정하면서도 반기는 못하는 나는 분열증의 늪에서 낑낑거리는 꼴이다. 빠져나가기만 하면, 한번 이 늪에서 나가기만 하면, 나도 더 이상 바보처럼 살지 않으리라고 입 안에서 중얼중얼 다짐하기만 한다.

그래서 이 중얼거림은 입 안에서 사납게 맴돌다 기진맥진하기 십상이다. 새삼 느끼는 것인데, 세계화된 세상에서 어떻게 실존해야 할지를 고민하고 또 고민하는 일은 주체적 자괴감이나 자학증의 형태를 띠는 듯하다. 주체는 주체로 실존하기 위해 기껏해야 자괴하고 자학하고 자위하기만 하는 듯하니, 이 무슨 꼴인가. 해결할 수 없는 모호함 때문에 쓸데없는 실존적 고민을 하지 않으려면, 철학 교수나 인문학 교수 짓을 때려치우고 과감하고 심플하게 트럭 운전사가 되면 될 터인데, 그러지 못한 채 상상만 하고 있으니, 한심한 일이다. 먼

거리를 홀로 달리며 제 몸으로 무거운 트럭과 수하물의 무게를 묵묵히 견디고 운송하는 트럭 운전사를 부러워하면서도, 정작 그렇게 되지는 못하고 있으니, 요컨대 과감하고 단순한 행위의 부족이 문제다. 고민과 성찰이 풍요로운 텍스트를 중시하고 살았건만, 점점 그런 텍스트의 무력함을 깨닫게 되는 일이 쓰리고 또 쓰라리다. 인문주의 혹은 심지어 '문화'를 표방하는 텍스트의 허장성세를 깨달으면 그것으로 충분하고 응당 기뻐해야 할 터인데도, 마음 한구석이 쓰린 것은 아직도 제대로 깨닫지 못했기 때문인가? 아마도 그럴 것이 다 버릴 것을 제대로 다 버리지 못해서일 터이다.

세상이 온통 하나로 보일 때는 '어떻게 살아야 하나'라는 보편적 질문만으로 족했다. 전체가 하나하나 목적이 되는 눈금이 촘촘하게 쳐진 그물망 안에 세상의 모든 부분이 차곡차곡, 남지도 모자라지도 않게 잘 배분되는 보편적 질서를 전제하던 시절이 있었다. 그런데 아직도 우리는 그런 그물망을 간혹 꿈꾸는지 모른다. 바로크 시대의 고전음악을 들으면서 모종의 조화로움에 몸과 마음이 혼곤해지듯, 인문적 인간은 아직도 그런 이상적 그물망에 스스로 사로잡히길, 사로잡혀서 혼곤함을 느끼길 바라는지 모른다. 그러나 이제 정말 솔직해져야 하지 않을까? 그런 보편적 그물망은 어디에도 존재하지 않는다. '인간으로서 어떻게 존재해야 하는가'라는 질문에 대답을 줄 수 있는 이론과 철학은 이제 어느 곳에도 없다. 보편적 인간 대신에 미국인과 캐나다인이 있고 한국인, 일본인, 중국인이 있으며, 이들의 삶은 그 내부 경계에서는 제각기 다른 기준과 척도에 따라 냉정하게 혹은 그저 자연스럽게 움직인다. 그 기준과 경계가 서로 다르기에 그들의 삶은 비껴가거나 부딪치거나 서로 깔고 뭉갠다. 그런데도 아직도 보편주의 관점을 견지하는 인문학이 멀쩡히 존재하다니, 어처구니없고 위선적이다.

이런 문제가 원래 모호한 철학이나 문학에만 국한된 것은 아니다. 여기 교환교수들이 한 달에 한 번씩 세미나를 여는데, 지난달에 '동북공정'을 주제로 삼아 한국사 교수가 발표를 했다. 전공이 발해사인 만큼 고구려 역사에 해박한 연구자였지만, 막상 '동북공정'이라는 정치적 주제 앞에서 인문적 역사학은 자신의 모호함을 실토할 수밖에 없는 듯했다. 현재의 중국이 고구려 역사를 자신의 역사로 참칭하려는 공작이 한심하고 터무니없는 짓이고, 동북아시아의 협력 관계를 위해 매우 불행한 일인 것은 사실이다. 그러나 따지고 보면 현재 자신의 영토 안에 있는 땅의 과거사를 자신의 역사와 어떻게든 연결하려는 짓은, 언제나 일어날 수 있는 일인지 모른다. 곰곰이 살펴보면 지금은 남의 영토 안에 들어가 있는 땅의 과거를 빌미로 그 땅에 대해 모종의 연고권을 주장하려는 한국사 텍스트들도 허점이 있는 셈이니까.

이 허점을 노정하듯이 주제 발표를 한 교수도 중국이 무조건 억지를 부리며 미친 짓을 한다고 일방적으로 말하지는 않았다. 중국이 현재의 땅도 자기 것이라고 하고 그 땅의 과거도 자기 것이라고 하는 주장에 논리적 허점이 있음을 국제적으로 알릴 필요가 있다고 말했지만, 사실 그것은 형식논리 측면에서만 모순되어 보일지 모른다. 그 점을 반영하듯, 그 교수도 결국은 이론적인 교정 작업에는 한계가 있고, 실제로는 중국이 강대국이므로 우리가 어쩔 수 없지 않느냐는 체념으로 결말을 내렸다. 여기서 보듯이 한국 역사학은 다소 막무가내로 민족주의적 경향을 띠거나 현실 순응주의에 따르거나 혹은 포스트모던한 모호함에 빠지거나 하는 듯하다. 어느 것도 아주 만족스럽지 않지만, 보편주의 역사학은 이중에 어느 것보다도 못하다. 한국사에 관한 한 한국인은, 한국의 이해관계에 복무하는 일과 주변 강대국의 이해관계에 체념적으로 순응하는 일, 그리고 영토에 근거한 역사의 모호함을 텍스트로 복잡하게 서술하는 일 중에서 거의 전적으로 하나를 취하거나 그 셋의 비율을 달리하여 섞는 일밖에 도리가 없는 듯하다. 첫째와 둘째 것은 이미 도저히 인문학이라고 말하기 어려운 차원에 있고, 굳이 말하자면 셋째 것이 그중 인문적으로 보이기는 하지만, 그것이 자신의 모호함을 성실하게 견지하는 일도 죽기 아니면 까무러치기만큼 어려운 일이다.

이런 판국에 세계화의 파도는 점점 거세지고 있으니, 개인들의 삶과 행위는 점점 더 힘과 이해관계의 역학관계 속에 끼어 속수무책으로 얇아지고 가늘어지기만 한다. 내가 캐나다로 출발하면서 가졌던 어렴풋한 목표, 곧 영어를 쓰면서도 미국 안으로 들어가 살지는 않고 그 주변에서 맴돌자는 목표도 일종의 가련한 고육책에 지나지 않는 셈이다. 영어를 쓸 것이면 아예 호랑이 굴 속에 들어갈 일이지, 호랑이의 약탈에 부화뇌동하지 않는 양 그 주변에서 자신의 양심이나 관리하려고 하고 있으니, 끌끌끌. 약소국 혹은 약중국의 개인이 할 수 있는 행위의 폭은 말리고 눌린 쥐포의 두께처럼 뻔하고 가련한 것인가.

이런 판이니 인문적 관점은 국제정치와 국제경제의 압력 앞에서 가련하고도 무력할 수밖에 없다. 세계화가 진행될수록 이 점은 더 심각할 듯하다. 그리고 인문학은 이 점을 그저 한탄만 할 필요도 없다. 지역적 정치경제의 살벌함과 엄혹함은 예나 지금이나 크게 달라진 것이 없을 터이고 지금이 과거보다 심하면 심했지 덜하지 않다면, 인문학은 오히려 스스로 지역학과 인구학으로의 변신 혹은 통합을 열렬히 고대해야 할지 모른다. 그러나 한 번 보편적 인문학의 관점을 내다버리면, 세상을 보는 방식이 너무도 크게 달라진다. 그리고 이 점이 무서운 것이다. 어중간한 인문학이나 문화적 관점이 한가하거나 한심할 뿐 아니라, 아무리 절실한 민족주의도 한가하고 한심해 보인다. 철학 전공이 없어지려고 하는 판국인데도 나에게는 인문주의를 '절실하게' 외치는 사람들의 목소리가 공허하게 들린다면, 끔찍한 일이다. 철학 전공자로서 사실 나도 명예로운 구조조정의 길이 주어진다면, 기꺼이 따를 수 있다는 생각이 든다.

인문학자, 메타세콰이어나무 숲 사이로

이것은 철학에만 국한된 이야기가 아니고 문학과 역사학 전반에다 해당하는 이야기이다. 다만 가장 위기에 몰린 철학 전공에 속하기 때문에 내가 더 예민하게 받아들일 뿐이다. 일본·중국과 관계된 역사 교과서 문제 때문에 역사학은 대충 살아남고 국문학이야 한국어를 기반으로 어떤 방식으로든지 살아남을 터이기에, 인문학의 근본적인 변화를 걱정하지 않아도 되는 듯하다. 그러나 인문학의 가장 약한 고리에 연결된 나는 기본적으로 과거의 인문학적 관점이 유실되고 말았다고 생각한다. 그래도 이제까지의 인문학으로 충분하다고 말하고 담담하게 떠나는 것까지는 좋다. 다만 어디로 향하는지가 매우 불확실할 뿐이다. 정치경제가 지배하는 국제관계를 살피고 솔직하게 인정하는 일이 매우 중요하지만, 그것은 자칫하면 그것에 순응하는 행위에 닿을 수 있다. 어설픈 인간주의를 버리고, 게임과 도박의 경제가 지배하는 현실공간을 객관적으로 서술하는 일이 중요하지만 그것도 여차하면 경박한 게임과 도박의 논리에 예속되는 결과를 낳을 수 있다. 그렇다고 인문적 관점을 버리고 정치경제를 냉정하게 살피는 일이 너무 극단적이라고 비난하는 일이 가능하냐 하면, 그것도 아니다. 그것도 어설픈 절충주의에 불과하기 십상이다. 정치학과 경제학 교과서들조차 결국은 단편적이고 극단적인 관점들로 꽉 차 있는 지경이니, 공연히 공허한 객관성이나 어설픈 공공성을 주장할 필요도 없다.

가능한 혹은 필요한 일은 서로 충돌하고 서로 무시하는 이 모든 상이한 관점들의 끔찍하면서도 일상적인 공존을 차분하게 서술하는 일이리라. 개별적인 학문이나 관점은 개별적인 영역만 고수하는 경향이 있으니 개별적이고 칸막이 된 관점을 버려야 한다. 그리고 혼돈 속에서 서로 부딪치며 웅웅거리는 관점들을 보아야 한다. 그 혼돈의 한가운데서 '기우뚱 균형'을 잡을 수만 있다면, 더 이상 바람직한 일도 없을 듯하다. 지난 몇 년 동안 사실 나는 그 일에 매달렸다. 그러나 가만히 보면 '기우뚱한'도 어쩔 수 없이 상징적이거나 관념적이다. 정치적 주체와 경제적 주체, 그리고 따지고 보면 그 못지않게 문화적 주체들이 온통 힘과 기득권의 논리에 사로잡혀 있는 마당에, 말로만 균형을 강조한들 무엇 하랴. 결국은 그 시도조차 매우 모호한 인문적 성격을 가지고 있음을 나는 속절없이 실토하고 말았다.

모든 주체가 남김없이, 조화롭게 들어앉을 거대한 모눈종이가 한번 찌그러지고 찢어지고 엉클어지면, 그 모눈종이의 매트릭스는 이제 모든 주체들을 옥죈다. 모두는 모두에 의해 조이고 끼이고 까이고 꼬인다. 그리고 그 조이고 끼이고 까이고 꼬이는 과정 자체를 '합리적으로' 받아들여야 한다! 바로 곁의, 곁의 곁의, 곁의 곁의 곁의, 곁의 곁의 곁의 곁의 모눈들이 우리의 실존을 조이고 끼이게 만들고 까고 꼬이게 만든다. 이제 3억을 돌파했다는 미국의 인구, 11억을 넘은 중국의 인구, 그리고 이 지구의 모든 인구의 총체, 곧 인구학은 인문학을 뭉개고 깔고 뭉갠다.

이것을 성찰하는 나는 인식의 기쁨도 잠시, 삶의 무서움을 느낀다. 그러나 그렇다고 벌벌 떨 일도 없다. 다만 벌벌 떨면서 잠이 든 밤에도 기껏 개꿈을 꾼 후, 머리만 무겁다는 느낌으로 잠을 깨는 일이, 조금 한심하고 답답할 뿐이다. 마음이 괴로운 밤이면 더 개꿈을 꾸니 이상한 일이다. 고민한 밤의 아침 징표인 개꿈이 싫다. 결국, 개꿈을 꾸는 것으로 끝나는 것인가. 개꿈을 꾼 아침이면, 과거에는 하지 않던 버릇이 언제부터 들었다. 누구에겐가, 나를 용서해달라고 말하고 싶은 버릇. 그러나 다만 조용하게 속으로만 말할 뿐이다.

그래, 되도록이면 머리를 맑게 하자. 쓸데없이 머리만 무거워서야 모슨 소용일 터인가. 침엽수들은 아무 일 없다는 듯이 푸른 와중에, 이곳의 단풍나무들은 이제 때가 되었다는 듯이 아련하고 비장하게 단풍이 든다. 겨울이 되면 햇빛이 아주 귀해지는지를 미리 알고, 그래서 여름의 햇살을 그리 귀하게 받아들였던 것인가. 그리고 찬바람에 술술 떨어진다. 사람이야 어디 그렇게 제 시간을 찾기 쉬울까마는, 나도 나름대로 때를 찾고 싶다. 점점 게임과 도박의 성격이 짙어지는 세계화, 이 지독한 세계의 세계 되기 속에서, 오늘 나는 머리를 개처럼 턴다. 물에 빠져서 한동안 개헤엄을 치고 나온 개처럼, 나는 오늘 메타세콰이어 사이로 불어오는 바람에 개처럼 머리를 흔든다. 그리고 중얼거린다. 머리여, 머리여, 무거운 머리여.

인문학자

요란한 주변과 고결한 중심

밴쿠버와 두 시간 반 정도 거리에 시애틀이 있다. 여기서 30분 정도 내려가면 국경이 있는데, 미국 비자가 있는 사람들도 다시 국경통행증을 받아야 한다. 수수료 명목으로 또 몇 달러를 내야 할 뿐 아니라, 아무 소리 말고 얼굴 사진과 지문도 찍어야 한다. 국경을 지나 두 시간 남짓 주간(州間) 고속도로 5번을 타고 내려가면 시애틀이다. 우리가 시애틀 구경을 갈 때 국경 경비대원이 풋볼 구경 가느냐고 해서 웬 풋볼 타령인가 했더니, 시애틀은 정말 풋볼 시합으로 난리였다. 아마도 시애틀 대표팀과 다른 곳 대표팀과의 시합이 열린 모양이었는데, 구경 온 사람들이 타고 온 대절 버스들이 경기장 바로 주변뿐 아니라 시내 먼 곳에까지 즐비하게 서 있었다. 시애틀 가기 전에 잠깐 조사를 하면서 거기 어느 시장 구석에 스타벅스 1호점이 있다는 정보를 몇 번 보았었다. 한국에서도 스타벅스를 별로 좋아하지 않아서 다른 사람들과 같이 갈 때 우연히 한 번인가밖에 가지 않았는데 무슨 1호점 타령이냐고 여기며, 시애틀에 가더라도 거기 들어가는 일은 결코 없으리라고 콧방귀를 뀌었었다. 그런데 막상 그 앞으로 지나가게 되니까 그 결연한 각오가 어디로 사라지고, 그냥 잠깐 들어가서 커피나 한잔 하자는 생각이 들었다. 새벽 일찍 출발하느라 커피도 못 먹었다고 핑계를 대면서. 그러나 역시 생각했던 대로, 별맛이 있는 것은 아니었다. 사람들은 또 어찌나 붐비던지, 주문하면 돈 받는 사람이 종이컵에 주문한 커피 이름을 적어 주방으로 넘겼다. 재래식 시장 바닥의 이 조그만 커피집이 한국을 비롯한 세계 곳곳에 진출했을 뿐 아니라 한국에서는 자기가 세계 제일인 양 번쩍번쩍한 대형 매장들을 차려놓고 있다는 현실 앞에서 한순간 어안이 벙벙할 지경이었다. 막상 이곳과 밴쿠버에서는 스타벅스 커피집들이 그저 소박한 커피집일 따름인데, 왜 한국에서는 마치 세계시장 쟁탈에서 최후의 격전지인 양 제국주의적 대형 매장을 차려놓고 싸움을 벌이는 것일까를 생각하니, 미국 주도의 세계화란 것이 주변부에서는 오히려 기형적으로 확대되면서 문제를 야기한다는 느낌을 받았다.

그렇다. 한국에서는 온 세계의 이러저러한 잡다한 브랜드들이 마치 결코 최종리스트에서 탈락될 수 없는 '세계적' 명품인 것처럼 요란스럽게 판촉활동을 벌이면서 이름 싸움을 벌인다. 그래서 사람들은 더욱 명품에 중독이 되고, 마치 세계가 명품으로 이루어진 것처럼 착각하게 된다. 그러나 현지에서는 그 브랜드들이 상대적으로 소박하며, 많은 경우에 여러 브랜드 중의 하나일 뿐이다. 그런데 그 브랜드들은 세계의 주변부에서 '세계적인' 브랜드 싸움을 벌인다. 마치 자신들이 세계를 대표하는 브랜드인 듯. 그리고 주변부의 브랜드 싸움에서 승리하면 정말 세계의 브랜드가 되는 양. 어처구니없는 일이기도 하지만 그렇다고 전혀 근거 없는 일이냐 하면 그렇다고 하기도 힘든 형국이다. 어떤 점에서 한국처럼 세계의 모든 브랜드들이 상륙해서 싸움을 벌이는 곳에서 살아남은 브랜드는 마치 자신이 세계화를 주도하는 브랜드인 것처럼 현실을 꾸며나갈 수 있을 터이니 말이다.

세계화는 시뮬레이션을 통해 이루어지고, 그 시뮬레이션은 여차하면 어느새 리얼리티를 확보한다. 악화가 양화를 몰아내듯 시뮬레이션이 리얼리티를 확보할수록, 세계체제의 주변부에서 세계화는 더 요란하게 진행된다. 더 요란하게, 곧 세계화 과정의 중심부에서보다 더 요란하게. 어떤 점에서 중심부보다 더 요란한 세계화, 결국 이것이 주변부에서 벌어지는 세계화 과정의 희극적이고도 비극적인 모습의 한 핵심이다. 더 요란하고, 더 시끄럽고, 더 더럽고, 더 왜곡되게. 나는 정작 이곳 캐나다에 와서는 아마도 일부러 한국에서는 통 알려지지 않은 이곳 브랜드의 하나인 블렌즈(Blenz) 커피를 갈아다 마시는데, 한국에서는 움직이는 걸음마다 소위 세계화의 에이전트들인 스타벅스와 파스쿠치 등등이 전쟁터를 부추기면서 전장을 장악하고 있다. 이 왜곡되게 비틀어지고 꼬아진 세계화, 곧 주변부로 갈수록 더 비틀어지고 꼬아진 세계화가 내 속을 영 불편하게 한다.

시애틀에서 돌아오는 길에 이 지역 사람들이 잘 들르는 '명소'에 들렀다. 다름 아닌 명품 할인매장(아울렛)이다. 아마도 철 지난 상품들을 할인해서 파는 곳인 모양인데, 근방에서는 유명해서 캐나다 쪽에서도 많은 사람들이 쇼핑을 가는 것 같았다. 일산 가는 길목에도 비슷한 아울렛이 있어서 서울 사람들도 많이 쇼핑을 가는 점이 비슷하다면 비슷한데, 다만 여기는 국경을 넘어 사람들이 쇼핑을 다닌다는 점이 차이라면 차이였다. 우리 부부 옷은 사지 않고 매년 크는 애들 옷 몇 벌 산다는 핑계로 매장들을 빙 둘러보았다. 캐나다에 사는 사람들까지 두 시간 정도 차를 달려 쇼핑을 온다면 자유무역 시장의 위력은 엄청난 셈이다.

그런데 캐나다 시민권자도 아닌 내가 놀라고 조금은 짜증이 나는 점은, 왜 캐나다는 자국 영토 안에 이런 할인매장을 만들어서 사람들을 흡인하지 못하는가 하는 것이다. 자유무역 체제이니만큼 상품이 없어서 그것이 불가능하거나 어려운 건 아닐 터인데도 말이다. 결국 여기서도 앞에서 관찰한 세계화 과정의 비틀림 현상이, 비록 양상은 조금 다르고 근거리에서일망정, 뜨겁게 일어나고 있었다. 미국 영토 안과 국경 가까운 곳에 명품들이 끼리끼리 모여 할인매장을 열어놓고 자신들만의 축제를 벌이는데, 바로 옆의 캐나다 사람들까지 쭉쭉 빨려들고 있었다. 세계의 중심부에 늘어선 할인매장에는 세금이 부과되지 않기에 그 덕을 보려고 주변부 사람들이 열심히 몰려드는 것이다. 결국 부자 나라 미국 사람들은 여러 가지 경로로 제 동네에서 가장 싼 물건 덕을 보고, 주변부 사람들은 자신들 동네의 비싼 세금도 피하고 실용적으로 상품을 살 목적으로 미국으로 몰려든다. 미국 중심의 세계화는 한국까지 갈 필요 없이 조금만 주변부로 가더라도, 벌써 비틀리고 요란해지는 모양이다.

말하자면 세계화 자체가 큰 문제는 아닐 수 있다. 조금만 주변부로 이동해도 세계화가 중심부보다 요란하고 시끄럽게 진행되는 과정, 그러면서 사람들 정신을 쏙 빼놓고 혼미하게 만드는 과정이 큰 문제인 듯하다. 미국 시민들이 자신들 동네로 몰려드는 세계의 모든 상품들, 더구나 시장을 확보하기 위하여 값이 할인된 상품들을 개인적으로 구입하는 현상은 자유시장의 취지에 따르자면 이상할 것이 없을 듯하다. 그러나 주변부로 이동할수록 할인된 명품을 구입하는 행위는 단순히 자유시장의 원리만으로는 설명할 수 없는 정치경제적 함의를 띠게 된다. 미국 영토 안의 실용적 소비행위가 비교적 무구하게 보이지만, 주변부로 갈수록 실용적 소비행위는 점점 무구함을 상실하게 된다. 그래서 주변부에서는 실용성이라는 기준뿐 아니라 세계화 과정 자체가 아주 애매해지고 더러워진다.

그런데 세계화 과정은 그 자체로 반대와 저항의 대상일까? 혹은 그것이 여러 사람들에게 반대와 저항의 대상이 되더라도, 과연 나는 세계화 과정에 반대하는 시위에 직접 참여할 수 있었을까? 주변부로 갈수록 비틀어지는 세계화 과정에 내가 불편함을 느끼더라도, 이 물음은 조금 다른 의미를 갖는 듯하다. 이 시애틀에서 1999년 WTO(세계무역기구) 각료회의가 열렸는데, 당시 세계화에 반대하는 시위가 격렬했다. 아마도 시애틀이 세계화에 대한 저항이 대규모로 이루어진 최초의 도시였을 것이다. 그 다음에 멕시코 칸쿤과 홍콩에서도 반세계화 집회가 대규모로 열렸다. 그런데 이러한 저항을 이해하면서도, 나는 과연 세계화에 대한 저항이 무엇을 말하는 것일까 하는 의문을 가졌다.

세계화, 보편학이 아닌 특수학에 주목하라고?

지난 몇 년 동안 인문적 관점의 쇠퇴와 실용적 관점의 득세는 가장 눈에 띄는 현상이었다. 그것과 맞물려 모든 이론적 담론들이 시들해지고 실용적 행위가 날카롭게 부각되었다. 어느 시대나 인간은 행위를 하고 행위를 하는 동안에는 실용적일 수밖에 없지만, 지난 몇 년 동안에 일어난 대변동은 눈이 시리고 따가울 지경이었다. 왜 그랬을까? 하물며 인문적이었던 옛날에도 실제로 사람들은 상황에 알맞은 행위가 가장 중요하다고 여겼다면, 그리고 동서고금에 행위가 중요하지 않은 시대가 없었고 그 행위가 나름대로 실용적인 관점을 요구한 것이 사실이라면, 차이가 무엇인가?

여러 요인이 있겠지만, 지난 10여 년 동안에 일어난 격변은 '세계화'와 뗄 수 없는 관계를 가지는 듯하다. 익숙하고 유일한 세계 안에 존재할 때 인간은 행위를 하더라도, 일정한 기준과 규칙에 따라 행동한다. 이 경우 실용성은 규칙이 있기에 계통이 있는 실용성인 셈이다. 민족국가라는 울타리도 이 익숙한 세계의 한 틀이었다. 그런데 세계화 과정은 이 익숙한 울타리들을 사정없이 허물어버리고 찢어버렸다. 가장 커다란 울타리가 다름 아닌 민족국가였다. 세계화는 무수한 '세계들'을 탄생시키고 사람들이 그 세계들 사이로 끊임없이 이주하게 만들기 때문이다. 이렇게 이동하면서 생기는 큰 변화 중의 하나는, 사람들이 그 이동 속에서 매순간 실용적인 관점을 취하도록 알게 모르게 강요하거나 혹은 자발적으로 그렇게 하도록 만드는 것이다 (사실 강제성과 자발성 사이의 구별이 모호하기는 하다). 이제 개인들과 집단들은 그들의 세계 안에서 안주하는 대신, 무수한 세계들 사이에서 사정없이 끼게 되고 그 사이에서 미끄러지고 마모된다.

여기 와 있는 교수들과 판사·검사들, 공무원들은 고국에서는 쫀쫀한 짓이라고 여겼을 일들, 예를 들면 어느 중고품 가게에서 필요한 물품을 살 수 있는지 꼼꼼히 따져보는 일을 '서슴지 않고' 하는데, 따지고 보면 당연한 이 일이 세계화 과정의 새로운 국면들을 이모저모 따져보려는 사람에게는 매우 중요한 현상으로 다가온다. 왜냐하면 바로 그런 실용적 필요와 경향이 인문적 관점들을 공공연히, 당당하게 쓸어버리기 때문이다. 이와 너무나도 비근한 예 하나. 국내에서는 외제차를 타면 거의 비난을 받을 각오를 해야 할 사람들이 외국에 나오면 거의 당연하게 외제차를 탄다. 이민자들은 말할 것도 없고, 영주하지 않고 일년 정도 머물 사람들도 대부분 중고차를 구입하는데, 이들은 내구성의 측면에서 아직 인정을 받지 못한 국산차를 사지 않는다. 미국을 심정적으로 좋아하지 않아도 미국차를 사고 일본을 좋아하지 않아도 일본차를 산다. 여유 있는 사람들은 국내의 애국주의에 억눌렸던 욕망을 풀기라도 하듯 벤츠나 BMW를 사고, 보통 사람들은 도요타와 혼다 혹은 포드를 구입한다. 나도 혼다 매장의 한국인 딜러에게서 중고 니산 차를 구입했다. 국내에서는 민족국가적 동기에 근거한 구매행위가 일반적이지만, 확대되는 국외 이민의 과정 속에서 그것은 무력해진다.

그러나 내가 중요하게 생각하는 실용적 관점의 확산은 비단 그런 국가적 브랜드 차원에서만 이루어지지 않는다. 어느 것이 원인과 결과인지 이제는 도통 분간할 수 없을 지경으로 복잡해졌지만, 세계화 과정과 실용적 관심은 서로 얽히면서 서로를 강화하고 확장한다. 쇠퇴하는 인문학이 부딪히는 가장 큰 숙제 중의 하나가 어떻게 자신을 새롭게 지역학으로 설정하거나 이 지역학과 관계를 맺느냐는 것일 터이다. 국문학은 이제 익숙한 '국학'의 울타리에서 벗어나 동아시아 속의 한국어 문학으로 자리를 잡아야 하고, 영문학은 어정쩡한 고전문학 읽기에서 벗어나 미국학(혹은 영국학)과 새로운 관계를 설정해야 하며, 중문학도 모호한 고전 읽기에서 벗어나 중국학 혹은 동아시아학이라는 새로운 울타리를 염두에 두어야 한다. 인간 일반에 관한 일반적인 텍스트가 아니라 특정 지역 속에서 생긴 특정한 텍스트가 성찰의 대상이 된 것이다. 지역학, 이것은 근본적으로 새로운 실용적 관점을 요구한다. 인문시대의 인간 행위가 보편성에 근거한 실용성이라는 성격을 가졌다면, 이제 세계화 시대의 행위는 지역적 지리 속의 실용성이라는 성격을 가진다. 지난 세월 영문학이 부동의 인기 1위 인문학이라는 지위를 누릴 때는 보편적이라고 여겨진 텍스트를 읽는 것만으로 충분했다. 그러나 이제 영어는 다른 지역 사람들과 실제로 맞부딪칠 가능성을 염두에 두고(실제로 얼마나 맞부딪치는지 따져보면 그 경우는 예상보다 훨씬 적지만), 듣고 말하고 쓸 수 있는 능력으로 바뀌었다. 영어는 모호한 보편적 교양의 단계를 벗어나 자신이 정치경제학적 도구이자 목적임을 명백하게 드러내는 단계에 와 있다.

그렇다면 이 새롭게 등장한 실용성을 인정하기만 하면 되는 것 아닌가? 문제는, 이 실용성을 인정하고 인식하는 데 한국은 다른 어떤 나라보다 큰 어려움을 느낀다는 데 있다. 지금 세계화 담론이 유발하는 엄청난 갈등을 생각해보자. 한편으로는 한미FTA에 대한 반대시위가 아직도 벌어지지만, 다른 한편으로 대학생들과 취업준비생들은 토플과 토익 시험에서 좋은 점수를 받기 위해 가히 영어전쟁이라고 불러도 좋을 상황 속에서 악전고투하고 있다. 대학생들이 영어연수를 떠나기 위해 1년 정도 휴학하는 일은 대학가에서 10여 년 전부터 아주 흔한 일이 되었고, 조기유학을 떠나는 초등학생 수는 매년 신기록을 세우고 있다. 그런데도 세계화에 반대하는 목소리가 하늘을 찌른다. 이 상반되는 상황을 떠올리면 우리가 얼마나 찢어지게 모순적인 상황 속에 있는지 즉시 체험할 수 있다. 따지고 보면 한국사 안에서 세계화 과정은 항상 피를 부르는 갈등과 긴장을 유발했다. 개화기 때에도 그랬고, 조선 후기 명과 청 사이에 끼어 있을 때도 그랬으며, 고려 말에 원과의 관계를 설정할 때도 그랬다. 상황에 따라 조금씩 다르지만, 세계화 과정은 그때마다 한국인에게 단순한 교역의 문제를 넘어 안보의 문제였고 기득권 구조의 변화를 초래하는 예민한 문제였다. 보수층 혹은 수구적인 계층이 안보 기득권 및 안보 상업권을 독점하고 있다면, 이들은 이 기득권의 변화를 유발하는 어떠한 새로운 세계화에도 반대할 것이다.

그렇다면 보수와 수구 집단이 세계화에 반대하고 실용화에 반대한다는 말인가? 그렇기는커녕, 오히려 거꾸로다. 전통적인 정치이론의 한 시각에 따르면 보수계층은 세계화에 소극적이거나 반대하고 진보계층이 세계화에 찬성하겠지만, 요사이는 세계적으로 이 경향이 뒤바뀐 상태인데, 특히 한국에서는 그 정도가 심하다. 보수집단은 오히려 미국과의 친교를 강화하는 모든 조처를 환영하지만, 진보집단은 강력하게 그것에 반대하는 상황이니까. 실용화에 관해서도 비슷한 상황이다. 전통적인 관점에 따르면 진보적인 집단이 오히려 실용화에 찬성하고 그것을 요구해야 하겠지만, 현재 한국에서는 거꾸로다. 19세기 초중반에 일어났던 일군의 '개혁적' 주자학의 실용적 경향을 '실학'이라고 부르면서 그 실(實)함을 칭찬하는 일은 아주 당연하게 여겨지지만, 막상 현재 상황에서는 실질적 실용성의 기준에 대해 동의를 이끌어내기 어려울 정도로 실용성의 기준은 모호하고 애매한 지경에 이르렀다. 이 점을 희비극적으로 보여주는 예가 있다. 과거

개혁을 표명했던 열린우리당이 한때 개혁파와 실용파 사이의 갈등으로 날을 지새운 때가 있었다. 좋은 의미의 '실용'이란 마땅히 개혁적이어야 함에도 불구하고, 정작 개혁을 표방한 정치집단에서도 그 의미는 설 땅이 없었다. 마치 개혁이 실용적이지 않은 것처럼 여겨졌으니, 이런 슬픈 코미디가 따로 없었다. 물론 이때 '실용성'은 권력싸움을 위한 명분에 지나지 않은 점도 있었지만, 따지고 보면 이 사소한 명분 싸움은 아주 오랜 역사를 지닌다. 그리고 문제는, 이 상황이 계속 반복적으로 지속되면서 세계화 과정과 실용성 문제가 복잡하게 꼬인 실타래처럼 헝클어진다는 데 있다.

우리 사회의 실용성, 그 무시무시함에 대하여

박지원을 비롯한 실학파들이 중국을 넘나들면서 새로운 문물과 기술을 받아들이고 공부했다는 점은 일반적으로 긍정적 평가를 받고 있다. 당시 조선은 너무 닫혀 있었을 뿐 아니라 그 폐쇄성이 사회적 부패를 연장하는 데 기여했기 때문일 것이다. 그러나 여기서도 사람들이 간과했던 점을 눈여겨볼 필요가 있다. '실학'을 표방한 정약용의 사상체계가 실제로는 주자학의 근본주의 경향을 더 강화했다는 점도 이상한 일이지만, 여기서는 일단 건너뛰자. 북학파가 청나라에서 새로운 문물을 받아들였지만, 그렇다고 당시 청나라가 정말 제대로 세계를 이해하고 있었느냐 하면 그것도 아니었다. 혼미한 상황에서 결국 청나라가 열강들의 제물로 전락했다는 것은 다 아는 사실이다. 다르게 말하면, 북학파가 청나라에서 받아들였던 새로운 문물이란 것은 그 자체로 '깨끗한' 혹은 '능동적인' 상태에 있지 않았다. 개방을 원하지 않던 당시 청나라 상황 속에서 수상한 경로를 통해 수입된 수상한 외국문물이었거나 과격한 개화파들이 몰래 들여온 편파적인 문물이었을 가능성이 높으며, 따라서 능동적으로 실천된 세계화의 도구들은 아니었다. 그것을 다시 수입해온 꼴이었으니, 북학파의 정신적 상태가 무구하거나 온전하기는 영 어려웠다.

당시 조선 상황과 비교하면 지금은 어떤가? 어떤 점에서는 낫지만 어떤 점에서는 비슷할 정도로 혼미하다. 보수집단이 일반적으로 미국 주도의 세계화에 찬성하고 진보집단은 거꾸로 그것에 강력하게 반대한다는 경향이 있다고 했지만, 그 이념적 전선이 확고하게 유지되기만 한다면 그나마 정신적 혼미함은 줄어들 터이다. 사실 보수집단이라고 모두 세계화에 찬성하는 것은 전혀 아니고, 진보집단이라고 모두 그것에 반대하는 것도 아니다.

잘 알려져 있다시피, 현재 미국과의 자유무역협정뿐 아니라 세계무역체제에 가장 강력하게 저항하는 집단은 농민(단체)들이다. 일반적으로 농민들은 정치적으로 상당히 보수적이며 따라서 그들과 농민단체 사이에 작지 않은 간격이 관찰되지만, 자유무역협정이나 세계무역체제에 관한 한 그들은 거의 동일하게 강력한 반대 혹은 저항을 드러낸다. 농민들은 평소에 국내정치와 관련한 문제에 대해서는 보수적인 경향을 드러내지만, 세계화 문제에 관해서는 오히려 가장 강력한 진보집단과 보조를 같이하는 셈이다. 농민들이 세계화에 반대하는 이유는 명확한 듯하면서도 복잡하다. 그 기저에는 식량안보의 관점에 따라 국가가 주식인 쌀만큼은 보조하고 방어해야 한다는 논리가 깔려 있으며, 기본적으로 많은 사람들이 거기에 동의하는 편이다. 어쨌든 국내의 정치적 지형에 따라 세계화를 대하는 태도가 일관되게 유지되지 않는다는 중요한 점이 드러난다.

이 점은 진보적인 집단에서도 다소 차이는 있지만 비슷한 모습으로 변주된다. 적지 않은 수의 진보적인 사람들이 세계화에 반대하거나 저항하는 이유는 꼭 정치적 이념에 대한 충성심 때문이 아니다. 오히려 국내 경제를 보호하고 육성해야 한다는, 따지고 보면 그들이 매우 민족적·보수적이라고 할 수 있는 관점을 견지하기 때문이다. 주변부의 진보주의자는 많은 점에서 민족주의자의 역할까지 도맡아서 한다는 무거운 역설이 여기서도 반복되는 셈이다. 더 나아가서 어떤 점에서 매우 진보적이라고 할 수 있는 생태주의자들이 세계화를 대하는 태도는 결코 단순하지 않다. 교토의정서에 동참하지 않는 미국이나 에너지를 과소비하는 선진국들의 태도를 비판하기는 하지만, 생태주의자는 기본적으로 '지구는 하나다'라고 본다는 점에서 세계화의 경향 자체를 부인하지도 않고 그것에 저항하지도 않는다. 여기서 알 수 있듯이 세계화를 대하는 사람들의 태도와 관점은 결코 단순하지 않으며, 따라서 보수와 진보라는 거대 이념으로 평가하거나 재단할 수 없다. 특히 주변부로 갈수록, 그리고 강대국과 비교해서 약소국 사람들은 그것에 대해 매우 복잡하고 때로는 심지어 분열적인 태도를 보인다.

여기서 잠깐 중국의 상황을 검토해보자. 한국 못지않게 혹독하게 세계화의 시련을 겪은 중국은, 덩샤오핑이 검은색이든 흰색이든 상관없이 고양이만 잡으면 된다는 간결하고도 과감한 잣대를 제공함으로써, 이 논의를 비교적 쉽게 건너갔는데, 한국은 아직도 색깔에 집착하면서 실물을 잡지 못하고 있다면, 왜 그럴까? 한반도가 처한 유례없는 지리정치학적인 특수성 때문일까? 그럴 법도 하다. 한국처럼 강대국 사이에 꽉꽉 끼인 채 항상 좌고우면해야 하는 나라는 없는 듯하니까. 한국사회는 지난 한 세기 반 동안 끊임없이 세계화 과정에 따르는 실용성 문제를 두고 이합집산을 거듭했으며, 급기야는 내전까지 치렀다. 청나라에 붙었다 일본에 붙었다 미국에 붙어 눈치를 보는 기생 근성이 150년 동안 지속되었으니 어떤 점에서 '실용성'은 눈치보기 혹은 아부하기와 동의어가 될 정도였다.(광해군 시대까지 거슬러 올라가면 중국과 싸우느냐 마느냐의 문제는 수백 년이나 되었고, 당나라와 손을 잡아 삼국시대를 통일한 신라시대까지 거슬러 올라가면 한국사에서 '실용성'은 전쟁과 뗄 수 없이 연결된 피 냄새 나는 어떤 것, 말하자면 피 냄새 나는 실용성이라고 불러야 마땅한 어떤 것이다.) 심하게 말하면 어느 편인지 한번 잘못 말하면 단번에 모가지가 싹둑 달아나는 상황이 드물지 않았으니, '실용성'은 애먼 사람을 죽고 살리는 일과 연결된 아주 애매한 것이었다. 애초의 취지에 따르자면 '실용성'은 죽고 살리는 문제와 떨어져서 진행되어야 하는 가볍고 도구적인 일임에도 불구하고 한반도에서는 끊임없이 죽고 살리는 문제와 동격 수준에서 이루어졌으니, 사람들이 그것에 대해 차분하고 기능적인 태도를 취하기가 영 어려운 것이다.

이 점에서 보면 한국은 결국 중국이나 일본처럼 강대국이 아니어서 그들처럼 과감하게 사물 앞에서 색을 지우지 못하는 것이고, 따라서 개방이나 세계화가 집단 사이에서 더욱 날을 세우게 하는 듯하다. 어느 사회나 세계화 과정에서 안보비용이나 경제비용이 많이 들어가겠지만, 강대국 사이에 꼭 낀 작은 나라 사람들일수록 더 복잡하게 이해관계의 줄을 세우고 살 터이다. 그래서 그런지 한국 사람들이 줄을 대고 줄을 서는 형국은 강대국 사람들과 비교하여 복잡하고 기생적이다. 한국인은 미국에 유학하는 비율에서도 일등이고, 중국유학에서도 일등이다. 상대적으로 유럽에 유학하는 비율은 10년 사이에 급감했다. 지식의 대외 의존율이 매우 높을 뿐 아니라, 지역적 의존율이 극심하게 변동한다. 사람들이 언제나 빨리 눈치를 살피고, 언제나 빨리 줄을 바꿀 준비를 하고 있다는 말도 된다. 이런 태도 자체가 나쁜 것은 아닐 것이다. 어떤 점에서 작은 나라의 실용성은 그 방향으로 나아갈 수밖에 없는 점이 있으니까. 그러나 세계화 과정에서 드러나는 이해관계의 미시성과 중층성은 유별나다. 대치하는 진영이 이분적인 듯하면서도 실제 이해관계는 진보와 보수로 나누기 어려울 정도로 매우 미시적이며 비비 꼬여 있다. 이 점을 조금 더 따져보자.

강남 좌파를 바라보는 모호한 잣대

세계화 과정에 대한 개인들의 행위는 한국사회의 핵심 갈등인 집값 격차에 대한 개인들의 행위와 비교할 수 있을 정도로 모호하다. 조금 심하게 이야기하면, 표면적이고 이성적인 대답은 아무짝에도 쓸모없을 정도로, 개인들의 '공식적인' 의견과 실제 행위가 다르다. 인문적이고 원론적인 질문은 마찬가지로 인문적이고 원론적인 대답을 요구하지만, 그 대답은 대부분 허무하다. 사람들은 대부분 강남 편중과 서울 편중이 바람직하지 않다는 원론적 대답을 할 수 있지만, 그들 중 많은 사람은 바람직하지 않음에도 불구하고 현실공간 속에서는 힘과 이익과 편리함과 자유의 잣대를 따른다. 그리고 중요한 점은 그 행위들을 다시 좋고 나쁨의 기준으로 쉽고 단순하게 평가할 수 없다는 것이다. 비록 이 힘, 이익 혹은 편리함의 잣대가 악화가 양화를 밀어내듯 '나쁜' 역할을 하는 경우가 많겠지만, 이 경우에도 악화 자체를 추상적으로 비판하는 일은 다시 원론적 이론에 그치는 경우가 많을 수 있다. 여기서 강남에 사는 일과 미국으로 유학 가거나 미국적 삶을 배워 익히는 일을 비교해보자.

강남적 삶과 미국적 삶이 심하게 편중된 경향을 보일 때, 그것에 대해 사회적인 비판을 할 수는 있다. 그러나 그렇게 원론적 비판을 하는 일과 실제로 행위를 하고 삶을 영위하는 일은 아주 다를 수 있다. 사회적이고 공적인 담론을 하는 사람이 이중적인 가치를 남발하는 것은 위선에 가깝지만, 보통사람들의 경우에는 그런 이중적 가치조차 엄격하게 비난할 수 없다. 아니, 비난할 수 없을 뿐 아니라, 오히려 그 이중성 혹은 다중성을 사회적 인간이 실제로 행위하는 모습이라고 살피고 애써 이해해야 할 정도다. 그 이해가 어떤 점에서는 '합리적으로' 보이지 않을 수도 있지만, 다른 점에서는 오히려 그럴 수 있을 듯하다.

비록 나 자신 16년 정도 강북에 살고 있고 사회적으로는 강남 집중을 비판하기도 하지만, 지금도 나는 인문적 혹은 사회주의적 혹은 생태학적 가치를 주장하는 사람이 강남에 사는 것 정도만 다소 문제 있는 태도라고 여길 뿐, 보통사람들이 강남에 살거나 그곳으로 이주하는 것은 옳고 그름의 눈금으로 따지기 어려운 일이라고 여긴다. 마찬가지로, 미국 중심의 세계화 과정에 대해 원론적으로 비판하는 일과 실제로 세계화 과정에서 나름대로 행위하는 일은 크게 다르며, 그 다름 혹은 이중성을 지나치게 인문적 혹은 원론적으로만 평가하기는 어렵다. 또 다양한 언어를 고사시키면서 영어가 세계언어로서 패권을 강화하는 경향을 비판하더라도, 다른 한편으로 개인들이 필요에 따라 영어를 배우고 익히는 일을 비판하기는 어렵다.

그러나 그런 합리적인 기준을 마련하기 어렵다고 해서 논의와 논쟁을 멈추자는 말은 전혀 아니다. 오히려 거기서 논의와 논쟁을 시작해야 할지 모른다. 위에서 언급한 요인들을 성찰할 때 정말 중요한 점은, 실제로 개인들이 세계화 과정과 영어 활용 과정에서 얼마나 이익을 취하면서 물질적 부를 누리고 있는지, 혹은 물질적 부를 다소 적게 누리더라도 세계화 과정과 영어 활용 과정 속에서 비롯되는 교육적·문화적 자산을 누리는지 정확하게 따져보는 일일 터이다. 그러나 문제는 그것을 구체적으로 산정하기가 어렵다는 것이다. 왜냐하면 개인들이 실제로 어떤 물질적이고 정치적이며 문화적인 재산을 축적하고 있으며 그것을 활용하는지 정확하고도 공적으로 측정할 길이 도무지 없기 때문이다. 그것은 다만 자료의 미비 때문이 아니다. 프라이버시 혹은 더 중요하게는 인권이란 이름으로 개인들의 사적 자료(금융, 교육비용, 문화비용 등등)가 보호되기 때문이다. 이 문제는 다만 개인들이 취하는 가시적인 이익의 산정에 그치지 않고, 세계화 혹은 개방을 추진하는 과정에서 발생하는 사회적 자산과도 관계된다. 예를 하나 들어보자. 자신과 직접 관계되지 않는 영역의 세계화에는 대범하거나 무관심한 사람들도 정작 자신이 직접 관계된 영역의 세계화에는 몰래 강하게 개입하곤 하는데, 이에 대한 자료나 정보는 공적 차원에서 거의 공개되지 않는다. 결국 세계화 과정에 대한 찬반 논의도 소위 공적 차원에서는 맹목적이거나 공허하게 헛돌기 십상이다. 이 통찰이 비록 냉정하고 무섭더라도, 그것을 무시하거나 그냥 지나치는 모든 논의는 공허하거나 맹목적이 될 가능성이 크다.

결국 미국과의 FTA협상은 타결된 채 비준을 남겨두고 있고, 협상을 강력하게 밀어붙인 대통령에 대해 기존의 정치진영들은 서로 상반되는 태도를 취하는 엉뚱한 일이 벌어진 상황이다. 나만 해도 복잡한 태도를 취하게 됐다. 당시에 정치적으로 전혀 한나라당을 지지하지 않았고 언젠가부터 노무현 전 대통령을 이전처럼 지지하지 않게 된 때였지만, 단호하게 FTA에 반대하고 싶지도 않았다. 그렇다고 친미집단처럼 적극 찬성하는 것도 아니다. 그럼 적극 찬성도 아니고 적극 반대도 아니고 나는 무엇이란 말인가? 엉거주춤 중도인가? 그것은 싫기도 하고 또 피하고 싶다. 그렇다면? 여기서 한번 현재 미국과의 FTA를 반대하는 사람들이 어떤 태도를 가지고 있는지 살펴보자. 그들은 모두 같은 관점을 가지고 일관되게 반대하지는 않는다. 극단적으로는 세계화와 세계무역체제 자체를 거부하려는 층이 있고, 그 정도까지 반대하는 것은 아니고 다만 졸속으로 진행된 무역협상에 반대하는 사람들이 있다. 국내경제에 유리한 방향으로 차분하고 주도면밀하게, 그리고 시민들 의견을 반영하고 다시 설득하는 방향으로 진행되어야 할 정책결정이 졸속으로 진행된 데에 반대하는 것이다(개인적으론 나도 여기에 가까울 듯하다).

그러나 이 관점을 취하는 사람들이라고 쟁점이 되는 사안에 대해 같은 태도를 취하는 것은 아니다. 예를 들어 스크린쿼터 문제만 해도, 어떤 사람들은 현재의 쿼터를 무슨 수를 써서라도 끝까지 지켜야 한다고 말하는가 하면, 어떤 사람들은 국내영화를 보호해야 한다는 기본취지에는 동의하면서도 국내영화계가 안고 있는 여러 문제들을 고려할 때 무조건 스크린쿼터에 동의하지는 않는다. 개인적으로 나는 후자에 속한다. 막상 할리우드 영화를 비판할 때는 스타 중심의 자본주의적 경영을 비판하던 한국영화계가 지금은 거의 비슷한 생산과 유통 체제를 판박이로 모방하고 있는가 하면, 과도한 민족주의를 부추기면서 소수의 블록버스터 영화들을 우상화하는 꼴은 한심할 지경이다. 또 스크린쿼터 대응 과정에서 5년 정도의 유예 과정을 요구했던 영화계가 별로 뾰족한 대응책을 마련하지 못한 점도 어떤 점에서는 현재의 격렬한 반대의 명분을 희석하는 듯하다. 과도한 신자유주의적 세계화에 저항할 때 어느 정도 국가의 울타리가 필요한 것은 사실이지만, 현재 한국영화계의 생산과 유통 체제는 그 정도를 넘어섰다고 보인다.

물론 이 관점은 옳고 그름의 잣대로 재단할 문제가 아니다. 개인의 정치적 가치관이 작용하기도 하지만, 어떤 영역에서 개인이 생업에 종사하고 있는지도 중요하고, 개인적으로 어떤 인적 관계가 작동하고 있는지도 경우에 따라서는 매우 중요하다. 많은 사람들은 자신이 관계된 영역에서는 보호주의적 관점을 취하지만, 다른 영역에서는 '개혁'의 이름으로 자유시장식 경쟁을 용인하거나 긍정하는 경향을 강하게 보인다는 점도 중요하다. 예를 들어 사람들이 그렇게 열광하는 월드컵 축구 시합을 책임질 감독들이 모두 외국 감독들이라면, 비슷한 경쟁체제를 다른 영역에서도 확대할 수 있다고 생각할 것이다. 모든 영역의 기득권자들은 대부분 이런 세계경쟁 체제를 반대하겠지만, 아웃사이더뿐 아니라 그 영역 안팎의 소수자들도 그 기득권자들의 무능력이나 부패를 혐오해서 개혁을 추진하거나 혹은 '홧김에' 혹은 '원한'이나 '복수'의 일환으로 세계경쟁체제를 선호하는 경우도 적지 않다.

애국주의, 포커페이스를 벗고 솔직해지자

여기서 내가 비판적으로 검토하려고 하는 주장이 있다. 흔히 자유무역협정의 문제는 국제 문제가 아니라 기본적으로 국내 문제이며, 협정에 따른 갈등도 한 국가와 다른 국가 사이의 갈등이 아니라 국내에서 그것에 찬성하는 사람과 반대하는 사람의 갈등이라는 주장이다. 자유무역의 문제를 국가와 국가 사이의 갈등으로만 여기는 것보다는 한층 구체적인 관점이며 더 풍부한 논의를 생산하는 관점이다. 그러나 나는 그 정도의 구분으로 충분하지 않다고 생각한다. 왜냐하면 이제까지 그것에 찬성하는 사람과 반대하는 사람의 구분은 기껏해야 이분법적이고 원론적인 차원이 아니면 겨우 '공식적이고' 가시적인 차원에서만 만들어졌기 때문이다. 개인들이 관련된 부분적인 차원에서도 그들의 태도는 항상 일관되었다기보다는 변덕스럽고 혹은 심지어 그들 자신도 알 수 없을 정도로 가변적이었다.

으레 교수들은 자신들이 관계된 대학 차원에서는 세계화를 반대하지만 초·중등 교육에서는 그렇게 반대하지 않으며, 혹은 교육 일반에 대해 신중하더라도 서비스나 농업생산물이 좋은 가격에 제공된다면 그 영역의 세계화에 반대하지는 않을 것이다. 혹은 교육 일반의 세계화에 반대하더라도, 여유가 있다면 자기 자식들을 외국에 유학보내는 데는 말할 수 없이 너그러울 것이다. 한 예를 들자면, 세계화에 강력하게 반대하는 좌파 혹은 진보적 지식인라고 하더라도 자기 자식을 미국을 비롯한 선진국으로 유학 보내는 데에는 열심인 경우가 많다. 또는 미국 중심의 세계화에는 반대하는 동양학 전공자가 중국 쪽으로의 쏠림에는 너그럽다. 이러니 일반적 차원의 논의는 겨우 표면적인 왈가왈부에 그치기 십상이다. 극단적으로 말하면, 자기 패를 까놓지 않고 말하는 거창한 담론들은 한가롭거나 위선적일 뿐이다.

너무 극단적인 말일까? 그러나 사실이 아닌가? 공적인 논의와 사적인 행위가 무참하게 겉돌 정도로, 사람들은 자기 패를 까놓지 않으며 또 그런 일이 크게 비난받지도 않는다. 아니, 비난받기는커녕 자기 패를 까놓지 않는 태도와 행위가 자유민주주의의 가장 신성한 원칙으로 작동한다. 그렇다면 그 행위와 원칙에 딴죽을 거는 말은 극단적이고, 따라서 기피해야 할 말인가? 나는 그렇게 생각하지 않는다. 이 사실을 인정하는 것이 솔직할 뿐 아니라 비판적 담론 차원에서도 중요하다. 자기 패를 까놓지 않고 말하는 거창한 담론들이 일반적이지만, 그것들은 한가롭거나 위선적이기 십상이기 때문이다.

이렇게 말한다고 해서, 나는 모든 사람들이 모두 깨끗하게 자기 패를 까놓아야 한다고 말하는 것은 아니다. 까놓지 않아도 되도록, 아니 적지 않은 경우에는 '괜히 까놓지 않도록' 소위 자유민주주의 체제는 이를 보호하고 보장하고 있다. 다만 바로 시스템이 그렇게 보호하고 보장하기 때문에, 세계화라는 민감한 주제를 둘러싼 소위 '공적인' 논의는 한가롭거나 위선적인 모양을 띠기 쉽다는 것이다. 그리고 이 보이지 않는 허점은 아무리 정교한 여론조사라고 하더라도 쉽게 극복하기 어렵다.

여기서 문제가 되는 '패'는 실로 여러 가지다. 세계화의 어두운 면을 부각하기 위해 흔히 예로 드는 문제들이 있는데, 빈부의 격차가 점점 심화된다는 것이 그중 대표적이다. 많은 통계자료들은 상위 10%와 하위 10%의 격차가 점점 벌어지고 있다고 말하고, 이 점에 대해서는 이의가 적은 편이다. 다만 여기서도 논의를 더 진행해볼 필요는 있다. 한 예를 들자면, 세계화가 어떤 곳에서는 빈곤층에게 풍요로움을 가져온다는 세부적 논의가 있고, 이 점은 어느 정도 일리가 있다. 어떤 후진국 사회가 현대화를 성공적으로 수행할 때, 이 현대화는 유익한 세계화로 작동할 수 있으며 해당 사회의 빈곤층에게 이전보다 경제적인 풍요로움을 제공할 수 있으니까. 따라서 일반적으로 세계화가 모든 빈곤층에게 해롭다고 말하기는 어려울 터이다. 여기서 내가 강조하고 싶은 점은 이런 것이다. 상위 10%와 하위 10%의 평균적 격차에 대한 어떤 정밀한 통계는 해당 사회에서 일정한 기간에 격차가 얼마나 벌어졌는지 보여주는 데는 상당히 유용할 수 있다. 그러나 그 격차만으로 세계화 과정이 개인들 사이에서 야기하는 다양한 차이와 차별 문제를 모두 이야기할 수는 없다. 왜냐하면 그 통계는 어디까지나 두 집단적 계층의 평균적인 재산에 관한 격차를 보여주기 때문이다.

　실제로 어떤 가계나 개인들이 세계화 과정에서 어떤 실질적 소득이나 이익을 벌어들이는가에 대해서 통계는 말해주지 못하며, 그 허점을 막을 방법은 현재의 체제 안에서는 당분간 혹은 영영 없을 것이다. 왜냐하면 개인들이 확보하는 구체적인 소득과 이익 혹은 자산에 대한 정확한 통계가 존재하지 않거나 공개되지 않으며, 따라서 그에 대해 정밀한 통계를 만들기도 어렵기 때문이다. 비록 월급쟁이들의 소득에 대해서는 상대적으로 투명한 자료가 있다 하지만 사실 그것도 그들의 실질 소득에 대해 말해주지는 않는다. 한국사회만 해도 주식투자로 벌어들인 소득에 대해서는 과세를 하지 않는 실정이다. 또 영어공부를 열심히 하는 개인들이 얻을 사회적 이익에 대한 정확한 통계도 존재하기 어렵다. 자영업자들의 소득에 대해서는 말할 필요도 없을 것이다. 따라서 개인들이나 집단들이 실제로 세계화 과정 속에서 어떤 행위를 하고 어떤 기대를 하는지는 집단적 계층의 단순한 구분을 통해서는 충분히 알 수 없으며, 좀 더 세밀하고 복잡한 계산이 필요한 듯하다. 한 예로 빈부 격차를 더 벌릴 수 있는 세계화나 자유무역협정에 대해 약자라고 모두 일반적으로 반대하는 것은 전혀 아니다. 지난 FTA협상 타결 후 『한겨레』가 여론조사를 한 결과, 약자라고 할 수 있는 블루칼라와 자영업자들은 오히려 과반수가 넘게 자유무역협정 체결에 찬성했다. 그리고 정작 교육과 문화 차원에서 세계화의 덕을 더 본다고 할 수 있는 화이트칼라들은 반대하거나 부정적으로 대답하는 경우가 많았다.

내가 말하는 '패'는 경제적 소득에만 국한되지 않는다. 현재의 '카지노 자본주의'는 개인이나 집단이 동원할 수 있는 모든 자산이나 능력을 인정한다. 그중에서 가시적인 경제적 재산이나 소득은 일부분일 뿐이며, 부모의 능력, 신체의 미모나 능력, 공개되지 않은 온갖 사적인 세계의 네트워크(예를 들면 선물을 제공하는 사교능력), 그리고 다른 문화적 자산과 사회적 자산 등도 작용한다. 자유무역협정을 반대하는 사람도 얼마든지 영어실력을 쌓을 수 있으며, 누구도 그것을 비난하지 않는다. 그러나 그 영어실력이 세계화 과정에서 그에게 알게 모르게 이로움을 가져온다. 딱히 실질적이고 경제적인 소득을 가져오지 않더라도 견고한 문화적 자산으로 작동할 수 있다. 이 모든 자료들은 일정하게 보호되며 따라서 공개되지 않는다.

어떤 사람들은 이런 사적인 자료나 '패'들이 제한된 역할밖에 하지 못할 것이라고 말할지 모르지만, 나는 그렇게 생각하지 않는다. '사적인 것'으로 보이는 것이 오히려 단순히 사적인 영역에 머물지 않고 공적인 영역 안으로 밀고 들어가, 공적인 것을 밀어내기까지 한다. 앞에서도 말했듯이, 개인들은 다른 영역에 대해서는 세계적 경쟁을 요구하면서도 자신과 관계된 영역에서는 상대적으로 보수적으로 행동하는데, 이런 태도는 생각보다 매우 중요하다. 한국사회 기득권의 핵심을 이룬다는 언론계·법조계·학계에 대해 개혁이 필요하다는 점은 거의 누구나 인정하지만, 사람들은 막상 자신의 영역에 대한 구조조정에는 소극적이거나 거부하는 태도를 보인다. 곧 이들은 공적으론 개혁과 투명함을 지지하지만, 사적으로는 세계화를 통한 개혁에 소극적이거나 저항한다. 여기서 알 수 있듯이, 세계화 과정에 대한 저항의 성격은 생각보다 매우 복잡하며 미시적이고 중층적이다.

어떤 점에서는 세계화 과정 속에서 국내기업(심지어 재벌조차)을 보호하는 것이 정신적으로 주체적이며 국가경제 면에서도 이익이라고 여겨진다. 그러나 그렇다고 계속 국민들이 국산차를 애용해야 하느냐고 물으면, 상황이 복잡해진다. 몇 년 전부터 외국에 잠깐씩 체류하면서 느낀 점이지만, '현대차'는 국민들(15년 동안 그 회사 차를 애용한 나를 포함하여)의 장기적인 보호를 받으면서도 정작 제품 개발에는 소홀했다는 비판을 면하기 어렵다. 신차 품질은 상대적으로 좋아졌다고 할 수 있을지 모르지만, 그 내구성은 국내뿐 아니라 외국의 시장에서도 신뢰를 받지 못하고 있다. 현대차는 겨우 2004년에야 '품질경영'을 들고 나왔는데, 그때 생산된 차들이 이제서야 외국에서 내구성 평가 대상이 된다고 한다.(이곳에서 어떤 캐나다 사람은 왜 한국인들은 한국차를 타지 않느냐고 묻는 경우가 있다. 그 사람이 정말 몰라서 묻는 것은 아닐 것이다. 그럼 외제차를 사는 외국의 한국인들은 나라를 배반하

는 것인가? 그것은 아니다)

일반 국민들이 잘 모르는 점은, 브랜드 가치를 결정하는 데 매우 중요하게 작용하는 디자인에서는 현대차가 부끄러울 정도로 외국제품을 모방하고 있다는 것이다. 심하게 말하면 현대차는 세계 속에서 한국차로서 독자적인 브랜드 가치를 구축하기보다는 일제차로 '혼동되는' 이익을 누리고 있는 듯하다. 이 상황에서 냉정하게 말하면 세계화의 파고 속에서 국산차를 무조건 애용해야 할 이유는 크게 줄어든다. 오히려 따끔한 비판이나 기사가 현대차를 세계화의 위기로부터 구하는 데 도움이 될지 모른다. 얼마 전 자유무역협상 과정에서도 대부분의 언론 기사는 자동차 부문이 이익을 가져올 것이라고 일률적으로 보도했는데, 나는 그 점에 대해 회의적이다. 실제로 국산 자동차가 미국에서 얻을 관세 혜택은 3~4백 달러에 지나지 않는다고 한다. 그 정도 액수가 결정적인 역할을 하기는 힘들 듯한데도, 위에서 언급한 중요한 요인들에 대해 정확하게 보도하는 기사는 거의 없었다. 이 갑갑한 상황에서 이제까지 애국주의에 동참했던 나는 오히려 맹목적으로 애국주의에 호소하는 여론이나 기사에 넌더리가 났으며, 그런 여론이나 기사가 오히려 실제적인 나라사랑을 배반하는 행위이거나 음험한 음모의 공범이라고까지 여겨졌다. 심지어 그 여론과 기사들에 대한 환멸 때문에, 세계화에 대한 저항을 접고 싶은 심정이었다. 이 행위는 다만 사적인 분노의 표현일까? 아니다. 매우 공적인 사건들인데도, 공적인 기사들이 그것을 은폐하거나 기만하면서 다만 사적인 것으로 치부했을 뿐이다.

교육 부문에서도 마찬가지다. 내가 세계화에 대한 저항을 하고 싶지 않은 이유는 서울대를 비롯한 국내 일류 대학들이 제대로 개혁을 하지 않기 때문이다. 학생들을 성적 순서로 뽑아 자신들이 국내 첫째 혹은 둘째라고 우기고 싶은 유치함이 계속되는 한, 고교 교육은 파행을 면치 못할 것이고 학부모들의 끔찍한 이기심도 변하지 않을 것이다. 수능의 등급화가 변별력이 '충분히' 없다는 이야기는 맞을지 모른다. 그러나 바로 그 점이 중요하다. 대학들이 수능을 비롯한 시험을 통한 변별력에 지나치게 의존하는 한, 일단 좋은 대학에 들어가고 보자는 욕망과 학벌을 통한 인맥에 의존하려는 욕망은 줄어들지 않을 것이다. 자칭 좋은 대학들은 일정한 등급 안에 속하는 모든 학생들(내 생각으로는 상위 3%도 너무 제한적이고 5% 정도만 되어도 충분히 기준이 될 듯하다)을 대상으로 다양한 기준으로 선발하는 것은 어떨까. 학생들을 일률적인 시험성적으로만 선발하는 유치한 짓 뒤에는 교수들의 집단적 이기심과 한심함이 버티고 있다. 학생들의 성적이 대학의 등급을 결정해주기 때문에, 정작 각 전공 분야에서 교수들이 학문으로 경쟁하지 않는 풍토가 유지되고 있다. 사교육비 때문에 국내의 많은 가정이 파탄 일보 직전에서 휘청거리고, 여유 있는 가족들은 서로 뒤질세라 미국이나 캐나다로 유학을 보내거나 이민을 가는 현상이 국가라는 공동체의 정체성을 유명무실하게 만들고 있다. 이 상황에서 단순하고 간단하게 세계화에 찬성하거나 저항할 수는 없다고 본다.

이처럼 내 경우에는 국가적 정체성에 대한 큰 애정이나 개혁에 대한 의지가 오히려 세계화에 대한 저항을 접게 하는 면이 있는데, 나만 그런 것은 아닐 것이다. 그렇다면 거꾸로 그 애정이나 의지가 없는 사람들이 알게 모르게 세계화에 저항하는 경우도 적지 않을 것이다. 더 이상 경쟁하지 않으려는 기득권자들이 세계화에 저항을 하듯이 말이다. 이 점을 따지는 것은 매우 중요함에도 불구하고, 기존의 찬반 논의들은 너무 건성으로 건너뛰었다. 진보는 세계화에 저항하고 보수는 찬성한다는 단순한 논리는 편견에 지나지 않는 경우가 많다.

인문학자, 솔직함과 뻔뻔함 사이로

그렇다면 세계화를 둘러싼 논의는 결국 매우 미시적인 중층성에서 기인하는 극단적인 모호함에 빠진다는 결론에 도달하는가? 더 나아가, 어떤 거시적이며 공적인 논의, 혹은 사회 정의에 기초한 대책도 찾기 힘들다는 말인가? 그럴 필요는 없다. 그런 단순하고 극단적인 결론이야말로 문제를 악화하는 짓일 터이다. 자유무역협정이나 세계화 과정에 대한 논의는 간단하게 찬성하는 사람이나 반대하는 사람들이 생각하는 것보다 더 복잡하고 애매한 경우가 많으며, 따라서 정밀한 논의가 필요하다는 것이다.

다시 말하지만, 나만 해도 정치적 차원에서 한나라당을 지지하지 않고 또 친미적이지도 않지만, 실제 행위의 차원에서는 미국이 주도적 역할을 한다는 세계화 과정에 완강하게 반대하는 행동을 하고 싶지는 않다. 여기서 나는 의견이나 느낌의 차원과 행위의 차원이 서로 심각하게 어긋남을 본다. 각 지역이 문화적 다양성을 갖고 정치적으로도 자발적이며 신속한 민주화를 추진하는 것이 좋다는 점에서 나도 미국을 비롯한 선진국 주도의 일방적인 세계화 과정이나 자유무역이 좋지 않다고 생각하지만, 행위의 차원에서는 그런 모범답안 같은 의견 혹은 인문적인 느낌이나 정서에만 매달릴 수는 없다. 세상의 폭력은 현재진행형이며, 그 안에서 고민이나 느낌에 대해서만 자꾸 말하는 것도 어찌 보면 한가하거나 무력한 짓일 터이다. 위급한 상황 속에서는 정서나 느낌보다는 행위가 더 시급하기 때문이다. 물론 정서나 느낌보다 행위가 중요하다고 해서, 내가 무슨 거창한 행위를 한다는 것은 아니다. 다만 나는 내가 가진 느낌이나 이념보다는 실제로 내가 하거나 할 수 있는 행위를 사회적 판단의 기준으로 삼고 싶으며, 다른 사람들에 대해서도 마찬가지로 판단하고 싶다.

이런 점은 나만 아니라 다른 사람들에게도 적용될 것이다. 다만 나는, 그래도 사회적인 발언을 가끔 하는 처지에서, 가능하면 많은 경우에 이 간극을 줄이려고 하며, 그래도 어쩔 수 없는 간극이 존재할 경우, 인문적 고민과 사회적이고 정치적인 행위 사이에서 선택적으로 결정을 하려고 한다. 그런데 정치적이고 사회적인 논의의 경우, 개인적 고민이나 느낌에 집착하기보다는 구체적인 행위를 판단의 기준으로 삼는 것이 중요하다고 여겨진다.(그러나 근본적인 인문적 고민에서 정치적 발언권을 없앤다고 해서, 내 마음이 편한 것은 아니다. 실제로 나는 아직도, 복잡한 사회적 상황에서 인간이 하는 내면적 고민에 대해 생각을 많이 하고, 그 고민으로부터 어떤 인식을 이끌어내는 것이 중요하다고 생각하는 편이다. 그러나 냉혹한 세상은 내가 인문적 고민에 충실한 것을 좋아하지도 않고 그 고민에 어울리게 섬세하게 균형감각을 유지하는 것을 크게 중요하게 여기지도 않는다.)

이 상황에서 냉혹한 세상은 안 그래도 작아지는 나를 갈기갈기 찢어발겨 놓는다. 그래서 내가 당당하게 행위할 틈은 점점 작아진다. 단식투쟁을 하고 싶지도 않지만 그렇게 할 근거도 개인적으로 찾기 힘들다. 정치학적으로 관찰하면 단식투쟁을 하는 국회의원의 행위도 이제 큰 의미가 없다고 나는 생각한다. 또 자유무역협상을 '조공'에 비유하는 사람들의 발언도 무책임하다고 본다. 미국을 일방적으로 숭상하는 보수주의도 한심하지만 거꾸로 이념적으로 경직된 태도로 국제관계를 보는 태도도 한심하다. 문제는 개방하느냐 그러지 않느냐가 아닐 것이다. 개방은 전략적이고 전술적인 선택의 문제에 가깝다. 과장되고 단순한 수사학은 오히려 정말로 협상단이 협상을 제대로 했는지, 그리고 여러 분야의 정책이 나름대로 조율되었는지를 꼼꼼하고 냉정하게 판단하는 일을 가로막을 것이다.

앞에서도 언급했지만, 시골 출신인 나는 요즈음도 가끔 시골에 간다. 노인들만 남아 쓸쓸한 시골 마을을 볼 때마다 답답한 마음을 가지지 않을 수 없지만, 그러나 소위 '농업문제'에 대해서는 그저 심정적으로 농민을 옹호하는 편에 서거나 농민을 지지하는 행위를 할 엄두가 나지 않는다. 농업문제는 벌써 한 세대 정도의 기간을 두고 심각하게 진행되어온 문제임에도 불구하고, 주체라고 할 수 있는 농민들과 정부 스스로 그것을 해결하지 못했다. 그만큼 문제가 복잡하고 국제적이다. 이곳 캐나다에서는 좋은 쇠고기 1킬로그램이 1만 5000원 정도인 데 반해 국내에서는 600그램에 3만 원 정도라면, 이런 불균형을 사람들은 더 이상 묵묵히 감내하기 어려울 것이다. 농민을 제외한 다른 일반 소비자는, 아니 소비자로서 농민들조차 저렴한 쇠고기를 소비하고 싶을 듯하다. 이런 상황에서 무조건적인 혹은 심정적으로 순진한 애국주의에만 호소하기는 어려울 것이다.

스크린쿼터의 경우도 비슷한 상황이었다. 미국식 할리우드 영화에 대항해 한국식 영화를 지켜내는 데에는 나도 기본적으로 적극 찬성하지만, 한국영화의 생산 및 유통 시스템은 이미 너무 할리우드를 닮아갔다. 결국 농업뿐 아니라 영화도 주어진 시간 안에 신속하고도 능동적으로 구조를 개혁하지 못한 셈이다. 또 중요한 점은, 농업과 문화 부문이 국제무역 차원에서 외국의 압박에 시달렸다고 할 수 있지만, 국내에서도 벌써 다른 산업의 압박에 밀렸다는 것이다. 따라서 국제무역을 통한 압박이 존재하지 않는 것은 아니지만, 개방은 동시에 국내경쟁의 결과라고도 할 수 있다. 벌써 국내에서 일반 시민이나 소비자들은 여러 산업 부문들 사이의 구조조정이라는 문제에 직면해 선택을 강요당했고 조금씩조금씩, 알게 모르게, 나름대로 선택을 한 셈이다.

미국이나 선진국 주도의 세계화 과정이나 무역체제가 폭력적이라는 것을 나도 부인하지 않는다. 아니, 부인하기는커녕 오히려 그 점을 솔직하게 인정해야 한다고 생각한다. 우리는 세계화라는 폭력에 시달리고 있으며, 거기에 대응해야 한다. 보수적인 사람들은 그 폭력을 은폐하기 쉽지만 진보적인 사람들은 흔히 그 폭력을 과소평가하거나 심지어 마치 그 폭력이 사라질 것이라고 착각하는 경우가 많다. 하지만 그 폭력은 현재진행형일 뿐 아니라 미래진행형일 듯하다. 이 화급한 폭력적 상황에서 이제 인문적 고민이나 내면적 느낌은 이차적인 것으로 밀리며, 구체적으로 어떻게 행동하느냐가 일차적인 기준으로 떠오르는 것이다. 그리고 개인들의 행위는 실로 가지가지 찢겨진 모습이다. 개인들은 때로는 너무도 적나라하게 실용적인 이익을 추구하지만, 때로는 이기적이라고 부르기에는 너무 복잡한 욕망, 곧 심지어 자신에게 해롭거나 자신을 파괴하기까지 하는 뒤틀린 욕망들에 사로잡힌 채 행동한다. 이렇게 복잡한 상황에서 어떻든 나는 기본적으로 세계화라는 역사적 폭력을 인정하고 그것과 대면하는 구체적 행위들이 제일 솔직한 기준이라고 여기고 싶다. 비록 그 솔직함이 때로는 뻔뻔함과 뒤섞여 있다는 것을 또 인정하지 않을 수 없더라도 말이다.

인문적 고민이나 성찰에 근거해 세계화 과정을 소극적으로 거부하는 방식, 그러면서 그것이 그저 싫다고 말하는 방식도 가능하기는 할 것이다. 그러나 나는 이제, 최소한 폭력적인 사회상황에 관한 한, 무력한 인문적 고민이나 원론적이고 근본적이기만 한, 그러면서 자신의 '지적 옳음'만을 누리는 답변이 싫다. 그것이 솔직해 보이지도 않는다. 지적 기득권을 누리는 자들이 준비한 모범답안은 한가하거나 혹은 그 기득권을 유지하는 도구에 지나지 않을 때가 많다. 용감하게 그 폭력에 맞서 싸울 길을 찾거나, 아니면 그 폭력을 인정한 채 자신의 자유를 확보하기 위해 사람들이 하는 가지가지 행위를 차분하게 혹은 괴롭게 되돌아보는 길이 남은 듯하다.

세계화, 혹시 공공의 희생양?

앞에서 말했듯이, 한국사회처럼 강대국 사이에 낀 사회에서 개인들은 세계화 과정에서 강대국의 개인들보다 더 비틀리고 뒤틀린 대응을 하는 경향을 보인다. 그래서 그들의 행위를 이해하기 위해서는 더 미시적이고 중층적인 관점이 필요하고, 적지 않은 경우 공적인 자료나 통계는 제한적 역할밖에 못 하는 것 같다. 물론 개인들의 이런 변덕스럽거나 가변적인 태도를 인정하는 일이 이미 어느 정도 소위 국제관계 혹은 세계화 과정의 영향을 받았으며, 따라서 그 결과인 것은 사실이다. 이번에 캐나다에 머물면서 나는 자식들을 캐나다나 미국에 유학 보내는 사람들의 행위, 그리고 자식 공부를 빌미로 이민 온 많은 사람들의 행위를 직간접적으로 관찰할 기회를 가졌다. 사실 미국과 비교해보면 캐나다에 온 사람들은 순진한 사람들이라고 할 정도로, 미국에 유학을 보내거나 이민 온 사람들의 능력과 열정은 무시무시할 정도다. 또 교수들이나 관료들이 연구년에 유럽으로 가는 비율은 급감하고 미국으로 오는 비율은 급증했다. 이미 독일과 프랑스에 체류한 적이 있기에 이번엔 영어권으로 가보자고 해서 이쪽으로 왔지만, 내가 미국에서 비롯되는 블랙홀에 어느 정도 흡수된 것도 사실이다. 이 모든 행위들을 보면 착잡한 마음이 들지만, 그렇다고 이들의 행위를 단순하게 비난하기는 힘들다. 그 행위들을 실질적으로 평가하기 위해서는 앞에서 말했듯이, 개인들이 실제로 하는 행위의 모든 동기와 수단의 성격을 따져보아야 할 터이지만, 그것이 쉽지는 않다.

　한 예로, 한국교육이 한심하다는 이유가 자식을 외국으로 보내는 일을 정당화해주지는 않을지 모른다. 그러나 거꾸로 어떤 사람이 그렇게 생각해서 자식을 유학 보내거나 일부 가족을 이민시키는 일을 비난하기도 어렵다. 이 애매함 속에서 기껏해야 연례행사로 한두 명의 고위 공직자가 위법이나 불법을 저질렀는지가 판단의 대상이 되곤 하는데, 그것이 고위공직자를 선발하는 과정에서 중요한 '희생제의'이기는 하지만 사회학적으로는 거의 파생적이고 주변적인 희생양 삼기에 지나지 않을 것이다. 그뿐 아니라 그 희생양 삼기가 오히려 구조적이고 일반적인 다수의 행위를 가리거나 존속시키는 역할까지 한다. 몇몇 안 되는 고위공직자의 '공적 희생제의'의 뒤에서 다수는 제 능력과 욕망에 따라 방해받지 않고 '사적 희생양'을 만드는데, 소위 '사적인 것'으로 불리는 이런 일이 사실은 실제 현실의 대부분일 것이다. 그것이 '사적'으로 여겨지는 이유는 다만 사회가 저 희생제의를 '공적인 것'이라고 착각하고 있기 때문이다.

세계화 과정에 따른 개방은 유례없이 파장이 큰 폭력적 과정이다. 세계화 과정은 일부 세계화 이론가들이 말하듯 선진자본주의가 자신에게 유리한 방식으로 세계를 확장하고 재편하는 방식일 수도 있다. 그렇다면 그것에서 안전하게 도망가거나 피할 방법이 있을까? 현재 그런 대안은 없다고 나는 본다. 나는 세계화 과정을 폭력적이라고 인정하면서, 국제정치와 경제, 심지어 문화 차원에서 그것에 대응하는 다양한 행위들을 살펴볼 필요가 있다고 여기는 편이다. 특히 그 행위들의 나름대로 '폭력적인' 성격에 대해 고찰해야 한다고 생각한다.

'폭력적인' 성격? 그렇다. 나는 폭력적인 세계화 과정에 대응하는 개인들의 가지가지 행동들도 알게 모르게 폭력의 궤적을 그리게 된다고 여긴다. 여기에 일종의 구조적 악순환이 불연속적으로 일어난다. 글로벌 경쟁체제 속에서 능력과 실적 위주의 경쟁을 할 수밖에 없는 경우가 많은데, 사실 이 경쟁체제도 많건 적건 폭력적 성격을 띠고 있다. 영어가 언어권력이 된 현 상황에서 부자들이 자식들을 외국에 보내 교육시키는 것이 교육권력을 확보하는 과정이라면, 교수나 판검사나 관료들이 연구 목적으로 외국에 체재하면서 자식들에게 영어 습득의 기회를 제공하는 일도 비슷한 언어권력 형성의 일환일 것이다. 강남 사는 부자가 소위 진보적이고 비판적인 지식인 역할을 하는 데 대해서는 사람마다 의견이 다를 수 있고 실질적인 사회적 효과에 대해서도 사람마다 의견이 갈릴 수 있다. 그러나 어쨌든 그가 경제적 부를 누리면서 지적인 상징권력을 추가로 확보하면서 자식들을 다시 미국 등에 유학시키는 것은 문화적 권력과 폭력을 추가로 확보하는 과정임이 틀림없다.

그렇다면 부자와 '강자'들만 권력과 폭력에 물드는가? 그들에 대한 반작용으로 국내파 '약자'들은 최소한 공적으로는 평등주의의 기치를 높이 들 수밖에 없을 터인데, 그렇다고 이들이 모두 똑같은 방식으로 정의를 실현하는 것은 아니다. 다시, 각자 수준과 능력과 권력욕에 따라, 사교육을 하면서 각개약진을 한다. 이 와중에서 그들의 행동은 알게 모르게 다시 서로에게 폭력적인 양상을 띠곤 한다. 불행하지만, 약자들의 행위도 구조적 악순환에 대응하는 겹겹의 상황 속에서, 폭력적 성격을 띠게 된다. 글로벌한 세계화 과정이 구조적으로 가장 크고 우선적인 폭력이라면 그것에 대응하는 사람들의 행동도 다시 폭력적인 파장 속에 있게 된다. 먼저 강자는 강자대로 제 이익과 욕망에 맞게 행동하고, 다시 약자는 그 강자에 대응하는 방식에서 폭력적인 행동을 하게 된다.

폭력적인 행동들의 원인과 책임을 따지자면 폭력을 유발하는 순서와 크기를 따져보아야 할 것이다. 그러나 그 행동들이 복잡해지면, 더 이상 순서와 크기의 구분도 큰 의미를 가지지 못하는 지점이 생길 것이다. 이 지점에 이르면 누가 먼저 폭력을 저질렀는지 따지면서 폭력의 원인과 책임을 객관적으로 가리는 일이 불가능하지는 않겠지만, 폭력을 되돌리는 데에는 크게 효과가 없을지 모른다. 그 두 문제가 왕왕 갈라진다는 말이다. 현재 미국에 대한 사람들의 태도가 그렇다. 세계적으로 미국을 싫어하는 비율이 매우 높지만, 그렇다고 그렇게 말하는 사람들이 모두 실제로 미국의 폭력을 감소시키거나 사라지게 하는 행위를 하지는 않을 것이다. 여기서 세계화의 구조적 비극이 장기적으로 지속된다.

글로벌 경쟁이 폭력적인 것은 그렇더라도, 강자뿐 아니라 약자들의 행동도 이렇게 폭력적인 관점에서 보는 일은, 너무 미시적이거나 분열적인 복잡함을 강조하는 것이 아닐까? 이념적인 단순화를 넘어 사실을 그 다양성 속에서 보려면 그런 서술도 필요하지만, 이제까지의 서술로만 보면 그런 점도 있다. 그러면 이제 그 아쉬움을 달래기 위해, 관점을 살짝 틀어보자. 민주주의라는 큰 틀은 그런 다중의 핵분열을 말 그대로 겸허하게 받아들이기를 요구하는 것이 아닐까? 다수의 의견에 따르는 것이 심사숙고하는 민주적 절차의 핵심이라면, 이제 중층적으로 찢어진 행위들이 모이고 합해지는 점에서 형성된 여론을 받아들이는 수밖에 없을 터이니까. 그것이 모이고 합해지는 지점에서 생겨난 여론에 거품이 부글부글 끓을 수도 있다. 갈등하는 집단 사이의 홍보전쟁이 피 튀길 정도라고 해도 어쩌면 그리 놀랄 일도 아닐 것이다. 어떻든 정책 결정 과정은 그런 찢어진 가지들을 접붙이고 또 접붙이는 일 이상은 아무것도 아닌 것처럼 되어버렸으니까. 이번 자유무역협상 과정에서도 소위 전통적 진보와 보수의 잣대는 사정없이 꺾이고, 대통령뿐 아니라 기득권층, 사회적 약자들 과반수가 협상결과에 찬성하는 일이 벌어지지 않았는가. 여기서 형성된 진영이 또 다른 민감한 문제인 교육문제에서는 다시 벌어지고 찢어진다.

거꾸로 이런 정치적 다수결 결정 과정에서 살짝 혹은 난폭하게 떠밀린 가지들이라고 그냥 가만히 있을 리 없다. 나무의 잔가지들도 보통은 기둥의 축에 의존해 미풍에 살살 말없이 흔들리지만, 폭풍 속에서는 기둥뿌리를 뽑을 정도로, 아니 바로 그것을 뽑는 힘으로 작용하지 않는가. 정치적 정책으로 포섭되지 않는 미시적 가지들도 때로는 국가라는 틀 안에서 조용히 혹은 살살 흔들리지만, 때로는 사정없이 그것의 정체성을 뒤흔들 정도로 그 틀을 무시하고 깨버린다. 평소에 국가 정체성을 옹호하던 개인들도 때로는 그것을 눈 깜짝하지 않고 못 본 체하거나 눈에 거슬려도 어쩔 수 없이 못 본 체한다(외국에 나온 사람들이 다시 차를 국내에 반입하려는 경우를 빼고는 대부분 미제나 일제 차를 사듯이). 세계화라는 소용돌이가 국가라는 문짝을 형편없이 덜커덩거리게 만드는 것이다. 혹은 비록 덜커덩거리지 않고 겉은 멀쩡하더라도 그 문은 사실 누구나 제 맘대로 들락날락거릴 수 있는 넓은 문, 너무 넓은 문, 그래서 제대로 문 구실을 하지 못하는 문이 되어버렸는지 모른다. 있어야 하지만, 동시에 있으나마나한 문. 세계화 속에서 국가와 공동체의 문은 너무, 너무 넓다.

그래서 기껏 이런 넓은 문이라는 상징으로 들어가려고, 요리조리 꼬불꼬불 논의를 이끌었는가? 물렁하거나 모호한 상징에 호소하는 일은 피하자. 다만 나는 세계화를 둘러싼 논의들이 한번은 그 넓은 문으로 쑥 들어가, 세계 및 세계화의 폭력을 경험하도록 만들고 싶을 뿐이다. 과거엔 좁은 문이 가혹했다면, 지금은 넓은 문이 더 가혹하다는 것을 우리 모두 경험해야 한다고 말하고 싶을 뿐이다.

세계화 과정 속 고독한 전사들을 위해

따지고 보면 근대화 자체도 우리에겐 애국과 매국 사이의 수많은 칼날에서 어지럽게, 그리고 아슬아슬하게 찢겨진 채 선택하는 과정이었다. 외국 어느 세력의 힘을 빌려서 개방하는 것이 최선의 길이었을

까? 외국의 힘을 빌리지 않고 과연 조선은 자주적으로 근대화를 추진
할 수 있었을까? 어려운 질문이다. 지금도 우리는 때때로 국내의 개
혁을 위해 외국의 힘을 빌린다. 어느 힘을 빌려야 할까? 외국의 힘을
빌리는 것을 어떤 사람들은 '엘리트적'이라고 비난하는데, 그렇게 쉽
게 비난하기 어려운 일이다. 국내 최고 기업들 주가 총액의 70% 정도
를 외국인이 소유한 오늘날, 세계화는 새롭고 더 큰 도전인 셈이다.

  우리 각자는 안중근의 애국충정과 이완용의 매국 사이에서 선택해
야 하지만, 어쩌면 사실 이제 우리에게 그 둘 사이에 열려 있는 거리
는 그리 크지 않을지 모른다. 아니, 안중근의 구국 행위와 이완용의
매국 행위 사이의 격차는 너무 크다. 그러나 이제 사람들은, 그 둘 가
운데 어느 것도 아닌 채, 그 사이에 휑하게 열려 있는 넓은 문으로 들
락날락거리는 것을 나는 본다. 어쩌면 보통사람들은 모두 '작은 안중
근'이자 동시에 '작은 이완용'인지 모른다. 나라를 위할 때는 작은
안중근이지만, 나라보다 자신을 먼저 생각할 때 혹은 나라를 생각하
되 '잘못된' 방식을 택할 때, 그는 작은 이완용일 것이다.

  이완용은 너무 심하다고? 그럴지 모른다. 그러나 그만큼 나라를 통
크게 팔아먹지는 않지만 우리 각자는 자주 조금씩 나라를 팔아먹는
다. 때로는 그것이 나라에 이롭다고 정당화하고, 때로는 최소한 해롭
지는 않다고 생각하거나, 때로는 다른 사람들도 그 정도는 하니 자신
의 행위도 크게 문제되지 않는다고 생각한다. 실제로 그들 사이에 명
확한 구분을 짓기는 쉽지 않다. 부자 나라로 이민을 가는 사람들은
과연 나라에 이로운 짓을 하는 걸까, 아니면 해로운 짓을 하는 걸까?
최소한 먼저 자신의 편리와 이익을 위해 사는 사람들이라면, 그들은
이기적인 듯 보인다. 그렇다고 이민 가는 사람을 모두 이기적이라고

볼 수는 없다. 그렇다면 이민 왔으면서도 돈은 계속 한국에서 벌어와서 외국에서 쓰는 사람은 어떤 짓을 하는 걸까? 그건 심하다고 여겨지지만, 사실 이민자 중 상당수는 직간접적으로 한국인을 상대로 해서 먹고 산다. 이처럼 사람들은 국가의 헐거운 문을 자유롭게 혹은 어쩔 수 없이 들락날락거린다. 이럴 때 국가의 너무 넓은 문은 허술한 '독립문' 같다.

여기서 나는 엉뚱한 생각을 해본다. 어쩌면 FTA를 주도한 대통령은 이완용의 거사와 비슷하게 비칠 일을 아슬아슬하게 하면서 동시에 이순신 혹은 안중근의 거사를 무모하게 도모했는지 모른다. 국민을 제대로 설득하지 않은(혹은 못한) 채 무모한 일을 했다는 점에서, 돈키호테를 닮은 안중근이나 이순신이 되고 싶었는지 모른다. 그는 자신 아니면 할 수 없는 일이라는 외롭고 의로운 구국의 영웅심으로 무장한 채, 협상단에게는 철저하게 장사꾼으로 협상하라고 지시했다. 실제로 어떤 사람들은 자유무역협정이 나라를 팔아먹는 짓이라고 비난하지만, 유감스럽게도 도대체 '나라를 팔아먹는 짓'이 어떤 것인지 많은 경우에 분명하지 않다. 안중근은 총을 쏴서, 이순신은 파도 위에서 휘청거리면서 싸워 나라에 봉사했는데, 우리는 장사를 잘해야, 어느 정도인지 정확하게 몰라서 문제이기는 하지만, 장사를 잘해야 살 수 있는 시대에 살고 있는 듯하다.

그러나 장사가 중요하고 한국에서 재벌이 장사꾼의 간판 역할을 하기는 해도, 그래서 어느 정도 우리 삶이 그들에게 위탁이 되어있기는 해도, 그들에게 우리 삶을 온전히 맡길 수는 없다. 또 싸우는 것을 빼놓을 수 없지만, 그렇다고 성웅(聖雄)처럼 싸우기를 바란다면, 그건 착각이다. 세계화가 아무리 전쟁 같아도 일반적 의미의 전쟁은 아니며, 따라서 일사불란한 대열을 갖출 수 있는 것도 아니다. 군인과 대통령을 존중하는 미국은 툭하면 전쟁을 일으키면서도 폼 나게 전열을 갖추지만, 이유야 여러 가지지만 전사에 대한 존중이 부재한 한국에서는 폼 나는 전열이 이루어지기도 힘들다. 결국 국가의 문이 너덜너덜한 시대에, 우리는 각자 고독한 전사로 살아간다. 각자 다른 동기를 자기고 싸우면서도 우리가 싸움을 잘 견딜 수 있다면 장관일 것이다.

이순신이든 안중근이든 그들은 세계화 과정의 초창기 전사였다. 그들은 모두 진지한 얼굴로, 그 얼굴로만 남았다. 말할 수 없는 진지함이 저 멀리서 우리를 바라본다. 이순신은 오직 전쟁 속에서 자신의 영혼을 불살랐던 전사였고, 안중근은 총알 한 방 한 방에 모든 것을 건 전사였다. 우리는 그렇지 못하다. 우리의 진부한 삶은 순수한 싸움의 정점에서 완성되면서 완전연소하지 못한다. 찌꺼기를 남긴 채 타고, 또 타고, 또 탄다. 조금씩 자신을 팔아먹으면서, 그렇게까지 하면서만, 그렇게까지 해서라도, 싸울 수 있다면 다행일 뿐이다. 때로는 국내 개혁을 위해 서로 외국의 힘을 빌리고 그 과정에서 자신과 국민공동체를 팔아먹기까지 하는 우리, 그래도 전사의 이름값을 하기를 바랄 뿐이다. 팔아먹는 행위가 구차하지 않도록 애쓰기를 바랄 뿐이다.

우리를 바라보는 저 진지한 전사들이 조금이라도 웃는 얼굴을 한다면, 그래서 우리도 조금 웃을 수 있다면, 우리 영혼은 조금은 가볍게 날아오를 것이다. 바람 속에서 빙그레 돌다가 다시 휙 돌아 살짝 살짝 부유하다가는 다시 가라앉을지라도, 조금은 가볍게 빙그레 빙그레 빙그레.

상품화

위선과 위악 사이로

부박한 시대를 사는 뻔뻔한 방식

모든 지적인 담론이 비슷하겠지만 상품화에 대한 담론은 특히, 말하는 사람이 자기 자신의 이야기를 하지 않는 한, 추상적인 거대담론이 되기 쉽다. 지적 담론의 차원에서 '상품화' 개념은 많은 경우 이미 그 자체로 부정적인 성격을 띠는데, 사실 개념의 이런 고정적 가치는 의심스럽다. '상품' 자체가 나쁜 것이라고 하기 어렵고, '상품화' 경향도 그보다는 덜하지만 무조건 나쁜 것이라고 하기 어렵다. 사람들은 다른 상품에 대해서는 비교적 자유스럽게 이야기하면서도 정작 자기 자신의 상품 가치 혹은 자신이 속한 집단이나 시대의 상품 가치에 대해서는 잘 말하려 하지 않거나 말한다고 해도 솔직하게 말하지 않는 경향이 크다.

어떤 작가가 "나는 원고료를 받는 데에만 글을 쓴다"라고 반은 농담으로 혹은 반은 냉소적으로 말하거나 "자신의 작가적 가치를 높이 대우해서 원고료를 많이 주는 지면에는 더 정성을 들여 쓰게 된다"라고 말할 때, 그는 타락한 물질주의자 혹은 뼛속까지 상품화된 정신을 가진 사람일까? 아니면 이 부박한 시대에 프로 작가로 존재하는 뻔뻔한 방식에 대해 되도록이면 솔직하게 자기고백을 하는 작가일까? 또 어떤 작가가 지적으로는 자본주의를 비판하면서도 좋은 작품은 나쁜 작품에 비해 비싸게 팔리는 것이 마땅하다고 생각한다면, 그리고 무의식중에 자기 작품이 좋은 대우를 받고 비싼 값을 받기를 원한다면, 그는 형편없는 모순에 빠졌으면서도 자각하지 못하는 것일까? 아니면 그런 모순은 자연스러운 것으로 받아들여야 할 정도로, 상품화에 대한 사람들의 태도가 이미 그 자체로 이중적이고 다중적인 것일까?

상품화에 대한 담론을 추상적으로 검토하는 대신 그에 대한 개인이나 집단의 태도를 함께 고려한다면, 상품화에 대한 사람들의 태도가 이중적이다 못해 분열적임이 드러난다. 지적 담론의 차원에서 사람들은 얼마든지 상품화를 비판하는 쪽으로 기울 수 있고 거꾸로 그것을 적극 수용하는 쪽으로 기울 수 있다. 그러나 그들의 실제 행위를 고려하면 상황은 훨씬 복잡하다. 상품화를 비판하는 사람이라고 모든 상품화를 거부하는 행위를 하거나 삶을 산다는 보장은 없으며, 또 현재 모든 종류의 상품 중에서 극히 적은 양의 상품만을 소유했다고 볼 수도 없다.

상품화에 대해 담론 차원에서는 비판적인 태도를 취하는 좌파 인사들 중 적지 않은 수가 실제로는 강남에서 잘 살고 있다. 설사 물질적 상품을 적게 소유한 좌파 인사이더라도 정신적이고 상징적인 상품을 많이 소유할 수도 있다. 후자의 경우 그는 말로는 항상 좌파적 이념을 내세우면서도 자신의 정신적이며 상징적인 상품들의 가치는 꼬박꼬박 챙기고 누릴 것이다. 물론 그들은 자신의 정신적이고 상징적인 가치는 상품이 아니라고 주장할 수도 있다. 또한 경제적 약자들이 정치적으로 보수적인 정당이나 시장자유주의를 지지하는 일은 너무 흔한 일이다. 이것을 지식인의 관점에서 무조건 비판하거나 비난할 수는 없다. 찢어지게 가난한 서민 중 다수는 역설적으로 세상 무서운 줄 알기 때문에, 그리고 어차피 상징적 상품은 별로 가지고 있지 않기 때문에, 돈을 존중하거나 심지어 존경하는 길로 내몰렸을 수도 있다. 이런 현상을 두고 의식이 존재를 배반하는 상황이라고 말하는 것으로 충분할까?

내가 보기엔 그렇지 않다. 그 이분법은 기본적으로 역사가 상품화해 가는 과정 자체에 대해 부정적인 판단을 미리 내리고 있기 때문에, 그 부정적인 측면만을 '보고 또 보는' 경향이 있다. 그러나 상품화 과정은 부정적인 측면만으로 이루어진 것은 아닌 듯하다. 그 이분법을 익숙하게 거론하는 사람들은 쉽게 마르크스에 의존하곤 하지만, 마르크스도 『경제학적·철학적 원고』(1844)를 쓸 초기에만 상대적으로 그런 쉬운 이분법을 사용했지 후기로 갈수록 점점 그 이분법에서 벗어났다고 볼 수 있다. 요컨대 상품화는 단순히 부정적으로만 볼 재앙은 아닌 셈이다. 더구나 사람들의 태도가 그 표피적인 이분법의 아래나 위에서 그것을 비웃듯이 매우 다양하고 복잡하게 이루어진다면, 그런 어설픈 개념의 이분법이 무슨 소용이 있겠는가?

그렇다면 상품화 과정에 대해 담론 차원에서 관념적으로 비판하기를 멈추고 현실적으로 이루어지는 모습을 제대로 보려고 할 때, 과연 제대로 그것을 파악할 방법이 있을까? 일단 세대의 관점을 취해보자. 이 경우, 경제적으로 약자인 계층에 속하든, 아니면 강자인 계층에 속하든, 아이들은 상품화되는 역사에 대해 상대적으로 낙관적이거나 진보적이며, 아무리 경제적으로 강자에 속하더라도 노인들은 같은 역사에 대해 상대적으로 보수적이거나 덜 낙관적이다. 그러나 동시에 노인들은, 젊은 세대에 비해 상대적으로 많은 재산을 가지고 있기 때문에, 상품의 가치를 인정하는 경향도 강하다.

덧붙여 성(性)의 관점을 도입해보면 양상은 더욱 복잡해진다. 남성과 비교하면 약자라고 여겨지는 여자 중에서도 지적 재능을 상품으로 개발하는 사람이 있는 반면에, 육체적 미모를 상품으로 개발하는 다른 사람도 있다. 여기서 사회의 지적 수준의 관점을 가미해보면 지적인 여성 중에서도 미모를 가진 사람은 대부분 당연하게 미모를 추가로 향유하지만, 담론 차원에서는 여전히 미모의 상품화에 대해 비판적일 수 있다. 지적인 여성들 가운데 아마도 다수는 최소한 담론 차원에서는 미모의 상품화에 대해 비판적인 판단을 내릴 것이다. 그러나 지적이지 않은 여성들은 미모를 개발하는 데 대해 상대적으로 별다른 양심의 가책을 느끼지 않을 것이다. 이 복합성 앞에서 상품화에 대한 보편적인 기준을 가졌다고 말하는 사람은 어리석거나 위선적일 것이다.

시대가 점점 문화적 성격을 띨수록, 상품화에 대한 분열적 양상이 심해진다. 한 예를 들어 좋은 세탁기가 인기를 얻어 엄청나게 많이 팔린다면, 대부분의 사람들은 거기에 뭔가 그럴듯한 합리적 이유가 있을 것이라고 생각한다. 그러나 어떤 책이 많이 팔리고 어떤 미술작품이 매우 높은 가격에 팔렸다면, 이 문화적 상품화는 저 실용적 상품화와 비교할 때 맹목적이거나 공허하거나 심지어 기만적일 수 있다고 생각한다. 많은 사람들의 동의를 얻기 어렵거나 혹은 비평가들의 동의를 얻기 어려운 경우가 비일비재하기 때문이다. 이 현상을 어떻게 평가해야 할까? 문화는 원래 상품화될 수 없는 것이기에 실용적 도구보다 쉽게 그런 몰이해나 왜곡 혹은 타락에 내맡겨진다고 보아야 할까?

문화와 상품화의 관계에 대한 그런 이분법적 혹은 대립적 판단은 지적인 관점을 취하는 사람들에게는 매력적으로 보이겠지만, 그 대립관계가 꼭 사실에 근거한 것은 아니다. 필자처럼 국가나 대학으로부터 월급을 받는 담론 생산자들은 문화의 상품화에 둔감하거나 그것의 현실성을 무시하고 부인하는 경향이 있다. 상품을 비판하는 그들은 스스로 선한 일을 하고 있다고 여긴다. 그러나 그들의 선한 일하기, 곧 위선(爲善)은 어쩌면 짐짓 선한 표정을 짓는 일, 곧 위선(僞善)일 수 있다. 반면에, 문화산업 현장에 뛰어든 사람들은 상대적으로 문화의 산업적 혹은 상업적 가치를 선선히 혹은 적극적으로 인정하는 경향을 보인다. 말하자면 그들은 상품화 과정에 대해 다소 현실적인 태도를 취하며, 그래서 일부러 '위악(僞惡)'적인 태도를 취하는 시늉을 하지만, 실제로 그들은 그냥 시늉하는 것이 아니라 정말 나쁜 짓, 곧 위악(爲惡)을 하는 것이기 쉽다.

여기서 '위선적' 태도나 '위악적' 태도는 기본적으로 도덕적 잣대에 따라 결정되지 않는다. 그것은 또 개인의 성격 결함에서 기인한다기보다는(그런 부분이 전혀 없다고는 할 수 없지만), 문화적 생산물을 생산하고 유통시키는 사회구조에 얼마나 날카롭게 혹은 깊이 개입하고 있느냐에 따라 갈라지는 듯하다. 이념적 기준에 따라 상대적으로 좌파적 관점을 가진 사람들은 상품화에 대해 비판적이거나 그것을 무시하는 '위선적' 경향을 보이는 반면에, 우파적 관점을 가진 사람들은 시장이나 상품화가 가장 기본적인 기준을 제시한다고 믿는 점에서 상대적으로 '위악적' 경향을 띤다.

나는 이 둘에 대해 아직은 어느 한 가지가 옳다는 식으로 배타적 가치평가를 내리고 싶지는 않다. 상품화를 비판하거나 부인하는 관점은 도덕적으로나 생태적으로 바람직해 보이지만, 때로는 역사의 지독한 현실성 혹은 뻔뻔스러움을 무시하거나 오독하는 경향을 보이곤 한다. 여기서 위선적 관점은 현실을 의도적으로 기만하려는 성격적 결함에서 기인한다기보다는 '선한 인간'과 '선한 세상'을 바라는 의지 혹은 구조의 표현일 것이다. 거꾸로 상품화를 과도하게 인정하는 사람들은 현실을 직시하는 듯하지만, 그 인정은 상품화의 지배적인 세속성에 너무 쉽게 영합하거나 그것을 따른다는 점에서, 그리고 어떤 사람도 그것에서 벗어날 수 없다는 점을 강조하는 점에서 위악적일 것이다. 여기서도 위악성은 그가 의도적으로 타자를 기만하려는 의지를 가졌기 때문이 아니라, 서로 모방하고 욕망하는 인간 행위를 적극적으로 인정하는 의지 혹은 구조의 표현일 것이다.

어쨌든 나는 상품화 과정에 대한 사람들의 태도가 이 위선적 태도와 위악적 태도의 이중 고리에 의해 규정되곤 한다고 생각하며, 따라서 그 관점에서 상품화 과정을 분석하고자 한다. 다시 한 번 강조하자면, 선한 의도에서 상품화를 비판하고자 하는 사람, 곧 위선(爲善)적 관점에서 상품화를 대하려는 사람은 알게 모르게 위선(僞善)적 태도에 사로잡히기 십상이며, 거꾸로 짐짓 악한 표정으로 세상의 더러운 모습을 직시하려는 사람, 곧 위악(僞惡)적 관점에서 세상과 인간 행위를 보는 사람은 알게 모르게 정말 나쁜 짓을 저지르는 경향, 곧 위악(爲惡)적 경향에 사로잡힐 수 있다.

상품의 미학, 영혼을 잠식하다

역사의 상품화를 판단하기 위해서는 그에 대해 지적 담론이 어떻게 대응했는지 한번 살펴볼 필요가 있다. 위에서도 언급했듯이, 상품화에 비판적인 사람들은 상품과 대립되는 문화적 가치를 상정한다. 현재의 대중사회에서는 그렇지 않더라도 최소한 과거 사회에서는 그랬다는 것이다. 그러던 것이 문화 자체의 성격이 변화하고 더 나아가 현실에 의해 추월되면서 문화는 총체적으로 상품으로 전락하기 시작했다고 여겨진다. 이런 진단이 1950년대에도 벌써 나왔고 1960년대 중반쯤에는 폭넓게 인정되었다고도 할 수 있다. 그 과정을 살펴볼 수 있는 대표적인 예가 마르쿠제(Herbert Marcuse)이다. 『일차원적 인간』(1964)에서 그는 후기 산업사회의 사회적 변화들을 총체적으로 비판했는데, 예술과 문화의 변화에 대한 그의 진단은 거의 두 세대가 지난 오늘에도 여전히 유효할 정도로 예리하고 근본적이다. 당시 좌파적 문화론이 비판적 관점을 고수한다고 했을 때, 비판의 대표적인 표적은 '상품'이었다.

매스커뮤니케이션이 예술·정치·종교·철학과 상업을 조화롭게, 그리고 종종 눈에 띄지 않게 섞을 때, 매스커뮤니케이션은 이들 문화 영역을 그들의 공통점에 이르게 한다. 곧 상품 형태로.(Herbert Marcuse, *One-dimensional Man,* 1964, Beacon Press, second edition, 1991, p. 57)

여기서 상품 형태에 대한 비판, 그리고 교환가치에 대한 비판, 더 나아가 '문화산업'에 대한 비판이 획기적으로 중요해진다.

여기서 마르쿠제가 교환가치에 대한 대립항으로 설정한 것이 무엇인가? '진리가치'이다. 이 대립관계는 과거 사회에서 고급문화와 세속적 문화의 대립을 통해 유지되었는데, 대중사회에 들어와서 그 대립적 긴장이 녹아 없어진다는 것이다. 그는 후기 산업사회에서 일어나는 일이 단순히 고급문화가 대중문화의 자리로 전락하거나 그 둘의 자리가 뒤바뀌는 것은 아니라고 본다. 그는 차라리 "현실이 고급문화를 부인하는 것"이라고 본다.

> 현실은 이 문화를 넘어선다. 오늘의 인간은 문화의 영웅들과 반신(半神)들 이상으로 능력이 있다. 그는 풀기 어려운 많은 문제들을 해결했다. 그러나 그는 고급문화의 승화 속에 간직된 희망을 배반하고 진리를 파괴했다.(Marcuse, 같은 책, p. 57)

여기서 볼 수 있듯이, 마르쿠제는 고급문화의 위상이 대중문화에 의해 낮아지거나 혹은 그 둘의 위상이 바뀌는 것을 문제 삼기보다는 더 근본적인 문제를 제기한다. 그는 과거의 고급문화가 제공했던 것, 특히 그것의 승화 속에 간직된 희망과 진리가 부인되고 부정된다는 것을 한탄하거나 비난한다. 승화 속에 간직된 희망과 진리? 도대체 이것이 무엇일까?

마르쿠제는, 고급문화 안에 포함된 대립적이고 초월적인 요소들이 다른 차원을 구성했는데, 그것이 대중문화 시대에 말소되었다고 본다. 그리고 이 말소는 문화적 가치가 그 자체로 부정되거나 거부되었기 때문이 아니라 그것이 기술시대의 산업사회에 무차별적으로 흡수되거나 통합되면서 일어난다는 것이다.

> 오늘날의 새로운 특징은, 내부의 대립적이고 낯설며 초월적인 요소들 덕택으로 현실의 다른 차원을 구성했던 고급문화의 요소들이 말소됨으로써, 문화와 사회적 현실 사이의 적대성이 없어졌다는 것이다. 이차원적 문화의 해소는 문화적 가치가 부정되고 배척되는 방식으로 일어난 것이 아니라, 기성질서 속에 도매금으로 통합되고 대규모로 재생산되며 또 전시되는 방식으로 일어났다.(Marcuse, 같은 책, p. 57)

'이차원적 질서'라는 개념은 역사의 상품화를 비판하는 마르쿠제의 관점이 왜 형이상학적인 성격을 가지는지 말해준다. 마르쿠제는 고급문화 속에 있던 대립적이며 낯선 요소들이 초월적 세계를 구성한다고 믿었던 것이다. 이로써 상품화에 대한 논의, 그리고 고급문화와 대중문화의 관계에 대한 논의가 어느새 철학적이고 형이상학적인 성격을 띤다. 이차원적 세계질서를 믿느냐 혹은 믿지 않느냐는 기준이 야릇하게도 상품화 과정에 대한 논의의 배후를 구성하는 셈이다.

이 점이 상품화에 대한 미학적이고 문화적인 비판이나 대응을 어렵게 하거나 복잡하게 만든다. 상품화를 비판하는 문화비평이 알게 모르게 전통적 혹은 모더니즘적 고급문화에 기대고 있다는 것은 사실 이상한 일이다. 그럼으로써 이 좌파적 문화비평은 의도했든 혹은 의도하지 않았든 문화에 대해 다소 엘리트주의적 관점을 고수하기 때문이다. 이차원적 사회의 고급문화, 혹은 기성질서에 대립적인 초월적 문화가 다름 아닌 그 엘리트주의가 호소하는, 아니 사라졌다고 개탄하는 대상이었다. 이상하지 않은가? 좌파적 문화비평이 과거의 초월적 고급문화에 매달린다는 것이? 혹은 그것의 현실적인 실체에 매달리지는 않더라도, 아니 못하더라도 그것의 사라짐을 애처롭게 슬퍼한다는 것이?

특히 아도르노(Theodor W. Adorno)가 모더니즘 미학의 아방가르드적 특성에 주로 호소한 반면에, 마르쿠제는 상대적으로 이차원적 사회의 고급문화 자체에 호소할 때가 많았고, 따라서 훨씬 전통 지향적으로 보였다. 여기서 그의 미학적 태도에 대해 다시 평가해볼 필요가 생긴다. 과거의 고급문화가 사라짐을 한탄하고 애도하는 관점은 보수성을 띠는 것이 아닐까? 그러나 마르쿠제는 자신의 관점이 보수적이라고 생각하지 않았다. 오히려 그의 말을 빌리면 일차원적 사회를 긍정하는 것이 보수적인 태도였다.

여기서 문화적·미학적 태도를 이해하거나 평가하는 데 커다란 모호성 혹은 혼란이 개입하고 있음이 드러난다. 도대체 어떤 태도나 관점이 보수적인 것일까? 고급문화의 초월성에 호소하는 관점 혹은 그것의 전복이 마땅하거나 좋다고 여기는 관점? 물론 단지 이 둘 가운데에서만 선택해야 하는 것은 아니다. 이 질문들은 대답도 하기 전에 벌써 마르쿠제의 선택이 심상치 않은 문제를 내포하고 있음을 알려준다. 이처럼 일차원적 사회를 긍정하는 관점은 마르쿠제의 생각처럼 쉽게 명쾌해지지 않는다. 어쨌든 나는 소위 과거의 이차원적 사회에 존재했던 고급문화의 초월성을 믿는 것이 당연하게 '비판적이거나' 유일하게 시대와 불화하는 방식은 아니라고 본다.

더 나아가면 여기서 상품화를 비판하는 문화적·미학적 태도가 고급문화나 초월적 문화에 의존할 때, 이 문화적·미학적 태도의 정치적 성격에 대한 물음이 제기된다. 마르쿠제에서 하버마스(Jürgen Habermas)에 이르는 진영은 이차원적 질서 혹은 형이상학적 질서의 붕괴나 해체를 긍정하는 사람들을 싸잡아 '신보수주의'라고 불렀다. 이들이 각각 속한 사회의 좌파와 많은 점에서 다른 관점을 유지했기 때문에 그런 이름이 생겼을 것이다. 특히 정치적으로 평등과 권력을 바라보는 관점에서 그랬다. 그런 점에서, 그 호칭이 완전히 틀린 것은 아니며 많은 점에서 유효할 수도 있다. 그렇다고 그 호칭이 일반적으로 옳거나 정확한 것도 아니다. 오히려 문화적으로는 과거의 고급문화 속에 내포된 초월적 질서와 승화를 일차적으로 추종하는 일이야말로 보수성을 띤다고 보아야 한다. 그런데도 이제까지 이차원적 질서의 붕괴를 긍정하는 태도가 '신보수주의'라고 불리고 때로는 별 이의 없이 수용되었다는 것은 문제가 아닐 수 없다.

마르쿠제는 상품화를 비판하는 좌파적 관점을 견지하면서 동시에 문화 속의 이차원적 질서 혹은 형이상학적 질서를 옹호했다. 이 좌파적 관점을 고전적 혹은 정통적 좌파라고 부를 수도 있을 텐데, 그 관점은 많은 이유로 효력을 상실했지만 상품화에 관한 한 오늘날에도 건재한 듯하다. 왜냐하면 오늘날에도 역사의 상품화를 비판하는 관점을 유지하거나 강화하다 보면, 알게 모르게 문화 속의 형이상학적 질서를 전제하거나 도덕적 질서에 의존하기 때문이다. 이것은 어쩔 수 없는 도덕적 호소일까? 아니면 상품화나 자본주의를 비판하는 일에 끼어드는 보이지 않는 무시무시한 함정일까? 여기서 우리는 앞에서 논의한 위선과 위악의 이중 고리를 다시 만난다. 상품화를 비판하는 선한 일을 하고자 할 때, 사람들은 알게 모르게 도덕적인 선함을 가장하기 때문이다. 선한 일 하기, 곧 위선(爲善)은 다른 위선(僞善)

에 가 닿는다. 마르쿠제도 이런 함정에 빠진 것이 아닌가 싶다. 이 함정은 그의 개인적 실수에서 기인한다기보다는 상품화에 대한 비판이 일정하게 유발하거나 동반하는 함정일 듯하다. 그리고 이 점에서 그 위선의 함정은 무조건 나쁜 것만도 아니다.

다만 상품화를 비판하는 사람이 전통적 사회의 대립적이며 초월적인 가치에 의존할 때, 그의 태도는 알게 모르게 문화적 · 미학적 보수성을 띠게 된다. 현대 상품의 새로운 질서와 거리를 둔다는 점에서 (최소한 이념적으로는 그렇다)는 '비판적'이고 바람직하지만, 그 일을 위해 고급문화의 초월적 승화를 과도하게 지키려고 한다는 점에서 그 선방(善防)의 의미는 퇴색한다.

마르쿠제와는 달리 기존의 고급문화적 혹은 형이상학적 질서의 붕괴를 긍정적으로 평가하는 다른 태도는 문화적 · 미학적으로, 그리고 어떤 점에서는 정치적으로도 '진보적'이다. 기존 문화의 붕괴와 해체를 긍정하면서 창조적 파괴를 긍정하니까. 그러나 그런 태도가 새로운 질서, 특히 상품화로 인한 사회적 기득권을 알게 모르게 인정하거나 긍정하는 것도 사실이다. 형이상학적 고급문화에 기반을 둔 이차원적 질서의 붕괴를 긍정하는 사람은 이 세계 안의 물질적 경향을 어느 정도 인정하며, 따라서 그 세계의 권력관계도 어느 정도 물질적으로 평가한다. 그러다 보니 현재 존재하는 권력관계를 알게 모르게 수긍하는 경향이 있다. 이 점에서 이런 태도는 현재 사회의 권력관계에 관한 한 보수적 경향을 띨 수 있다.

포스트모던한 태도는 형이상학적 질서에 의존하는 과거의 고급문화에 대해서는 비판적이지만, 현재 사회의 상품화 조건에 대해서는 상대적으로 수용적이다. 여기서 그 태도는 위악적 이중 고리에 걸려

든다. 사람들의 물질적 욕망과 서로의 욕망에 대한 모방성을 인정하며 동시에 상품화를 많건 적건 긍정하는 관점은, 그것이 다름 아닌 인간욕망의 적나라한 모습이니 사실 그대로 보아야 한다는 관점과 맥이 닿는다. 그러면서 짐짓 위악(僞惡)적 표정을 짓는다. 그러나 점점 빨리, 점점 무차별적으로 모방하는 욕망들 앞에서 그는 위악(僞惡)적 표정을 짓는 데 그치지 않고, 그것들을 부추기는 나쁜 짓을 하게 될 가능성이 높다.

마르쿠제의 '크고 헐렁한 바지'

역사의 철저한 상품화 혹은 교환가치의 과도한 지배를 비판한 마르쿠제를 다시 비판의 대상으로 삼는 까닭은 내가 은근히 상품화를 용인하기 때문일까? 그런 이의는 충분히 가능할 뿐 아니라 필요할 것이다. 그러나 상품화의 과잉을 비판한 마르쿠제를 다시 비판한다고 해서, 내가 꼭 시장주의의 순진한 신봉자일 필요는 없다. 나는 지나친 시장주의를 경계하면서도 어느 정도 상품화를 인정하거나 긍정할 필요가 있다고 생각한다. 이제 그 이유에 대해 서술할 차례이다.

역사의 상품화에 대해 우리는 이런저런 비판을 할 수 있다. 그러나 그 비판을 하면서 우리는 꼭 마르쿠제처럼 '진리가치' 혹은 상품화되지 않은 사회 단계로 되돌아가기를 바라야 하는 것일까? 또는 되돌아가려 한다고 돌아갈 수 있을까? 이것이 중요한 문제다. 마르쿠제는 이 대립관계를 계속 유지하면서, 상품 형태가 지배하는 사회를 일차원적 사회라고 비판한다. 이러한 단순한 대립관계의 설정은 '일차원적 사회'를 너무 쉽게 정의하는 데 기여했을 것이다. '일차원적 사회', 이 말은 쉬워 보인다. 그러나 사실 '일차원적 사회'가 마르쿠제가 설명하는 대로 그렇게 간단하고 평평한 사회일까? 정말 상품 형태가 일목요연하게 혹은 투명하게 지배하는 곳이 이런 사회일까? 루카치(Lukács György) 등이 상품에 의한 물신화를 비난하면서 '상품 형태'는 한때 명백한 비판의 대상이 된 듯했지만, 사실 상품에 대한 사람들의 태도는 위에서 언급한 대로 아직도 모호할 뿐 아니라 시간이 흐를수록 더 모호해진다.

그 이유는 단순히 사람들이 점점 더 더럽고 불합리한 욕망에 사로잡힌 탓이 아니다. 오히려 사회적 약자들이 자신의 자유나 권리를 확보하는 수단이나 과정으로서 상품화가 많건 적건 기능하기 때문이다. 다르게 말하면 상품화는 자본주의 사회에서 형성된 사회적 기득권을 강화하고 보호하는 기능도 하지만, 역설적으로 사회적 약자의 자유와 권리를 인식하게 하고 또 그것을 확보하게 하는 데도 기여한다. 최소한 '상품 형태'나 교환가치가 단순히 '진리가치'와 대립하지는 않는다. 예를 들자면 상품화는 자본주의를 부추기는 역할을 했지만, 산업혁명기에 부르주아들이 봉건적 사회구조를 바꾸거나 전복하는 데에 기폭제 역할을 했다.

그 이후 자본주의적 집중이 강화되는 한가운데에서도, 상품화는 이제까지의 사회에서 기를 펴지 못했던 다양한 약자들이 나름대로 기를 펴게 하는 역할을 수행했다. 여성의 역사에서 여성의 추상적 권리 못지않게, 아니 그것보다 어떤 점에서 더 중요한 것은 여성의 재산분할청구권의 부상이었다. 추상적 기본권의 문제가 중요한 영역이 있겠지만 실제 사회적 차원에서 여성들에게 중요한 것은 경제적 자립이니 말이다. 그런데 가족 혹은 결혼생활의 역사를 가르는 핵심적 기준으로 재산의 분할문제가 떠오를 때, 삶은 피할 수 없이 상품화된다. 그렇다고 가족의 숭고한 역사를 지킨다는 명목으로 이 진부한 상품화를 거부할 수는 없다.

다른 예를 들어보자. 노동조합의 역사는 노동자의 인권이라는 숭고한 권리를 확보하기 위한 여정으로 파악되지만, 동시에 노동의 적절한 대가를 요구하기 위한, 곧 노동의 적절한 상품화를 추진하기 위한 궤적이기도 했다. 사회적이고 인간적인 권리를 확보하는 중요한 수단이 노동의 상품화였다는 점에서, 상품화는 노동운동의 적이기도 했지만 동시에 아군이기도 했던 셈이다. 그 과정에서 노동운동이 지나치게 임금인상으로 쏠리기도 했다는 것은 우연이 아니다. 노동권의 확보라는 사회적 · 정치적으로 좋은 일은 경제적으로는 오히려 상품화의 총체화라는 과정을 유발하거나 동반하는 측면이 있다.

이 점에서 보면 역사가 상품들 혹은 교환가치의 거대한 물류창고로 되어가는 와중에서도, 상품화는 역사의 민주화에 기여하고 신분의 평등화에 기여한 셈이다. 그리고 바로 이 점이 상품화에 대해 일방적으로 낭만적이거나 도덕적 비판을 하기 어렵게 만든다. 물론 비판이론의 관점에서 보면, 상품화가 합리화를 극단으로 추구하는 경향이 있는 것은 사실이다. 그러나 그것만을 비판하는 것도 자칫하면 공허한 일이 될 수 있다. 왜냐하면 상품화를 통한 합리화는 어떤 점에서 무자비해 보이지만 현재 민주주의의 중요한 축이기 때문이다. 현대 민주사회에서는 아무리 하찮은 개인일지라도 자신의 삶에 대해 최소한 인권 차원에서는 거의 무한한 권리를 누리거나 요구할 수 있다. 도덕적으로는 문제가 있거나 심지어 폭력적으로 보일지라도 모든 개인은 최소한 기본권의 차원에서 자기 삶의 역사를 경제적으로

꾸려갈 권리를 갖는다.

　한 예를 들어보자. 다른 어느 곳보다도 아프리카는 현재 다양한 갈등에 시달리고 있으며 가장 낙후된 곳이다. 그런 사실을 반영하듯 용병들이 많다. 용병은 자신들의 군사적 기능을 상품으로 내놓은 자들이다. 이들이 다른 종족이나 부족에게 부당한 폭력을 행사하는 경우, 그들의 삶은 무자비한 테러에 남용된다. 그것은 윤리적으로 정당하지 않다. 그 점에서 그들을 윤리적으로 비판할 수는 있을 것이다. 그러나 그것으로 충분한가? 아니면 그런 윤리적 비판도 이미 어떤 점에서는 공허한 구석을 가진 것이 아닐까? 용병들은 왜 그런 상황에 빠졌을까? 그들 자신의 인격에 문제가 있어서? 그렇게만 볼 일은 아니다. 현 시대엔 어느 누구도 약자들이 오로지 정치적으로나 윤리적으로 옳은 방식으로 살아가기를 기대하거나 요구할 수 없다. 그러면 좋겠지만 그렇지 못해도 어쩔 수 없는 경우가 적지 않다.

　후진국이든 선진국이든 가난한 계층의 교육받지 못한 개인들이 사회적으로 선택하는 삶의 방식 중 하나가 군대인 것은 잘 알려진 사실이다. 용병이 된 자들 중 다수는 자기 나라에서 군생활을 마친 전력을 가지고 있고, 다른 취업 기회가 막히자 어쩔 수 없이 용병의 길로 들어선다. 이 경우, 국외자는 그들뿐 아니라 그들을 용병으로 고용하여 무자비한 테러를 자행하는 집단을 비판할 수 있다. 그러나 그들 용병의 삶의 관점에서 보면 단순히 외부의 관점에서 삶의 상품화를 비판하거나 비난하는 일은 어쩌면 공허할지 모른다. 그들은 자신의 고향에서 별 다른 취업 기회를 얻기 어려워서 군대에 갔을 수 있고 군대를 마친 후에는 또 자국에서 마땅한 취업 기회를 찾지 못해 어쩔 수 없이 용병의 길로 들어섰을 수 있다. 삶의 이런 상품화는 단지 윤리적 혹은 실존적 차원에서만 평가될 일은 아니다.

용병의 예가 다소 극단적인 예처럼 보일 수도 있지만 사실은 그렇지 않다. 오히려 삶의 상품화라는 현상이 현재의 민주주의 사회의 특이한 구조에서 기인한다는 점을 밝혀주는 좋은 예일 수 있다. 경제적 민주주의 관점에서는 모든 시민이 노동할 권리를 가진다. 그런데 막상 개인들에게 그런 기회가 정당하게 주어지지 않을 때, 그들은 어떻게 할 것인가? 부박한 상품화를 거부하고 올곧게 사는 인간도 있을 것이고, 그런 사람은 훌륭한 삶을 사는 것일 터이다. 그러나 그런 높은 도덕적 기준만을 요구하는 일이야말로 자칫하면 오히려 기득권의 보호에 이용될 수 있다. 인간적인 삶을 살기 위해 모든 개인이 정당한 노동권을 누릴 수 있지만 현실에서 그 권리가 주어지지 않는다면, 그는 그저 착한 방식으로만 자신의 길을 찾을 수 없을 것이다. 권리를 당당하게 찾거나 쉽게 찾을 수 없을 때, 다른 대체물을 확보하는 것은 노동권을 가진 그의 몫일 터이니까. 이 극한 상황에서 그가 삶의 어떤 부분을 상품으로 내놓는 것을 막을 수 있는 보편적 기준은 없어 보인다.

무슨 말인가? 상품화를 비판하거나 비난하는 일만으로 부족한 상황이 너무 많다. 오히려 자본주의의 거대한 상품화에 밀리고 치이고 내던져진 주변부 인생들은 어쩔 수 없이 자신의 마음 한 조각이나 몸뚱이를 상품으로 내놓아야 할 상황에 부딪힌다. 그러면서 상품화에 예속되기도 하지만 다른 한편으로는 바로 그 상품화에 탈을 낼 수 있는 틈을 찾을 수 있다. 주변부로 내몰리지 않은 사람들은 정상적인 상품화의 길을 가겠지만, 주변부로 내몰린 사람들은 '더러운' 상품화에 내맡겨진다. 다르게 말하면 그들은 선한 일을 할 수 없어서 위악적인 길로 들어선 인생들이다. 이들은 위에서 우리가 예로 든, 위선적인 그룹과 위악적인 그룹으로 대별되는 담론 생산자들과는 다른 경로로 위선과 위악의 이중 고리에 걸려든다.

자신의 삶을 고상하게 상품으로 내놓은 사람은 그 점을 크게 소리쳐 알릴 필요가 없다. 그러니 그 상품화 방식은 고상하게 보이며, 승화된 것으로 보인다. 과거 귀족들의 선심 쓰는 덕 혹은 대범함이 한 예이다. 그러나 그런 고상한 상품화의 길을 갈 수 없는 사람은 점점 더 더러운 상품화의 길, 곧 더럽게 드러나는 상품화의 길을 갈 수밖에 없다. 여기서 상품화 방식이 더럽게 드러난다는 것은 그 더러움이 투명하게 드러난다는 말과 같다. 고상한 상품을 소유할 수 없는 사람은 점점 더 더러운 대체 상품이라도 움켜잡을 수밖에 없다. 말하자면 상품화 과정은 상품의 계단을 따라 이루어지는 '대체'의 끝없는 고리와 맞물려 있다.

그러면 엘리트적 비판이론은 이런 '더러운' 상품화의 길을 전혀 몰랐을까? 그것도 아닌 듯하다. 다만 마르쿠제는 주변부 인생들을 다룬 19세기의 예술과 문화가 여전히 비즈니스와 상품의 문화와 화해할 수 없을 정도로 대립적이라고 믿었다. 그는 단순한 대립적 이분법에 의존한 것이다.

물론 부르주아 사회는 예술과 문화(예를 들자면 17세기 네덜란드 화가들, 괴테의 『빌헬름 마이스터』, 19세기 영국 소설들, 토마스 만)에서 풍부하게 (그리고 심지어 긍정적으로) 자신을 대변했지만, 이 질서는 비즈니스의 질서와 화해할 수 없을 정도로 대립하는 다른 질서, 곧 그것을 비난하고 그것을 부정하는 다른 질서에 의해 빛이 바랬고, 깨졌고 반박

되었다. 그리고 문학 속에서 이 다른 질서는 종교적이고 정신적이며 도덕적인 영웅들(흔히 지배적인 질서를 지지하는)에 의해서가 아니라 다른 파괴적 인물들에 의해 대변되었다. 곧 예술가, 창녀, 간통자, 심각한 범죄자이며 추방자, 전사, 반역적인 시인, 깡패, 바보 같은 사람들, 곧 자신들의 생계를 유지하지 못하는 사람들, 최소한 점잖고 정상적인 방식으로는 벌지 못하는 자들.(Marcuse, 앞의 책, p. 58~59)

그러나 내가 보기에 '더러운' 상품화의 길이 상품의 질서와 화해할 수 없을 정도로 대립하는 질서를 구축하지는 않으며, 또 그렇게 단순하게 대립할 필요도 없는 듯하다. 아마도 상품화가 과거보다 더욱 진전되어 그럴 여지가 줄어들었을 것이다. 따라서 이런 초월적인 대립관계야말로 현재의 문화산업 구조에서 빈번하게 상품화되는 소재라는 데 주의를 기울일 필요가 있다. 보수적 매체일수록 초월적 질서에 호소하는 고급문화를 자신들의 구미에 맞게 변형하면서 이용하니까. 거꾸로 좌파도 도덕주의나 인도주의를 문화산업적으로 다양하게 이용한다.

결국 상품화는 아직 명확하게 정리되지 않은 경로를 통해 민주주의와 밀접하고 복잡한 관계를 맺고 있다. 상품화가 민주주의를 방해하는 면도 있지만, 거꾸로 그것은 민주주의의 발전을 촉진하기도 한다. 따라서 상품화를 비판하기가 점점 더 어려워진다. 특히 미묘하고 은밀하고 정신적인 인간적 가치조차, 곧 과거의 잣대로 보면 그 자체로 거의 상품의 성격을 띠지 않은 가치조차 남김없이 상품으로 만들어놓거나 저절로 혹은 어쩔 수 없이 상품이 된 대중사회에서는 더욱 그렇다. 한 예를 들자면 화내지 말고 자신의 내면의 소리에 조용히 귀 기울이라고 가르치는 선사(禪師) 틱낫한도 자신의 설교와 책을 상품으로 개발한다. 그가 한국에 왔을 때 그의 삶의 방식을 광고하는 방식이야말로 극단적인 상품의 홍보 방식이었다. 무소유를 말하는 법정 스님의 말도 상품으로 가공된다. 상품화를 비판하기 위하여 다시 상품화에 의존한다고? 그럴 수도 있다. 그렇다면 그것들은 종교적 위선(爲善)에서 또 다른 종교적 위선(僞善)으로 슬쩍 건너뛰는 행태 아닌가.

그것은 잘못인가? 배운 기술이 군대의 그것밖에 없는 용병도 자신의 과거 삶을 상품으로 내놓을 수 있다면, 배운 기술이 상품화를 초월하는 시늉을 하는 종교도 자신의 기술(혹은 예술)을 상품으로 내놓을 수 있는가? 우리는 상품화에 관해 말하면서, 꼬이고 꼬인 위선과 위악의 고리를 경험한다.

『무소유』를 소유하는 시대에 살기

모든 지적 담론이 주체의 완벽한 언행일치를 전제해야 하는 것도 아니고 그것이 꼭 가능하다고 믿을 필요도 없을지 모른다. 말과 행위 사이에는 주체가 통제할 수 없는 어두컴컴한 간격이 도사리고 있으니 말이다. 그러나 어쨌든 상품화에 대해서 모든 주체는 되도록 솔직한 태도를 드러내는 것이 매우 중요하다. 그리고 그것은 세상의 상품화라는 주제에만 해당하는 것이 아니라 상품가치로서의 자신에게도 해당한다. 사람들은 흔히 타자의 상품가치에 대해서는 엄격하지만 자신의 상품가치에 대해서는 관대한 편이다. 다르게 말하면 자신이 가진 능력을 상품화하는 데에는 크게 가책을 느끼지 않으면서도, 타자가 그의 능력을 상품화하는 데에는 알게 모르게 질투와 원한을 품는다. 상품화의 문제는 따지고 보면 상품 자체가 유발하는 몫 못지않게, 그 상품이 개입한 인간관계에서 생기는 모방과 질투와 원한이 유발하는 몫이 크다. 그런데도 이 문제는 제대로 다루어지지 않는다. 앞에서 언급한 대체물의 끝없는 악순환도 그것과 연결되어 있다.

거기서 생기는 문제 중의 하나는, 모든 주체들이 상품화에 대해 일관된 언행일치를 보이기 어렵다는 데 있다. 나 자신도 상품화에 대해 일관된 기준을 따르지 못할 때가 많다. 좋은 작품이 나쁜 작품과 비교해 높은 가격으로 팔리는 데 대해 반대하지는 않지만, 피카소나 고흐의 그림이 100억 혹은 200억 원에 팔리는 것에 대해서는 거의 체념하고 만다. 그 가치를 인정하는 사람은 흔히 그것의 시장가치를 말하지만, 여기서 시장가치란 사실 사람들이 서로 비슷한 것을 욕망하고 그 욕망을 모방하는 과정에서 생긴 현상일 뿐이다. 결국 상품화는 모방과 깊은 연관을 맺고 있는 셈이다. 그런데 나는 나의 글을 상품화하는 데 개인적으로 능숙하기는커녕 오히려 거꾸로 서투르다. 오히려 대중적 베스트셀러나 대중적 인기를 추구하는 방식에 대해서 거리를 두는 편이다. 그렇지만 다른 한편으로 시장이나 상품화를 관념적으로 혹은 지나치게 비판하는 사람 앞에서는 그것의 상대적 가치를 인정하려고 공연히 애를 쓴다. 그러다가도 정치적 갈등이나 사회적 차별이 유발하는 갈등을 무시한 채 상품의 완벽한 합리적 질서를 주장하는 사람 앞에 서면, 금방 그것의 '매끈한' 합리성에 넌더리가 난다.

맛있는 수박이 맛이 덜한 수박보다 값이 비쌀 때, 그 차이가 엄청나지만 않는다면, 그 합리적 상품화에는 또 기꺼이 동의할 정도로 변덕을 부린다. 합리적 상품화의 경계는 너무나 모호해서 금방 그 미덕을 상실한다. 어쩌다 보니 강북에서만 오래 살아온 나는 강남의 아파트 값이 합리적인 가격이라기보다는 정치경제학적인 역학관계의 극단적인 결과라고 믿는다. 그 연장선에서 서울의 높은 부동산 가격은 거의 미친 짓에 가깝다고 여길 때도 있지만, 다른 한편으로 높은 가격은 한국인들에게 국제적 차원에서 상대적 경쟁력으로 이어질 수도 있다는 정치경제학적 관점에는 동의한다. 이렇듯 상품의 질서에 대한 주체들의 태도가 객관적으로 존재하기 어렵다.

따라서 상품의 대한 미학적 관점은 심한 모호성에 시달린다. 그 모호성이 어디 상품의 질서에만 해당하랴. 나 자신의 절대적 가치에 대해서는 때때로 확신을 하는 때도 가끔 있지만, 사회적 가치에 대해서는 그보다 확신하지 못할뿐더러 변덕스럽기까지 하다. 때로는 나무처럼 말없이 살고 싶은 마음이 굴뚝같다가도, 세상의 악마적 얼굴을 직면한 순간에는, 전사의 위악적 태도로 홱 쏠리면서 나무를 버린다.

랭보도 시를 쓰다가 시를 버리고 아프리카를 오가며 무기를 팔았다. 나도 조용한 서정성에 기울다가는 어느새, 훅, 무기 거래상의 정서로 기울곤 한다. 윤리 혹은 서정성에 기우는 사람은 역사를 슬퍼하거나 한탄하면서 역사 아래로 침잠할 수 있다. 그러나 윤리 혹은 서정성조차 상품화되는 것이 현 시대라면, 어쩔 것인가? 그래도 거기 매달릴 것인가? 위선의 함정에 빠질 위험을 무릅쓰고서라도? 매달릴 수는 있다. 그러나 거기 매달릴수록, 그 매달림 자체의 상품가치도 높아진다는 사실을 안다면? 고귀한 행위는 하나같이 비싸다면? 좋은 일(爲善)이 자신도 모르게 위선(僞善)으로 변질된다면? 위선을 떨지 말아야 할 것이다.

그렇다고 당당하게 위악을 떨 것인가? 그러나 짐짓 나쁜 짓을 하는 시늉이 자기도 모르게 정말 나쁜 짓이 된다면? 상품화에 대해 균형을 잡기는 정말, 정말 어렵다. 칼날 위를 걸어가는 일 같다. 그렇게 하기는 힘들다. 대중들이 그렇게 하기를 기대하기도 힘들다.

　그와 달리 좋은 상품의 계단에서 조금 나쁜 상품의 계단으로 미끄러지는 일은 당사자에게 그처럼 위험해 보이지는 않는다. 그것은 어쩔 수 없는, 아주 당당하게 소리칠 수는 없겠지만 그래도 부끄럽지 않게 소리칠 수 있는 위악으로 여겨진다. 그래서 사람들은 힘들게 균형을 잡기보다는 대체물의 계단으로 털썩 미끄러지기를 선택하는 듯하다. 그렇게 상품은 사람들 사이에서 끊임없이 위악을 조장한다. 그렇게 삶은 팍팍해지는 듯하다. 그러나 그것이 꼭 상품 탓만은 아니다. 사람들이 민주사회에서 서로 모방하고 서로 질투하고 서로 원망하는 구조가 존재하기 때문이다. 사람들이 끊임없이 서로 곁눈질할 때, 상품은 모방과 질투와 원한을 다만 강력하게 매개할 뿐이다.

희생양 만들기

김일병과 전두환 사이로

희생양에 대한 진부한 설명은 집어치워라

2005년 전방 초소 내무반에서 한 사병이 동료들을 향해 수류탄을 던지고 총을 쐈다. 군 당국의 수사결과 발표는 이제까지 그래왔던 대로, 또 다른 애꿎은 '희생양 만들기'라는 틀을 따랐다. "군대생활에 적응을 잘 못하던 김일병은 틈만 나면 게임을 즐겼고, 그런 김일병에게 욕설을 퍼부었던 상급자가 있었다"는 판에 박힌 틀. 당국은 부적응자의 게임 탐닉 혹은 적응한 자의 욕설을 원인으로 지목하고는 사건의 꼬리를 서둘러 싹둑 잘라버리려 했다.

그러나 게임과 욕설은 책임 있는 설명이 아니다. 게임은 요새 누구나 다 하는 일이다. 하는 방식은 다소 다를지라도 선한 사람에서 악한 사람까지, 남녀노소 누구나 다 한다. 폭력적인 게임도 정도의 차이는 있지만, 많은 사람들이 한다. 만화를 즐겨 봤다는 이야기까지

나오지만, 만화 역시 누구나 다 본다. 정도와 방식의 차이는 있지만 누구나 다 본다. 게임과 만화에 폭력적인 요소가 상대적으로 다른 장르보다 많다고 하더라도, 그것의 폭력성이 기계적으로 원인 역할을 하지는 않는다. 그런데도 사건이 터지면 흔히 가정환경과 더불어, "만화와 게임에 빠져 살던" 경향이 원인으로 불려 나온다. 얼마나 게으르고 무책임한 설명인가?

상급자의 욕설 또한 책임 있는 설명으로 보기 힘들다. 그렇다면 심하게 괴롭히던 악질적 고참만 벌하면 될 일이지 왜 집단적인 학살을 벌였겠는가? 왜 특정 개인이 아니라 집단에 책임을 물려고 했겠는가? 또 어떤 나쁜 고참이 있었더라도 그 역시 졸병 때 개 취급을 받아왔던 과거를 보상받으려는 심리로 그랬을 가능성이 높으므로, 개인의 잘못도 나름대로 구조적 병폐에서 비롯되었다고 볼 수 있다. 또 상급자의 욕설을 듣는 사람이라고 모두 그에게 복수하는 것도 아니다. 그러므로 그런 탓으로 돌리는 설명은 허술하고 무책임하다.

그런데도 그 비슷한 일이 생기면 사람들은 비슷한 방식으로 설명하곤 했다. 폭력적 사건이 일어나면 그 사건의 행위주체가 사법적 책임을 짊어지기는 하지만, 사람들이 그 사건을 설명하는 방식은 거칠고 불충분하며 폭력적이다. 다르게 말하면 사람들은 하나의 사건을 더 큰 폭력적 구조(예를 들자면 부적응, 게임, 만화, 욕설 등등) 탓으로 돌린다. 어떤 사건의 구체적인 폭력은 더 큰 폭력적 구조를 힐끗 보여주고는 끝난다. 그 사건을 경험한 집단은 그 사건 뒤에 존재하는 더 큰 폭력적 구조를 힐끗 보고는, 아니 보았다고 생각하고는, 눈을 감거나 눈을 돌린다. 이 태도가 집단적 반응이나 대응의 전형적인 방식이다. 한 집단은 사건과 구조가 모두 폭력적인 경우, 사건의 지엽

적 주체를 처벌함으로써 자신의 정서를 안정시키고 '정리한다.'

그런데 문제는 그들이 눈을 감거나 돌릴 수밖에 없는 이유가 없는 것도 아니라는 데 있다. 그 범인 역시 커다란 구조의 피해자라는 것, 따라서 그 범인만을 처벌하는 일은 어떤 점에서 불충분하고 구차한 일이라는 것을 그들도 인식한다. 책임을 따지자면 배후에 있는 근본적인 문제에 초점을 맞추어야 할 터이다. 이 경우 원인에 대한 탐구는 원인을 소급해 올라가면서 최초의 원인에 대한, 아니 최소한 그에 가까운 원인을 찾아내는 것이 마땅하겠지만, '사회적으로는' 그렇게 하기 힘들다는 것이 문제다. 더 크고 더 근본적으로 책임 있고 힘 있는 인물이나 원인을 직접 손가락으로 가리키기는 사회적으로 어렵다. 왜 그런가? 그 이유는 복합적이며 시대에 따라 달라지기도 한다. 이 점을 집단들도 아주 모르는 것은 아니다. 그들도 알게 모르게 안다. 그래서 그들도 사건의 주체를 희생양으로 삼는다. 그를 자신들의 집단에서 끄집어낸 후에 '죄인'으로 묻어버린다.

이것이 집단정서의 핵심적 양태이다. 다르게 말하면, 집단정서는 자신의 동류 중 하나를 분리하고 거세하는 과정을 통해 안정을 찾는다. 김일병은 물론 집단이 직접 조작한 희생자는 아니지만, 여러 다양한 형태의 간접적 희생자 중 한 명이라고 할 수 있다. 어쨌든 직접적이든 간접적이든 특정한 희생자를 만들고 그의 희생을 사회적으로 관리하는 방식은 전통적으로 집단이 자신의 정서를 관리하는 최소한의 방식이었다.

문제는 이 방식이 지금 제대로 작동하느냐 하는 데 있다. 집단의 구성원들은 그 방식에 만족하는가? 그렇지 않다. 이른바 김일병 총기사건 같은 사건을 군 당국이 처리하는 방식은 이제까지 기존 매체

들에 의해 일방적으로 결정되었다. 사람들은 그 소식을 일방적이고
도 수동적인 방식으로 받아들였고, 공론장의 차원에서 그에 대해 이
의를 제기할 계기는 제한되어 있었거나 거의 없었다. 그런데 인터넷
의 확장과 함께 양상이 급속하게 변화했다. 네티즌들의 참여가 직접
적이고도 순간적으로 일어나면서, 소식이 퍼지는 속도와 폭이 과거
와 비교할 수 없이 달라졌다. 군 당국이 겨우 하사를 구속했다는 보
도가 나오자, 비난의 물결이 요동쳤다. 더 책임 있는 '별들'은 감봉
정도로 놓아주고, 왜 기껏 약자를 희생양으로 삼느냐는 이의가 밀려
들었다. 폭력사건을 처리하는 구태의연한 방식에 네티즌 집단이 강
력하게 반발한 셈이다.

　더 나아가 군 당국이 김일병의 행위에 대한 원인을 설명한다면서
게임과 만화 때문에 어쩌고저쩌고 하자, 이제까지 관행적으로 통했
던 그 방식에 불만과 비난을 표시하는 목소리가 거셌다. 인터넷에 올
라온 많은 글들, 심지어 몇몇 기명 댓글과 칼럼은 "이 사회에 살면서
나도 때때로 누구를 죽이고 싶은 분노를 느꼈다"라고 공공연히 고백
하면서, 행위의 말단 주체만을 처벌하고 희생시키는 방식을 비난했
다. 놀랄 만한 고백이다. 현재 사회적 불안 상태에서 어쩌면 우리 모
두는 누구를 죽일 정도의 분노를 느끼며 살고 있는 듯하다.

　이 살해욕망의 대상은 정말 사회적 위기에 책임이 있는 특정인일
수도 있다. 특히 지도자 행세를 하면서도 전혀 그렇게 행동하지 못하
는 인물들. 그러나 앞에서 인용한 말에서 드러나듯이 살해욕망은 이
제 특정인만을 향하지 않는다. 특정인을 처단하는 것으로 사회에 대
한 복잡한 정서가 안정되거나 해결되지 않기 때문이다. 여기서 살해
욕망은 불특정 다수 혹은 집단으로 향한다. 사건의 말단 주체에게 책

임을 뒤집어씌우려는 폭력적 집단정서도 폭넓게 존재하지만, 다른 한편으로 그 경향에 맞서는 정서도 강고하다. 후자의 정서는, 말단에서 행위를 저지른 가장 약한 고리에 책임을 지우고 희생양을 만드는 사회가 제대로 된 사회냐는 항변을 함축한다. 그러면서 그 항변 속에서, 놀랍게도, 자신도 불특정 다수에게 폭력을 행사하고 싶은 욕망에 때때로 사로잡히고 있음을 고백하고 인정한다. 놀라운 것은, 임의의 대상에게 폭력을 행사하고 싶은 이 욕망도 가만히 보면 희생자 만들기의 일종이 아닌가?

이 지점에서 현재 집단정서 혹은 집단의지의 명암이 날카롭게 교차한다. 말단의 행위자를 직접 죄인으로 희생시켜 집단의 정서를 안정시키려는 근대적인 시도는 실패하는데, 바로 그 자리에서, 더구나 바로 그런 시도에 저항하거나 반발하는 형태로, 곁에 있는 누군가, 더 나아가 불특정 다수에게 폭력을 행사하려는 집단적인 정서가 스스로의 존재를 고백한다. 특히 인터넷 공간에서 스스로를 표현하는 집단정서 혹은 집단의지는 근대적인 죄인의 처벌 방식을 거부함으로써, 근대적 희생양 만들기도 거부한다. 행위의 말단 주체를 죄인으로 지명하고 그를 처벌하는 근대적 방식도 넓게 보면 희생양 만들기의 일환이기 때문이다. 그런데 근대적 희생양 만들기를 거부하는 이 태도는 자신도 모르게, 행위를 저지른 개인을 처벌하는 게 아니라 어느 누구든지 희생물로 삼을 수 있다는 점에서, 원시적인 희생양 만들기에 그 맥이 닿는 게 아닌가. 이로써 집단정서는 새로운 국면에 돌입한다.

사이버 희생양과 사이비 희생양 사이로

원시사회에서는 희생자를 공동체 방식으로 내세웠다. 희생자를 세우는 방식이 공적인 의례의 성격을 띠었다고 강조한 사람은 프랑스의 르네 지라르(René Girard)였다. 의례의 공적인 성격은 그 의식(儀式)이 단순히 현대인들이 생각하듯 '어이없고 어처구니없는' 상상과 상징에 근거한 행사가 아니라, 나름대로 공동체를 안정시키고 보호하는 순기능을 가진 사회적 행사라는 데 있다. 지라르가 강조한 것은 그 의식이 무엇보다도 종교적 성격을 띤다는 점이었고, 종교성 자체가 사회적 기능을 가졌다는 것이다. 원시사회의 종교적인 것의 특성이 현대인이 생각하듯이 사회적 기능을 초월한 상징성에 근거하지 않고 기본적으로 사회적 기능에 근거한다는 그의 통찰은 중요하다.

이 글의 맥락에서 더 중요한 것이 있다. 당시 상황에서 희생양으로 세워진 사람은 실제로 어떤 짓을 했을 수도 있고 안 했을 수도 있다. 사건의 주체일 수도 있고 아닐 수도 있다. 그것이 중요하진 않다. 정확하게 말하면, 근대적 사법체계가 등장한 후에 가장 중요한 쟁점이 된, 누가 범죄자인가 하는 질문은 옛날에는 핵심적 문제로 취급되기는커녕 그리 중요하게 여겨지지 않았다. 공동체를 구성하는 집단은 어떤 점에서는 그런 책임 있는 범죄자를 찾아내는 일을 오히려 일부러 피했다. 이것이 근대 사법체계에 의존하는 우리의 인식 방식이 오해하는 점이다. 원시인들은 책임 있는 범인을 찾기보다는 임의로 대체할 수 있는, 그리고 무엇보다도 구성원들의 복수를 증폭하지 않으면서 그것을 종식할 수 있는 희생양을 찾았다. 인간 희생자를 대체할 수 있는 희생양, 그러나 인간으로부터 너무 멀리 떨어져서는 효과가 없는 희생양으로는 짐승이 안성맞춤이었다. 그것을 희생시킴으로써 그들은 집단 내부의 평화를 유지할 수 있다고 믿었던 셈이다.

여기서 집단의 정서는 철저하게 집단 내부의, 내부를 위한 정서다. 한 집단은 자신들의 마음의 평화뿐 아니라 사회질서를 보호하기 위해 그 집단의 경계 바깥에 있는 짐승을 희생시키는 방식을 선택했다. 아니면 최소한 그 경계에 있는 여러 주변 인물들을 희생자로 택했다. 집단 내부 사람들은 이 방식에 동의했다. 원시인들은 사건을 일으킨 자를 찾아서 벌을 주면 그에 대한 복수가 끊이지 않을 것이라고 생각했기에, 폭력을 대체하는 의례로 희생양 의식을 세웠고 그를 통해 집단의 정서를 안정시켰다고 할 수 있다.

그러나 점차 집단 내부의 평화를 존중하는 이 방식은 흔들린다. 그 이유는 여럿일 것이다. 일단 그에 대한 논의를 생략하고, 변화의 내용에 초점을 맞춰보면, 사람들은 이제 집단 바깥이나 경계에서가 아니라 집단 내부에서 희생자를 찾게 된다. 그리고 그 방법의 핵심적인 축은 점차 행위의 말단 주체를 범인으로 지목하고 그에게 모든 법적 책임을 묻는 데 놓인다. 과학적 인식론이나 경험론의 발달, 개인의 '발견', 그리고 근대적 사법체계의 구축이 무엇보다 이 변화에 크게 기여했을 것이다. 어쨌든 이 전환을 통해 집단정서가 표현되는 방식은 획기적으로 바뀐다. 과거에 한 집단이 질투와 복수에 의한 폭력적 위험으로부터 집단을 보호하기 위해 공적인 의례를 통해 희생양을 세웠다면, 근대사회에서 한 집단은 행위의 말단 주체를 사법적으로 처벌함으로써 집단의 정서를 안정시키고자 했다.

여기서 현대적 집단정서의 일반적인 유형, 곧 어떤 사건이 터지면 그 사건의 지엽적 주체를 범죄자로 처벌하고는 안정을 찾는 방식이 생겼다고 할 수 있다. 미시적 주체를 최종 책임과 처벌의 대상으로 삼기, 그리고 그를 통해 사회정의가 실현되었다고 믿기, 그리고 그 사법적 정의의 실현을 위해 범죄자가 발생한 배경과 환경을 설명할 구조적 문제를 약간 덧붙이기. 어느 때까지는 이런 방식도 통했다. 그런데 김일병 총기사건의 네티즌들 반응에서 보듯 집단 내부에서는 그런 집단적 처리 방식에 반기를 드는 경향이 갑자기 커진다. 앞에서도 언급했듯이, 똑같은 살해욕망을 스스로 드러냄으로써 말단의 행위주체에게 모든 책임을 떠넘기는 집단적 방식을 거부하는 경향이, 언뜻 보면 극단적으로 보이지만, 집단 차원에서 공공연해진다.

앞에서 우리는 집단 차원에서 희생자를 세우거나 만듦으로써 집단의 이성과 정서를 관리했던 방식이 파열되고 악순환에 빠지는 지점을 잠깐 살펴보았다. 이제 그 맥락을 좀 더 자세하게, 특히 공공성의 차원에서 살펴보자.

김일병 사건보다 어떤 점에서 더 폭발적인 양상을 보여주었던 사건이 소위 '개똥녀' 사건이었다. 이 사건은 그야말로 순식간에 집단의 정서를 움직였고 그 여자의 사진이 사방팔방으로 퍼날려졌다. 당사자의 신원이 네티즌에 의해 확인되고 급기야 일상생활을 하지 못할 정도로 그는 비난을 받는다. 2005년 재외동포법 사례도 비슷하다. 국적 포기자에 대해 재외동포 자격을 박탈하는 법이 국회에서 부결되자 네티즌들이 들끓었다. 부결에 직접 책임이 있는 여당 의원들은 해명하느라 급급했고, 네티즌 정치의 위력을 실감하면서 불만을 표시하거나 벌벌 떨었다. 이들 사건에서 볼 수 있듯이 집단정서는 이전보다 급속도로, 전방위적으로, 그리고 이전과 상대가 되지 않을 정도로 직접 참여하는 방식을 통해 작동한다. 이 집단정서의 표적은 다름 아닌 희생자 혹은 희생양이며, 희생자를 만드는 방식은 많은 경우 어마어마하게 폭력적인 성격을 띤다.

그런데 바로 이 와중에 말단의 행위주체를 처벌하는 집단적 푸닥거리에 반발하는 적의가 거세진다. 앞에서 말했듯이, 살해자를 처벌하는 데야 이의가 없는 듯이 보이지만, 처벌 방식과 그것을 설명하는 방식에 반대하는 흐름이 거세진다. 똑같은 살해욕망을 인정하고 고백함으로써. 집단이 존재하는 가장 기본적이고 전통적인 방식, 곧 희생양을 내세움으로써 집단의 질서와 정서를 유지하는 방식(그 희생양은 원시사회에서처럼 임의의 대체물일 수도 있고 근대사회에서처럼 행위의 주체일 수도 있다)은 집단 내부에서 공공연히 거부된다. 더구나 바로 그 집단적 희생의식이 가장 빠르고 대규모로, 그리고 더구나 공적인 공간에서 일어나는 그 순간에 그 거부가 일어나고 있다. 그런데 그 거부도, 폭력적 사회에서 사는 어느 누구도 살해욕망이나 파괴욕망에서 자유롭지는 못하다는 점을 드러내면서, 희생양 만들기의 시스템에서 완전히 자유롭지 않음을 보여준다.

집단정서가 표현되고 움직이는 공간과 매체의 관점에서 보면, 그동안 희생양 만들기는 인터넷의 속성 덕택에 무차별적으로 일어난 듯하지만, 동시에 바로 동일한 인터넷에는 그 흐름을 거스르는 속성이 있다. 이 상반되는 듯한 경향은 누구나 직접 공적 공간에서 말하고 감정을 표현할 뿐 아니라 모두가 그 공간에서 모두를 감시하는 역할을 하기에 생기는 듯하다. 다르게 말하면, 이제까지 희생양 만들기는 이미 기정사실로 인정된 집단정서에 상응하는 어떤 작용이었다. 희생양을 의례를 통해 내세웠던 원시사회에서나 말단 행위주체를 사법적으로 처벌하는 근대사회에서 집단정서는 언제나 동일한 모습과 동일한 목적을 갖고 거기 있었던 것처럼 보인다. 그런데 이제 인터넷 공간, 곧 잠재적으로는 모두가 공적으로 직접 참여할 수 있는 공간에서 그 집단정서는 분열된다. 다수는 여전히 과거처럼 약한 희생자나 말단의 희생자를 만들어 화풀이를 하는 데 만족하는 반면에, 또 다른 다수는 그것에 완강하게 반대한다. 자신들도 똑같은 살해욕망이나 파괴욕망을 상상한 적이 있다는 점을 인정하면서.

모두가 직접 공공적 주제나 사건에 대해 말할 수 있는 온라인 공간은 이제까지 살짝 숨겨졌거나 가려졌던 점들을 하나하나 무섭게 드러낸다. 우선, 원래 공적인 공간에서의 집단정서와 집단의지의 표현은 순수하게 공적인 대화나 협의로 나타나지 않는다는 것, 따라서 희생자 만들기를 통해 집단정서가 안정되지 않는다는 것이 밝혀진다. 고대 아테네 광장의 소규모 직접민주주의가 제비뽑기라는 돌발성에 의존한 데서 드러나듯이, 오늘날 대규모 직접민주주의는 유감스럽게도 선정적인 주제로 쏠리기 쉽고 단선적인 감정 폭발에 치우치기 쉽다. 급속도로 그리고 선정적으로 사건이 이야기될 때, 해명이나 차분한 분석이 개입하기 힘든 것은 당연하다.

그러나 인터넷은 그 공적 기능이 과거처럼 집단의 이름으로 쉽게 합리성이나 정당성을 획득하지 못한다는 것을 생경하게 드러내면서, 동시에 특유의 대규모 개방성을 통하여 과거에는 불가능했던 공적 참여를 확보하기도 한다. 과거의 이성적 대화나 논의가 매우 제한된 공적 장소(예를 들자면 아고라 혹은 광장)를 빌미로 보편성을 담보하고자 했다면, 이제 집단정서는 그 공적인 장소를 거의 무한하게 확대한 인터넷 공간 속에서 무제한적으로 자신을 드러내면서 이것이 최대한의 '직접적 참여성'을 가진 게 아니냐고 당당하게 말한다. 그러나 이 참여성, 곧 최대 규모의 객관성과 최고 속도의 민첩성과 최대한의 적나라함은 다름 아닌 바로 그 속성으로 인하여, 자신도 모르게 집단을 분열시키면서 새로운 폭력성에 가 닿는 경우도 많다. 모두, 한 사람도 빼놓지 않고 제 욕망을 숨기지 않고 욕망하면서, 동시에 모두가 타자의 지나친 욕망을 비판하는 마당에서, 집단정서는 과거처럼 집단이나 공동체의 안정이라는 목표에 착실하게 기여하거나 거기에 안착하지 않기 때문이다. 왕왕 그 목표를 지나간다. 모두가, 한 사람도 빠지지 않고 발언하고 욕망할 수 있는 구조는 공적 담화와 집단정서의 최대치지만, 그 구조 자체는 논리적 모순을 내포하는 정도에서 그치지 않고 바로 공적 담화와 집단정서가 분열적이며 폭력적임을 드러낸다. 그것이 우발적으로 폭력적이라는 게 아니라, 문화와 직접민주주의의 번성이 새로운 폭력 없이는 이루어지기 어렵다는 점을 드러낸다.

폭발적인 파문을 일으킨, 고(故) 이은주에 대한 전인권의 사랑 이야기가 좋은 예가 될 것이다. 과거에는 그저 사석에서 구설수에 올랐을 이야기가 거의 여론재판의 대상이 되었다. 물론 전인권의 사랑 선언 방식에 대해 개인적으로는 비판적인 태도를 취할 수 있다. 그러나 사적인 이야기가 사이버 공간에서 거의 공적으로 간섭되고 비판되었다는 점에 주의를 기울일 필요가 있다. 전인권이 사랑을 선언하는 그 방식 때문에 여론의 질타를 받았지만, 바로 그 순간에, 사이버 공공성은 자칫하면 사이비 공공성으로 흐를 위험이 있었다. 그 점을 비판하는 목소리도 높았다.

사이버 공공성과 사이비 공공성의 결합, 이것은 온라인을 통해 신속하게 희생자와 희생양을 만들어내는 시스템이기도 하다. 전인권도 자신의 사랑 이야기 때문에 희생물이 된 측면이 있었다. 그런데 바로 그 순간, 위에서 관찰했던 바와 같이, 희생자 만들기가 급속도로 이루어지는 그 순간에, 다시 그에 저항하는 움직임, 그 희생자 만들기를 거부하는 움직임이 일어난다. 이 움직임은 말한다. 특정한 행위를 저지른 개인에게만 희생제의를 강요할 필요는 없다는 것, 우리 모두가 이 사회에서 살아가는 대가로 늘 그런 희생물을 요구한다는 것을.

이제까지의 사회가 의도적으로 혹은 제도적으로 만들어낸 희생양은, 원시사회에서의 임의적 희생물이든 근대사회에서의 행위의 말단 주체든, 사이버 공간의 무한한 직접참여에 의해 뒤엎어진다. 그리고 역설적이게도, 어느 때보다도 열린 방식으로 그리고 어느 때보다도 빠르게, 누구나 누구의 희생물이 될 수 있는 사이버 희생이 드러난다. 희생양 만들기가 기성사회보다 더 빠르고 모든 프라이버시를 무시하면서 이루어지는 바로 그 순간에, 우리 모두 다른 사람을 희생물로 요구하고 싶은 욕망이 있고 우리 모두 그 희생물이 될 수 있다는 사실이 드러나는 것이다. 이 역설적인 순간은 사이버 희생양의 순간이기도 하지만 동시에 사이비 희생양의 순간이기도 하다. 누구나 희생양을 원하고 누구나 희생양이 될 수 있다는 말에서 희생은 자칫하면 거짓이나 음모의 희생이 되기 쉽기 때문이다.

쓰레기만두, 원한과 폭력의 메커니즘

이 역설적인 순간에 사람들은 어느 한쪽으로 쏠리기 쉽다. 그런 엉터리 희생양 만들기가 정당성을 잃었다고 여겨지는 순간, 어떤 사람들은 사회정의의 이름으로 모든 희생양 만들기를 중지하라고 요구한다. 더 나아가면 희생양 만들기가 정의롭지 못하다는 평가 아래, 모든 폭력적 희생양 만들기를 중지하라는 요구도 나온다.

여기서 우리는 논의의 다른 핵심에 이른다. 우선 앞에서도 지적했듯이 이성적 대화나 논의를 휩쓰는 집단정서가 단순히 이성에 적대적이거나 그것으로부터 일탈한 탁류는 아니라는 사실을 인정하자. 그것은 오히려 기존의 이성적 대화나 공적인 논의를 모두 포섭한 공적인 공간에서 존재하는 움직임들이다. 다만 기존의 이성적 대화나 공적인 발언에서 드러나지 못했던 폭력적 측면들이 이 집단정서나 집단발화에서는 시퍼렇게 드러날 뿐이다. 그리고 한 집단이 희생자를 내세우거나 만드는 방식도 원래 그저 터무니없는 것은 아니었다. 희생자 만들기는 언제나 집단정서의 핵심적 축이었다. 그런데 그것이 가공할 속도와 강렬함으로 일어나는 현재의 사이버 세상에서, 그것의 폭력적 존재방식에 반기를 드는 발화들이 폭발적으로 등장한다. 이 발화들이 모든 폭력적 희생양 만들기를 중지하라고 말할 때, 그것들은 공공연히 한 집단이 자신을 유지하기 위해 행하는 모든 폭력적 방식을 중지하라고 요구하는 셈이다.

과연 집단들은 폭력 없이, 폭력적 희생자 만들기 없이 존재할 수 있을까? 부당하고 봉건적인 폭력을 극복하고 허물어야 한다고, 그러기 위해 싸워야 한다고 믿으면서도 나는, 모든 폭력과 폭력적 희생자 만들기가 없는 상태가 쉽게 가능하지도 않을 뿐 아니라 또 꼭 옳은 상태라고 믿지 않는다. 그런 요구는 또 다른 폭력적 요구, 곧 근본주의적 주장이기 십상이다. 앞에서도 지적했듯이, 집단적 희생양 만들기를 거부할 때 사람들은 "나도 누군가를 죽이고 싶을 정도로 이 사회는 문제다"라고 말하는데, 그 말은 솔직하다. 그 솔직함 덕택에 바로 엉터리로 희생자를 만드는 집단의식을 거부할 수 있는 힘을 가진 다고도 할 수 있다. 그러나 그 거부는 그 힘으로 정말 모든 폭력을 몰아내려는 것일까? 몰아낼 수 있는 것일까? 근대적 희생자 만들기를 거부하는 그 몸짓은 다시 '원시적인' 희생자 만들기의 욕망에 가 닿지 않았던가? 집단정서의 폭력에 대한 이의는 이 질문에 부딪힌다.

이 이의들은 철학적 성격을 띤다. 과연 인간사회 안의 공격성과 폭력성을 어느 정도로 인정해야 하는 것일까? 그것들이 전혀 없다는 시늉을 하면서, 그리고 마치 그것들이 완전히 없어져야 한다는 시늉을 하면서 이상적인 당위성을 주장해야 할까? 아니면 폭력성의 현존을 어느 정도 인정하면서, 이성과 정서가 어느 정도 폭력적인 모습으로 작동하는 풍경을 서술해야 할까? 물론 이 선택에 대한 철학적인 결정은 시대마다, 집단마다, 개인마다 다를 수 있다. 지라르 이전에 니체는 이 물음과 부딪치고 또 부딪쳤다. 그의 대답들은 일률적이지 않고 또 오늘의 우리 사회에 그대로 적용될 수도 없지만, 중요한 지점에서 화살표 역할을 할 듯하다. 그에 대한 상세한 논의는 다른 자리로 미루고, 이 글의 주제를 정리하기 위하여 몇 가지 논점에만 집중해보자. 우선 첫째 질문. 집단정서의 차원에서 일어나는 정의롭지 못한 희생양 만들기는 그만두어야 마땅할 듯한데, 실제로는 어떨까?

이 논의를 위해 2004년에 일어났던 또 다른 극단적 집단정서의 표출을 예로 들어보자. 일명 '쓰레기만두 파동'. 금방 잊혔지만, 사실 그런 쉬운 망각이 또 씁쓸하다. 드러난 일부 현상을 가지고 호들갑을 떨고는, 문제를 유발한 원인에 대해서는 지속적으로 관심을 기울이지 않는 언론보도도 쓰레기이기는 마찬가지인 셈이었다. 그렇다면 쓰레기언론이 쓰레기만두를 만들어낸 것일까? 그러나 그렇게 문제를 비꼬는 냉소주의도 일종의 쓰레기인지 모른다. 자, 쓰레기의 악순환에 빠지지 말고 문제를 다시 살펴보자.

그 사건 직후 벌써 그 사건에 대한 비판적 성찰이 있었다. 그 성찰의 핵심은, 사실 쓰레기만두만이 나쁜 것이 아니라, 그 만두를 '쓰레기' 만두라고 부르며 마치 그것만이 나쁜 음식인 것처럼 말하는 여론 혹은 언론의 태도가 더 문제라는 데 있었다. 이진경이 말했다. "쓰레기만두는 쓰레기로 만든 것이 아니라 단무지 자투리를 이용해서 만든 것이었으며, 처리가 위생적이라고 하긴 어려웠지만 흔한 대장균이 발견되었다는 것 말고는 인체에 유해하다는 증거가 없어서 구속영장조차 기각당했다는 것이다. 자투리 무에 썩은 부분이 있었지만, 그것은 도려내고 살균하여 처리하기에 인체에 유해하다는 증거가 없다는 게 판사의 말이었다." 맞는 말이다. 처음에 사람들은 모두 그 만두에 경악했지만, 따지고 보면 그 만두만 나쁜 것은 아니라는 것쯤은 알 수 있기 때문이다. 우리가 일상적으로 먹는 음식물이 거의 위험에 내맡겨져 있다는 것을 사람들도 알 만큼은 안다. 위의 발언자는 닭고기가 항생제와 성장촉진제 덩어리일 뿐 아니라, 소와 돼지 역시 그렇다고 여긴다. 그뿐 아니라 이들이 사육되면서 엄청 고통과 스트레스를 당하니, 그 고기를 먹는 우리의 건강도 망가진다고 말한다. 그러면서 거의 오기로 말한다. '비록 '쓰레기만두'라는 처참한 오명을 뒤집어썼다고 해도, 나는 잘 요리된 고기보다는 차라리 만두를 먹을 것이다. 자투리를 '재활용'했다는 것 정도는 고통 속에서 성장한 약품 덩어리 고기에 비하면 정말 가벼운 웃음거리 아닐까?'(『씨네21』, 2004년 7월 2일자) 이해할 만하다.

그러나 여기서 문제가 생긴다. 사람들은 그럼 왜 쓰레기만두 소동을 벌였을까? 내가 보기에 쓰레기만두는 일종의 희생양으로 내몰린 듯하다. 사방팔방에 위험한 음식물이 널린 상황에서 사람들은 불안감을 해소할 희생양을 거의 해마다 필요로 한다. 그러고는 가혹한 비난과 저주를 퍼붓는 것이다. 그 와중에 한 만두공장 사장이 한강에 투신했으니, 이 희생양 만들기는 악의적 효과를 충분히 본 셈이었고, 그 후 소동은 잠잠해졌다. 사실 이 희생양 만들기는 어처구니없는 일임이 틀림없다. 사람들은 불안과 공포를 치유할 정확한 원인을 찾지 못한 상태에서 애꿎은 대상에 저주를 쏟아 붓는다. 그러나 과학적 합리주의나 계몽주의의 관점에서 보자면, 그런 악습은 뿌리뽑아야 할 짓이다. 그러나 과연 그런 근절이 가능할 것인가? 이것이 문제다.

오늘날 보통사람이 먹는 음식은 무수한 위험요소들에 의해 알게 모르게 오염되어 있다. 문제는 그 오염이 초래하는 위험에 대해 과학조차 명확한 대답을 내려주지 못한다는 것이다. 예를 들어 대다수 사람들이 유전자변형식품이 안 좋을 것이라고 예상하지만, 정확히 그 해악에 대해서는 국가기관조차도 알려주지 않거나 못하는 판이다. 물론 그 기관이 일부러 속인다는 말은 아니다. 과학자들조차 상이한 이야기를 할 테니, '과학적인' 답이 나오지 않는다는 것이다. 아마 정확한 설명은 최소한 십 년 혹은 한 세대 정도의 관찰을 전제로 할 것이다. 과학도 더 이상 과학적 해답을 주지 못하는 판이니, 사람들은 일상적으로 '불안을 먹고 살고, 불안은 다시 영혼을 깎아먹는다.' 그러면서 일반적으로 부유할수록 유기농산물을 사용할 터이니, 특히 보통사람들은 다시 불안에 찌든다.

보통사람들의 이 불안과 공포는 앞으로도 퇴치되지 않을 것이다. 이런 일들이 '구조적으로' 발생하기 때문이다. 그들은 위험을 해결해주지 못하는 과학이나 의학에도 불신을 가질 것이고, 부유한 사람에게 유리한 '생태주의'에도 불신을 가질 것이다. 그런 이들이 희생양이라도 만들지 않겠는가? 희생양 만들기가 무조건 나쁘다고 비난하기 힘든 이유가 여기에 있다. 그들 스스로 불안에 잠식당하고 있기 때문이다. 문명에 내재한 이 불안과 공포를 치유하지 못하는 한, 희생양을 만드는 불행한 폭력도 사라지지 않을 것이다. 음식만 보아도 이런 불안과 불만이 존재하는데, 모든 사회적 환경과 갈등을 고려할 경우 폭력적 출구를 향해 쏜살같이 달려 나가고 튀어 나가려고 기다리는 불안과 불만의 양은 엄청날 듯하다.

여기서 중요한 점은 이런 것이다. 우리가 정말 집단 '정서'를 논의하고 평가하려면 추상적인 개념에만 의지하는 습관을 버려야 한다. '사회정의'를 위해서 엉뚱한 희생양을 만드는 짓을 그만두어야 한다는 것은 이념 차원에서는 옳을 수 있다. 그러나 한 집단이 자신을 보호하기 위하여 희생양을 만들거나 폭력을 사용하는 문제는 순전히 추상적 혹은 도덕적 정의의 문제는 아닐 것이다. 외부의 적과 싸워야 할 때, 한 집단은 전쟁을 한다. 그뿐 아니라 법으로 해결되지 않는 불의와 싸우기 위해서 어떤 사람들은 폭력을 불사한다. 어떤 사람들은 사랑하는 사람의 희생에 복수하기 위해 잔인함을 무릅쓴다. 이런 싸움과 폭력 역시 나름대로 그들의 '정의'를 지키기 위해 일어난다. 앞에서 이야기한 집단정서의 양태도 대개 이 방식들을 따른다. 응징하고 징벌하기 위하여, 복수하기 위하여, 개인과 집단은 집단정서에 호소한다. 한 예를 보자. 딸이 자살하자, 어머니가 딸의 남자친구를 비난하는 글을 인터넷에 올렸다. 곧 그의 실명과 사진, 전화번호와 직장 주소가 댓글과 카페, 블로그에 떠돌았다. 그는 직장을 그만두었고 사람들을 피하는 증세에 시달리게 되었다. 극단적인 예처럼 보이지만, 다른 한편으로 언제든지 일어날 수 있는 일이다.

물론 이런 방식의 희생양 만들기는 문제가 많다. 그러나 억울한 마음에서 복수하려는 개인들의 욕망이 잘못됐다는 말은 충분하지도 않고 그것으로 일이 끝나지도 않는다. 현재 최대의 공적 공간 형태를 띠고 있는 인터넷은 개인의 사연들을 공적으로 끌어올리는 순기능을 하는 반면에, 그 순기능의 이면에 수많은 부작용도 유발하는 셈이다. 다르게 말하면 우리는 이전에 공적인 차원에서 충분히 다뤄지지 못했던 질투와 복수심, 무력감과 원한 등의 정서를 충분히 고려해야 한다. 그것들이 부정적으로 횡행할 때의 피해야 말할 것도 없지만, 그렇다고 그것들의 존재를 그저 무시하거나 '정의'나 도덕의 이름으로 억누르기도 힘들다.

현재 우리 사회에는 만인의, 만인에 대한 원한이 존재하는 듯하다. 우리 사회에는 유럽 수준의 사회적 평등이 턱없이 부족하며 더욱이 사회적 양극화가 점점 극단적인 형태를 띠는 것도 사실이지만, 꼭 그 이유 때문에 그런 것만은 아니다. 어떤 점에서는 사회적 차별이 고쳐지고 과거보다 훨씬 큰 평등이 성취될수록 사회적 갈등과 원한이 자라나는 듯하다. 차이나는 사람들보다 동류를 더 모방하게 되고 따라서 더 질투하고 원한이 커지는 일이 드물기는커녕 아주 비일비재하다. 역설적인 일이지만, 평등의 확장과 함께 원한도 증대하는 면이 있는 것이다. 증대할 뿐 아니라 수많은 갈래로 갈라지면서 분화한다. 더구나 차이에 대한 사회적 관점이 바뀐 상태에서 차이의 생산이 긍정적으로 요구될수록, 원한도 알게 모르게 가지를 친다.

이 원한들은 누가 어떻게 만들어낼까? 물론 좋은 의미의 '영리한

군중'이나 활동적 다중은 그것을 긍정적으로 생산할 기회를 어느 때보다 강하게 포착한다. 인터넷을 통한 직접민주주의가 긍정적으로 현현할 수 있는 가능성도 거기에 있다. 그러나 다른 한편으로 권력과 폭력이 어떻게 작동하고 어떻게 분배되어야 하는지 사회적으로 합의되지 않는 한, 그리고 동류끼리의 모방적 경쟁 속에서 차이가 차별을 낳는 한, 사회적 갈등은 여전하거나 더 심해질 전망이다. 이 경우, 사회적 갈등은 어쩔 수 없이 공격성과 폭력성을 띨 듯하다.

집단적 희생양 만들기는 집단이 구성원의 반발을 무마하고 위무하는 대표적인 방식이다. 근대 계몽주의의 관점에서 보면 이는 정의롭지 않지만, 따지고 보면 행위의 말단 주체만을 죄인으로 삼아 감옥에 처넣는 일도 전혀 정의롭지 않다. 만일 그 과정을 통해 사회적 불안과 불만이 해소된다면 그것은 나름대로 사회적 기능을 갖는다고 보아야 하겠지만, 우리 현대인은 동시에 그 기능에 대해 비판적이거나 냉소적이니, 그것도 잘 작동하기 어렵다.

과거에는 집단이 원한을 표출할 때, 그 대상이나 표적은 특정한 개인이나 소수였다. 곧 강자로서의 개인이나 소수. 그러나 언젠가부터 오늘날 우리가 목도하는 현상은 그것과 전혀 다르다. 집단은 무리 중의 누구에게나 폭력을 휘두를 수 있다. 다르게 말하면 집단의 공격적 정서나 원한은 누구에게나 달려 나가고 튀어나갈 수 있다. 무한하게 확대되고 있는 인터넷 광장이 이것을 매체의 차원에서 가능하게 한다. 그런가 하면 이런 현상이 단순히 매체 탓에 일어나는 것도 아니다. 또 인터넷이 조장하는 익명성 때문에 유발되는 것도 아니다. 무엇보다 중요한 요인은 모든 사람이 누구나 자신의 능력과 욕망을 실현하려고 한다는 데 있는 듯하다. 그럴 때, 집단의 위력적 혹은 폭력적 '돌발'은 거의 자동적으로 일어나는 일인 듯하다.

만인의, 만인에 의한, 만인을 위한 희생양

결국 집단이 무력감과 원한 등을 해소하기 위하여 혹은 집단의 정서를 안정시키기 위하여 저지르는 희생양 만들기는 계속 어쩔 수 없이 일어난다는 이야긴가? 몇 가지 예를 들어봄으로써 그 물음에 대답해보자. 앞에서 집단적 희생양 만들기에 반대하면서 자신의 살해 욕망을 고백하는 사람들에 대해 말했다. 사실 나도 왕왕 끝없는 분노와 적의를 느낀다. 많은 경우 희생양 만들기가 잘못된 방식으로 이루어지고 있다고 느끼기 때문이기도 하고, 어처구니없는 원한 표현에 대해 나름대로 또 공격적 원한을 느끼기 때문인지도 모른다.

다음으로, 현재 근대적 사법 제도가 제대로 작동하지 못한다. 제대로 작동하지 못하니 사법제도도 엉뚱하거나 애꿎은 희생양만 만든다. 그리고 천 몇 백억을 숨긴 채 29만 원밖에 없다는 악질 코미디를 벌이는 전직 대통령 전두환은 무리를 끌고 다니며 뻔뻔하게 골프를 치고 다닌다. 이런 상황에서 사람들은 말단의 어리석은 행위자만 처벌하는 사법적 희생양 만들기 방식에 만족하지도 못하고 동의하지도 못한다. 정당한 출구를 찾지 못한 상태에서 그들은 위악을 저지르듯이 적개심과 공격성을 쏟아 부을 희생양을 찾을 것이다. 애꿎은 희생자가 있겠지만, '더 나쁜 놈'을 확실히 공적으로 처벌하는 사회적 제도가 없는 한, 그 적개심과 공격성을 개탄해보았자 별 소용없을 것이다. 다른 말로 하면 '노블레스 오블리주'가 제대로 작동하지 않는 한, 폭력적 집단정서는 계속될 뿐 아니라 점점 '공적인' 역할을 자처하고 나설 것이다.

이 상황에서 개인의 윤리도 중요하고 계몽적 성찰도 중요하다. 그러나 집단 내부에서 일어나는 질투와 원한 등을 사회적으로 조절할 제도와 정책이 제대로 마련되지 못하는 한, 폭력적 집단정서는 쉽사리 사라지지 않을 듯하다. 직접민주주의는 이 지점에서 매우 긍정적이기도 하지만, 거꾸로 원한 등의 직접적 참여를 조장할 가능성도 높다. 노무현 전 대통령에 대한 정치적 평판은 사람마다 다를 수 있다. 한때 인터넷에서 그에게 퍼부어졌던 원한이나 욕설을 보자. 이만큼 민주주의가 실현된 적이 없다는 반증 역할을 할 정도로, 참여민주주의는 모든 정서를, 모든 원한을, 모든 폭력을 공론에 참여시켰다. '참여원한주의' 라고나 할까.

그것의 부작용은 말할 나위도 없다. 만인의, 만인에 대한 감시 시스템 작동은 우리를 두렵게 만든다. 그러나 다른 한편으로 좋은 점도 있다는 점을 생각하면서 이 글을 마치자. 기존의 공적인 담론은 정치적 권력이나 폭력의 본모습은 말할 것도 없고, 공적 담론의 본모습도 제대로 보여주지 못했다. 기껏해야 그것의 이데올로기적 측면을 부각시켰다고나 할까. 이제 무한히 확장된 네트워크는 새로운 방식으로 무한한 투명성을 요구한다. 이런 요구가 엉뚱한 방식으로 프라이버시를 침해하기도 하지만, 그 요구는 사적 영역에 대한 새로운 기준 만들기를 요구할 정도로 저돌적이다. 이 와중에 집단의 네트워크는 새로운 방식으로 군중 혹은 집단의 힘을 발휘하고자 한다.

누구를 대상으로? 적대적 소수에게만? 아니다. 거기서 그치지 않는다. 집단은 스스로에게 스스로의 힘을 발휘하고자 한다. 더구나 그 방식도 복합적이다. 스스로를 매체로 삼는가 하면, 스스로를 표적으로 삼아 스스로를 감시하며, 심지어 스스로를 희생양으로 삼기까지 하면서, 돌진하고 돌발한다. 더 나아가 스스로를 희생양으로 삼는 그 방식에 거부하는 힘도 가진다. 그러나 그렇게 거부하면서도, 스스로의 희생양 만들기 욕망을 깨끗이 뿌리뽑기는커녕 오히려 그런 욕망이 있음을 고백해야 한다. 집단은 희생양 만들기라는 폭력으로 스스로를 찌르면서 스스로 찔린다. 그렇게 찔리고 피를 흘리면서, 스스로의 감정을 관리하는 집단적 위악이라니.

민주주의
우파 근본주의와 좌파 근본주의 사이로

실존을 긍정해? 혹은 체제를 긍정해?

어느 때보다도 비판해야 할 점이 많은데도 불구하고, 그래도 전반적으로는 긍정해야 할 듯한 체제를 당신은 아는가? 어느 때보다도 절망스러운 구석이 많아 보이지만, 그럼에도 불구하고 그 안에서 희망을 찾아야 할 체제를 당신은 아는가? 역사의 어느 단계보다 숭고함과 심오함이 없는 상태인 듯하지만, 그럼에도 불구하고 쉽게 변질 혹은 타락이라 욕하기 힘든 체제를 당신은 아는가? 어떤 때보다 사람들이 욕망에 사로잡혀 허우적거리는 듯하지만, 그럼에도 불구하고 그들이 그저 탐욕에 빠져 있다고 저주할 수 없는 시대, 이런 시대를 당신은 느껴보았는가?

그저 주관적인 생각이나 느낌의 문제일까? 그 어느 때보다도 현재 상황이 심각하다는 판단은 많건 적건 주관적인 요소를 내포하며, 그 점을 부정할 필요도 전혀 없다. 사람들은 자신의 주관적인 감정이나 판단이 주관적이라는 이유로 부끄러워하거나 수줍어하기는커녕 오히려 그것이 정말 중요하다고 여기니까. 현대사회는 개인과 시민들이 행복하게 느끼느냐고 거듭해서 묻고 또 묻는 이상한 사회 아닌가? 대답하는 개인들도 행복에 대한 자신의 느낌이 현재 사회체제에 대한 자신의 엄숙한 판단이라고 여기는 사회가 현재 사회 아닌가?

어쨌든 문제가 된 사회는 다름 아닌 바로 우리가 지금 여기서 살고 있는 사회다. 곧 민주주의와 자본주의를 결합시켜놓은 체제, 자본주의적 민주주의일 터이다. 이 체제를 비판적으로 바라보자면 끝이 없을 지경이다. 그럼에도 불구하고 나는 이 사회체제를 통째로 비난할 수 없다는, 작지만 꽤 단단한 감정 덩어리를 느낀다. 자본주의적 민주주의 체제가 아무리 문제가 많더라도, 그것을 타락이나 변질이라고 저주할 수 없다는 것을, 이 사회를 그렇게 비난하고 저주하고 싶지 않다는 것을 느낀다. 안 좋은 일이 터질 때마다 "한국사회의 구조가 문제지, 문제야"라는 말이 혀끝에서 들썩거리는데도, 나는 안간힘을 쓰면서 그래도 이 사회 체제의 현재 모습을 역사적으로 긍정하고 싶다. 특히 민주주의의 모습을 긍정하고 싶다. 아무리 그것이 자본주의와 결합하면서 더러운 문제들을 많이 만들어낸다고 하더라도, 나는 이 '더러운' 민주주의를 긍정하고 싶다. 왜?

물론 여기서 내가 이 사회의 현재 상태를 긍정하고 더 나아가 이 사회의 문제 많음조차 긍정하고 싶다고 말할 때, 그것은 단순히 민주주의를 긍정하느냐 안 하느냐의 선택에 국한된 것은 아니다. "실존을 긍정해? 혹은 체제를 긍정해?" 같은 물음은 우리를, 옛날 판도라의 상자에서 튀어 나왔던 온갖 선물에 직면했던 인간보다 몇 백 배, 몇

천 배나 복잡한 형국에 던져놓는다. 어느 때보다 많은 문제들과 씨름하는 사회가 현재 사회이기 때문이다. 그 많고 많은 문제 중에서 민주주의를 둘러싼 갈등 하나만도 사람들에게 깊은 우울증을 선사하는 듯하다.

이 문제는 예상 외로 심각하다. 민주주의적 가치는 일반적으로 인정되고 있는 것처럼 여겨지지만, 실제로는 그렇지 않다. 근대적 민주화 이후 몇 백 년 동안 불문율처럼 진행되었던 민주화 과정에 언젠가부터 심각한 불신과 균열이 생겨나기 시작했다. 특히 근대적 민주화 과정에서 민주주의가 자본주의와 왕성하게 결합했고 그 결과가 점점 날카롭게 드러나는 현재 상황은 매우 심각하다.

그렇다면 자본주의에 대해 서로 다른 관점을 가진 우파와 좌파는 현재 민주주의에 대해 서로 다르게 판단하고 있을까? 이상하게도 소위 우파와 좌파는 모두 타락 혹은 변질이라는 이름으로 민주주의를 비판하고 비난한다. 언뜻 보면 이상한 일이지만, 사실 이상한 일도 아니다. 많은 문제에서 우파 근본주의와 좌파 근본주의는 서로 만난다. 몰래 만나는 것도 아니고 공공연한 담론의 광장에서 태연하게 만난다. 이 점을 살펴보자.

내 안의 파시즘? 네 안의 정치신학

먼저 우파와 부딪쳐보자. 유신정권은 민주주의의 보편적 이념을 왜곡하고 비틀어 '한국적 민주주의'를 내걸었다. 그 왜곡된 체제는 정경유착을 기반으로 한 민주주의였다. 벌써 여기서 민주주의라는 것이 별나고 요상한 것이라는 점이 드러난다. 끔찍한 악용 가능성이 그 개념 자체에 내재하기 때문이다. 이 점은 두고두고 문제가 될 것이다. 한국의 보수적 우파는 어쨌든 그런 민주주의를 발판으로 삼아 성장했다. 물론 그 성장의 성격이 간단하지는 않을 것이다. 여기서도 보수적 관점과 진보적 관점이 대립한다. 전자들은 어쨌든 경제성장을 이룬 것은 박정희 정권의 공이라고 여기며 그것이 가장 중요한 점이라고 강조한다. 그들은 그 경제성장 덕택에 근대화도 이루어졌다고 여기며, 그 당시에는 그 길밖에 없었다고 여긴다. 중도우파는 거기서 좀 더 나아가, 경제성장을 중요하게 생각하면서도 정치적 잘못을 인정한다. 다만 이 둘을 서로 분리해서 생각하자는 쪽이다. 그런가 하면 진보 쪽에서는 박정희 정권을 정치적으로 철저하게 비판하는 데에서 그치지 않고, 그 경제성장 아래서 민중이 희생되었다는 이유로 그것의 가치도 부정하는 편이다. 일단 이 문제는 지나가자.

그런데 언젠가부터 시장경제를 절대적 가치로 옹호하는 우파가 민주주의를 비판하고 비난하기 시작했다. 그것은 대략 김대중 정권이 들어서기 시작한 1998년 전후의 일인 듯하다. 비록 아주 보수적인 자민련과 연합한 정부이긴 했지만, 그 정부가 1960년대 이후 처음으로 중도적·자유주의적 경향을 가졌기 때문일 것이다. 그 정부가 제대로 좌파적 혹은 사회민주주의적 정책을 시행한 것도 아니고 기껏해야 중도적 혹은 자유주의적 정책을 보여준 정도이지만, 그때까지 오로지 시장경제만을 외쳤던 경제주의 우파의 눈에는 그런 작은 싹조차 불안하게 보였을 터. 실제로 김대중 정부는 시장경제를 부인하기는커녕 오히려 당시 비상 상황에서 IMF가 강요하는 소위 글로벌 스탠더드를 충족시키느라고 경제적으로는 매우 자유주의적인 규칙을 적용했다. 다만 정치와 사회복지 차원에서 상대적으로 중도적 정책을 도입한 것이 고작이었는데도, 보수적 시장주의자들은 경제 영역에 민주주의 원칙이 도입되기 시작한 그 낌새조차 벌써 예민하게 알아차렸던 것이다. 거친 시장주의자들도 있지만, 여기서는 그래도 세련된 자유주의자인 공병호의 말을 들어보자. 그는 1991년에 출간된 『시장경제와 민주주의』에서 '갑자기' 경제민주주의에 대한 환상을 지적한다.

> 민주주의를 중심으로 이루어지는 정치와 경제의 만남은 경제민주주의, 혹은 경제민주화의 달성이라는 것으로 표현되곤 한다. 따라서 우리 사회에서도 경제민주주의(혹은 경제민주화)에 대한 요구가 부쩍 늘어나고 있다. 일부 시민단체나 노동조합이 내세우는 경제민주주의가 정확히 무엇을 의미하는지 알 수 없다. 그러나 경제민주주의에 동의하는 사람은 경제 분야에까지 민주주의 원리가 확산되어야 한다고 주장한다.(공병호, 『시장경제와 민주주의』, 자유기업센타, 1991, 161쪽)

여기서 확연히 드러나듯이, 그는 경제 분야에까지 민주주의 원리가 확산되는 것에 강한 거부감을 보인다. 아마도 이 거부감이 거기서 그치지 않고 정치 분야의 민주주의 자체에 대해서도 회의적 평가를 내리게 만들었을 것이다. 그 전에는 자유주의자들이 민주주의에 대해 크게 부정적 평가를 내리지 않았다. 어쨌든 공병호는 같은 책에서 마치 자신이 생각하는 시장 만능주의가 민주주의에 대해 유일한 척도를 제공하는 것처럼 다음과 같이 말한다. "민주주의의 정확한 의미와 그 한계를 모르는 사람들은 민주주의 만능론에 빠질 수 있다"라고. 그러나 사실 원래 민주주의와 자유주의는 협력적이면서도 서로 충돌하는 점이 많다고 보는 것이 정확할 것이다. 공병호가 예로 든 로버트 달(Robert A. Dahl)은 민주주의의 의미를 모르는 사람이 아니다. 오히려 민주주의에 대해 많은 저술을 한 학자이다. 다만 그는 기업경영에도 민주주의 원리가 적용되어야 한다고 주장하는 편이고, 보수적 자유주의자는 바로 이런 얘기가 싫은 것이다.

그런데 과연 당시 상황에서 한국경제에 민주주의가 얼마나 실현되어 있었을까? 공병호도 당시 유럽의 시장경제체제에서는 민주주의 원리가 상당한 수준으로 실현되어 있었다는 것을 알 것이다. 그리고 건전한 자유주의자라면 감히 유럽 수준까지는 바라지 않더라도 최소한 어느 정도의 민주주의를 경제에 도입하는 데에는 동의했어야 하지 않을까? 그러나 그는 그렇게도 하지 않는다. 그 대신 정치적 원칙으로서 민주주의 자체의 가치까지 폄하하고 훼손하는 발언을 한다.

> 오늘날 세계 각국의 민주주의가 처하고 있는 상황은 나라마다 다르다. 그러나 역사적 환경이나 상황에 따라서 대다수 국가의 형편이 차이가 날지 모르지만 공통적으로 당면하고 있는 과제는 민주주의가 변질되어 가고 있다는 사실이다. 변질의 방향도 '다수에게 합법적으로 특권을 주는 수단'으로 전락하고 있다.(공병호, 앞의 책, 165쪽)

자, '변질'이란 말에 주의하자! 어떻게 보면 해방 후 처음으로 정권을 잡은 중도 혹은 리버럴 정부(그것도 독자적으로 다수를 차지하지도 못한 채 정치적으로는 보수적이면서 경제적으로만 자유주의적이었던 자민련과 연합하여) 앞에서, 자유주의자들은 벌써 다수 때문에 민주주의가 변질되어 가고 있다고 엄살을 부리고 있으니, 이 얼마나 우스운가.

물론 민주주의가 자칫하면 '다수에게 합법적으로 특권을 주는 수단'으로 변질될 수 있다는 것은 벌써 아리스토텔레스도 지적했던 점이니만큼, 그것 자체가 특별하고 새로운 것은 아니다. 그러나 한국에서 보수적 자유주의자가 중도정부가 들어서자마자 갑자기 민주주의의 변질을 지적하는 것은 속 보이는 일이며 생뚱맞은 일이 아닐 수 없다. 그러면서 공병호는 "20세기에 들어서면서 국가의 규모가 월등하게 커졌고 이에 비례해서 민주주의의 타락도 눈부시게 이루어져 왔다"는 어처구니없이 위험한 발언을 하기까지 한다(여기서도 '타락'이란 말에 주의하자). 좋다. 백 보 양보해서 민주주의가 타락했다고 하자. 그렇다면 바로 그 민주주의의 한 중요한 기초였던 자유주의는 타락하지 않았단 말인가?

이런 지적을 하면 내가 반(反)자유주의자처럼 보일지 모르지만, 오히려 많은 점에서 나는 자유주의를 지지한다. 다만 절대적 시장자유주의자가 그 자유주의의 문제점을 조금도 인정하지 않은 채 민주주의의 변질만을 고발하는 제스처는 우스꽝스럽다는 것을 말하고 싶을 뿐이다. 그런 자유주의는 근본주의적 자유주의일 뿐이다.

어쨌든 지금 와서 돌아보면 불과 몇 년 전에, 그것도 21세기를 두해 앞두고, 어떤 점에서 해방 후 처음으로 중도 혹은 리버럴 정부가 들어섰다는 게 아연할 뿐이다. 한국사회에서는 그만큼 오래 정치적으로 불구이면서 경제적으로만 편향된 자유주의가 횡행했고, 따라서 그것을 믿었던 사람들은 갑자기 불안과 공포를 느끼기 시작한 듯하다. 그런데 하필 애꿎게 민주주의를 공격하다니, 이상한 일 아닌가? 잘나갈 때는 전혀 문제가 되지 않았을 뿐 아니라 오히려 든든한 협력관계에 있었던 민주주의를 공격하다니, 정말 이상한 일 아닌가? 그러나 이 일은 민주주의의 진행 과정에서 아주 특징적인 국면을 드러낸다. 더구나 자유주의자들만 민주주의를 자신들 구미에 맞게 이용하고는 차버리는 게 아니었다. 뒤에서 보겠지만 반대쪽 관점을 가진 사람들도 그런 유혹에 빠지곤 한다.

어쨌든 공병호는 민주주의에 대해 맹목적 신화를 가진 사람들이 많다고 하소연한다. 이러한 논리 자체는 과장되었거나 맹목적이다. 위의 책에서 그는 반복해서 "민주주의 만능론을 숭배하는 사람들이 많다"라고 하는데, 누가 혹은 얼마나 많은 사람들이 민주주의가 만능이라고 믿었을까? 그런 사람들이 꽤 있었다고 하더라도, 다수는 결코 아니었을 것이다. 온건한 다수는 아마도 민주주의가 자유주의와 잘 화합하기를 바랐을 것이다. 오히려 보수적 자유주의자들이 최소한의 민주주의조차 거부했기 때문에, 그가 말하는 '민주주의 만능론'이 더 과격해졌다고 봐야 할 것이다.

민주주의가 변질됐고 타락했다는 주장의 근거로 공병호는 다른 이유도 든다. 첫째, 다수의 이익집단이 활동하기 때문이라고 말한다.

> 아무튼 현대판 민주주의의 변질은 경제성장을 뒤따르는 정부의 성장과 정부가 좌지우지할 수 있는 자원의 양이 증가함에 따른 이익집단 활동의 증가, 그리고 이를 뒷받침하는 인간의 인지구조와 민주주의의 변모를 부추기는 다양한 지식인 계층의 등장 등으로 더욱 가속화된다.(공병호, 같은 책, 297쪽)

도대체 경제학자로서 이런 말을 하는 것이 이상할 뿐이다. 현대사회에서 서로 이해관계가 충돌하는 다수의 이익집단이 등장하는 것은 민주주의의 원칙에 따르거나 자본주의 원칙에 따르더라도 극히 정상적인 일 아닌가? 다수의 이익집단이 활동하기 때문에 민주주의가 '변질된다'라고 말한다는 것은 개념의 왜곡도 보통 왜곡이 아니다. 오히려 거꾸로 다수의 이익집단이 활동하지 않는 것이 민주주의나 자본주의의 변질에 가까울 것이다. 또 정치적으로도 자유주의자라면 마땅히 개인들의 자유가 그들의 서로 다른 이해관계와 밀접한 연관이 있다는 점을 인정해야 할 것이다. 그런데 대한민국의 대표적인 자유주의자로 자처하는 공병호는 다수의 이익집단이 활동하는 것조차 인정하지 않는다. 왜 그럴까? 그는 기본적으로 대기업의 시장자유만 옹호하고 싶은 것이다. 물론 그는 대기업이 나름대로 한국경제를 이끌고 있다고 생각했을 것이다. 그 점이 전적으로 틀린 것은 아닐 것이다. 현재 대기업의 역할과 구조조정에 대해서 논의가 분분한 데에서도 알 수 있듯이, 그 문제는 아직 결론은커녕 제대로 논의도 되지 않은 상태인 듯하다. 그러나 공병호는 대기업이 현실적으로 맡고 있는 역할과 몫에 대해 솔직하게 인정을 구하는 대신, 애꿎게 민주주의의 변질과 타락을 운위한다.

여기서 중요한 질문을 해보자. 그는 도대체 어떤 민주주의 상태가 타락하지 않고 변질되지 않았는지 알고 있는가? 사실 그는 어떤 것이 제대로 된 민주주의인지 전혀 규정하지 않는다. 다만 마치 그것의 변질과 타락은 쉽게 말할 수 있는 것처럼 말할 뿐이다. 이것이 참으로 이상한 일이다. 그뿐만 아니다. 민주주의를 비난하는 다른 많은 사람들이 똑같은 말을 한다. 민주주의가 변질됐고 타락했다고. 그러나 확실하게 하자. 민주주의가 이상적으로 존재했고 지속했던 적은, 조금 과장해서 말하면, 단 한 번도 없다. 사람들이 흔히 준거로 삼는 고대 그리스 사회도 여자와 노예들을 배제한 제한된 수준의 민주주의를 실행했을 뿐이다. 그리고 앞으로도 민주주의는 정도의 차이는 있겠지만 여전히 불완전한 모습으로 존재할 것이다. 그러니 변질했고 타락했다고 말하는 것은 근거 없는 험담과 비난일 뿐이다. 내가 드러내고 싶은 것이 바로 이 점이다. 사람들, 특히 근본주의적 시장주의자뿐 아니라, 이것이 조금 이상하기는 하지만, 근본주의적 민주주의자들은 끝없이 민주주의에 대해 험담을 하고 비난을 한다. 민주주의가 변질했고 타락했다고. 현재 민주주의의 여러 세부적인 부분에 대해 부정적 평가를 내릴 수는 있겠지만, 민주주의 자체의 변질과 타락을 쉽게 주장하는 것은 위험한 선동에 속한다.

그런데 이런 선동을 시장자유주의자만 하는 게 아니라 근본주의적 좌파도 한다. 이 점을 한번 보자.

대중독재론, 대중에 대한 지독한 오독

서로 대립적인 관점을 가진 사람들이 공통적으로 민주주의의 타락과 변질을 부각하는 것은 그들에게 여러 가지 차이가 있음에도 불구하고 공통점을 공유하기 때문일 것이다. 일단 공병호의 말을 들어보자.

민주사회에서 사람들의 평등에 대한 지나친 열망이 **다수의 폭정과 합쳐질 때** 파괴적인 결과를 낳을 수 있다. 이미 민주주의는 평등에 대한 사람들의 부단한 열정으로 인하여 숙명적으로 위험에 처할 가능성이 높다. 그것은 평등에 대한 집착이 자유를 능가하게 될 때 대두하는 **민주적 전제주의**를 말한다.(공병호, 같은 책, 193쪽. 강조는 본 필자)

앞에서도 언급했듯이, 민주주의가 '다수의 폭정'으로 흐를 수 있다는 우려는 고대 그리스 도시국가 때에도 있었다. 그러니 그런 우려가 원론적인 차원에서 피력될 때는 별 문제가 아닐 수도 있다. 또 평등에 대한 열망이 자유를 넘어설 때 위험할 수 있다는 것도 기본적으로 틀린 말은 아닐 것이다. 그러나 여러 이익집단의 활동조차 인정하지 않은 채 오로지 경제적 기득권자의 자유만을 옹호하면서 지나친 평등을 걱정하는 일이야말로, 경제자유를 빙자한 전제주의로 빠질 위험이 있다. 또 경제적 평등은 말할 것도 없고 정치적 평등이 자유주의의 기준에 걸맞게 실현되지 않은 사회적 상태에서 그런 걱정이나 위험만을 부각하는 일이야말로, 위험한 과장일 것이다. 그런데 바로 이런 상황에서 시장자유주의자들은 일방적 경제자유주의 문제는 쏙 빼고 민주주의의 변질과 타락만을 외친다.

민주주의를 너무 이상적으로 숭배하지 말라. 그것은 이전에 이상적으로 존재하지도 않았고 앞으로도 그럴 듯하다. 그것은 끊임없는 현재진행형이다. 그리고 현실에서 얼마든지 여러 위험에 내맡겨질 수 있다. 단순히 외부적인 위험뿐 아니라 어쩌면 숙명적으로 이미 내재하는 위험도 있다. 실제로 그런 위험이 20세기에 극단적으로 드러난 적도 있었다. 그러나 그런 극단적인 위험이나 위기를 빙자하여 다시 민주주의를 변질과 타락의 구렁텅이로 내몰지는 말자. 다수의 전제가 실제로 존재하는 곳에서는 정확하게 그 이유와 맥락을 분석해야겠지만, 그것이 맹목적으로 대중의 변질과 타락을 빙자하는 일과 혼동되어서는 안 된다.

임지현의 '대중독재' 개념은 이 혼동에 빠져 있다. 물론 그가 처음부터 아무 생각 없이 혼동에 빠진 것은 아니다. 그 개념이 전제하는 맥락은 소위 탈현대적 사유에서 부분적으로 강조했던 점들과 겹친다. 20세기 독재와 파시즘을 분석할 때 특히 기존 좌파가 했듯이 소수의 억압적 권력과 다수의 무구한 희생자라는 이분법에 사로잡혀 있을 수 없다는 것, 그리고 대중의 행위와 태도는 단순히 희생자의 그것이 아니라 복합적인 태도와 행위로 나타난다는 것 등이 바로 그런 점들이다. 다만 임지현은 이 탈현대적 관점을 지나치게 부각하거나 과장한다. 그리고 탈현대적 관점의 과장은, 근대성의 극단화와 마찬가지로 위험하다.

우선 소수의 억압적 지배와 다수의 무구한 희생이라는 이분법에 사로잡히지 말아야 한다는 것과 그것을 대중의 '자발적 참여와 동의'로 대체하는 일은 전혀 다른 일이다. 그런데 임지현은 이 둘을 혼동하면서 전적으로 후자에 집착한다. 지배와 억압이라는 구분이 유일하고 보편적인 기준도 아니며 대중민주주의에서 점점 효력을 잃기는 했지만, 그 구분이 완전히 폐기해야 할 정도로 무익한 것은 아닌데도 말이다. 다르게 말하면 그는 실제로 여러 층위에서 일어나는 대중적 참여와 동의를 세심하게 서술하는 데서 그치지 않고, 그것을 과장하며 거의 본질로 실체화하고 있다. 물론 파시즘이 대중의 정치적 참여와 동의에 일정하게 근거하고 있다는 점은 맞다. 그러나 파시즘이 발생한 실제의 역사적 상황에서 그것만이 핵심적인 본질은 아닐 뿐 아니라, 그것 자체가 현실적이고 역사적 맥락에 의존하는 변수일 수 있다.

이 점을 살펴보기 위해 로버트 팩스턴(Robert O. Paxton)의 파시즘 분석을 살펴보자. 팩스턴은 파시즘에서 대중정치의 요소가 매우 중요하다고 지적한다. 그의 책 『파시즘』에 따르면, "보수주의자들이나 신중한 자유주의자들과 달리 파시스트들은 결코 대중을 정치 밖으로 몰아내려 하지 않았다." 그러나 그는 대중을 동원하는 정치가 등장하는 역사적 상황과 맥락들을 살폈다. 이런 방식이 제대로 된 역사적 분석일 것이다.

1848년까지 단결된 세력으로 남아 있던 민주주의 좌파와 사회주의 좌파가 서로 분열함으로써 파시즘이 싹을 틔울 수 있었다. 파시즘이 생겨나려면 좌파 역시 변화를 열성적으로 지지하던 모든 사람들(…)이 자연스럽게 의지하는 세력으로서의 지위를 잃어버려야 했다. 그렇기 때문에 광범위한 지지를 받는 성숙한 사회주의적 좌파 세력이 먼저 존재하지 않았다면 파시즘은 결코 생겨날 수 없었다. 실제로 파시스트들은 사회주의가 충분히 힘을 얻어 현실의 통치세력의 일부가 됨으로써 전통적인 노동계급과 지식인 지지자들에게 환멸을 안겨줄 상황에 이른 후에야 자신들이 들어갈 공간을 찾을 수 있었다. 대중정치가 되돌릴 수 없게 확립된 후뿐만 아니라 그 상태가 더 진행되어 사회주의자들이 정부에 참여하여 타협을 일삼게 된 시점에 이르렀을 때가 바로 파시즘이 들어갈 만한 시기였던 것이다.(로버트 팩스턴, 『파시즘』, 교양인, 2005, 112쪽)

파시즘이 대중을 동원하게 된 상황은 19세기 중반 이후 계속된 일련의 정치적 · 사회적 사건들과 연관된 과정이었다. 그것은 파시즘을 특징 짓는 정치상황이지만 다른 정치사회적 상황들과 연관되어 있기도 하다.

그런데도 임지현은 대중이 파시즘에 '자발적으로' 참여하고 동의했다는 점에 거의 절대적 자율성과 독립성을 부여하며, 그 결과 그것을 본질적 실체로 만들고 있다. 이런 서술은 역사적이라기보다는 독단적이다. 대중의 '자발적' 참여와 동의는 그것에 모든 탓을 돌릴 수는 없을 정도로 복합적임에도, 그는 파시즘의 핵심은 무엇보다도 '대중의 자발적인 참여와 동의'라면서 모든 것을 그것 탓으로 돌린다.

또 파시즘에서 대중의 참여와 동의가 필수적으로 중요하다고 규정하더라도 실제로 대중의 참여와 동의보다는 지배적 억압에 근거한 독재도 얼마든지 있을 수 있으며, 따라서 파시즘과 독재는 구분되어야 하는데도 임지현은 그 둘을 전혀 구별하지 않는다. 그 둘 모두에서 대중의 자발적인 참여와 동의가 핵심인 것처럼 서술되는데, 이것이야말로 대중의 참여와 동의를 전제하는 민주주의의 위험을 무차별적으로 확장한 결과일 뿐 아니라 실제로 존재하는 폭력과 테러의 위험을 간과한 결과이기도 하다. 그 결과 그는 대중민주주의에서 드러나는 대중의 참여와 동의를 은연중에 재앙이라고 오해하고 왜곡한다.

'대중독재'라는 말은 이런 혼동의 중심에 있다. 독재나 파시즘이 단순히 위로부터의 독재가 아니라는 점은 맞다. 그리고 대중들이 민주적 체제 안에서 여러 방식으로 참여하거나 동의한 것도 인정한다. 그러나 그렇다고 해서 독재나 파시즘의 핵심이 '아래로부터의 독재'인 것은 아니다. 우선 이렇게 간단하게 위를 아래로 대체하는 방식은 위험하다. 지배와 희생의 이분법에서 벗어나자고 하면서, 다시 위로부터의 독재와 아래로부터의 독재라는 이분법에 사로잡힌다면 우스운 일 아닌가. 그런데 그는 『대중독재』에서 "'위로부터의 독재'가 '아래로부터의 독재'로 전환"된다고 간단히 말한다. 대중이 소극적 저항과 적극적 저항, 소극적 방관과 적극적 참여, 불만 섞인 참여와 순응적 저항 사이에서 다양한 방식으로 파시즘에 참여하고 다시 파시즘에 의해 동원되었다고 할 수 있지만, 그렇다고 대중이 전면에 나

서서 독재를 했다고 말할 수는 없다. 이 경우 대중의 '자발적' 참여와 동의를 강조하는 일은 참여와 동의에 부분적으로 내포된 자발성을 극단적으로 과장하는 일이며, 더 나아가 민주주의에서 대중의 위험을 은밀하게 과장하는 일이다.

임지현은 또 파시즘 국가에 대해 근대성의 요소를 과장되게 강조하는데, 이는 또 다른 문제점을 낳는다.

> 대중독재에서 나타나는 배제와 포섭의 국민국가적 메커니즘은 주권국가의 근대성을 극단적으로 밀고 나아간 결과지, 미숙한 근대성 혹은 근대성 결여의 결과는 아닌 것이다.(임지현·김용우 엮음, 『대중독재』, 책세상, 2004, 48쪽)

대중을 동원하는 정치기술이나 국가를 통해 국민을 만들어내는 과정은 다분히 주권국가의 근대성과 관계가 있다. 그 점에서 단순히 파시즘이 전근대적 현상이라거나 파시즘은 근대성이 결여된 사회에서 나타났다고 하기는 어렵다. 그러나 그렇다고 해서 거꾸로 국민국가의 메커니즘이 일반적으로 근대성을 극단적으로 밀고 나간 결과라고 할 수는 없다. 국민국가 혹은 주권국가의 형성이 근대화와 겹치는 과정이라고 해도, 파시즘이 이룬 그 국가가 꼭 근대성이 극단적으로 발달한 상태는 아니기 때문이다. 그런데 임지현은 한편으로 논리를 과장하고 다른 한편으로 단순화하면서, 다시 각기 다른 이 사태들을 뒤섞어버린다.

파시즘은 근대성의 극단적 예가 아니라, 오히려 근대성 혹은 근대적 민주주의가 도입되기는 했지만 제대로 발달하지 못한 사회에서 등장했다고 보아야 한다. 다르게 말하면, 민주주의나 자유주의가 아예 도입되지 않은 사회에서도 파시즘이 등장할 수 없었지만, 마찬가지로 민주주의나 자유주의가 제대로 발달한 사회에서도 등장하기 어려웠을 것이다. 팩스턴도 비슷한 취지의 발언을 한다.

> 파시즘은 역시 역사적으로 볼 때 성공한 국가가 아닌 허약하거나 실패한 자유주의 국가, 혹은 지체되거나 망가진 자본주의 체제에서 나타난 현상이었다. 흔히들 파시즘은 자유주의의 위기로부터 생겨났다고 단언하는데, 허약하거나 실패한 자유주의의 위기라고 수정하는 편이 정확할 것이다.(로버트 팩스턴, 앞의 책, 193쪽)

다르게 말하면, 파시즘은 대중이 존재하지 않는 민주주의 이전의 사회에서도 등장할 수 없었을 터이지만, 민주주의가 제대로 실현된 사회에서도 등장하기 어려웠을 터이다. 파시즘은 임지현이 말하듯이 근대적 민주주의의 극단적 형태가 아니라, 오히려 민주주의의 위기 혹은 실패에서 나타나는 현상인 셈이다(물론 여기서 전제는 우리가 파시즘을 20세기에 일어난 역사적 현실로 규정하는 것이다). 이 점은 이 글이 다루고 있는 민주주의와 연관하여 매우 중요하다.

그런데 임지현은 파시즘과 독재에 '대중이 자발적으로 참여하고 동의했다'는 점을 과장하면서 대중민주주의의 성격을 위험할 정도로 단순화해 버렸다. 비록 '대중의 자발적 참여와 동의'가 파시즘의 대중적 메커니즘을 설명하는 과정에서 나왔다고 하더라도, 그 표현은 그의 텍스트에서 맥락을 벗어나 은근히 대중민주주의의 위험을 끊임없이 환기하는 '악의적' 역할을 한다.

대중민주주의의 장치들이 아래로부터의 자발적 동의를 견인해내고, 결국에는 대중독재를 정당화하는 지배 장치로 변화하는 것도 이러한 맥락에서다.(임지현 · 김용우 엮음, 앞의 책, 35쪽)

이는 대중민주주의의 장치들이 '결국' 대중독재를 정당화하는 지배 장치로 변화한다는 뉘앙스를 풍기는 주장 아닌가. 근본주의적 시장주의자가 민주주의의 확장을 부정적으로 평가하고 혐오하듯이, 파시즘을 설명한다는 임지현도 알게 모르게 민주주의의 작동 원리를 폄하하고 왜곡한다.

그는 '도덕주의의 반도덕성'이라는 부제를 단 단락에서 인적 청산을 통한 과거청산에도 반대한다. 그 취지는 충분히 인정할 수 있다. 어설픈 인적 청산은 오히려 역사적 성찰을 방해할 수 있기 때문이다. 그러나 인적 청산을 제대로 하지도 못한 상태에서, 웬 공허한 걱정인가? 비록 인적 청산이 결코 쉬운 일이 아니고 개인의 심판에 위험한 자의적 잣대가 얼마든지 끼어들 수 있기는 하지만, 그럼에도 불구하고 인적 청산은 필요하고 또 중요하다. 그렇다면 그의 주장은 단순히 황당한 혹은 근본주의적 기우일까? 그렇게 보이겠지만, 이것은 단순한 기우가 아니다. 매우 중요한 문제가 여기 숨어 있다.

『대중독재』에서 임지현은 인적 청산이 "대부분의 사람들에게 역사적 면죄부를 부여함으로써 진지한 역사적 청산을 가로막는다"라고 말한다. 인적 청산이 자의적으로 이루어진다면 그런 위험도 있을 수 있다. 이 주장을 다시 살펴보자. '진지한 청산'? 그것이 무엇인가? 정확한 규정은 없지만, 책임 있는 몇 사람을 처벌하는 대신 모든 사람들이 끝없이 반성하고 성찰하는 일을 그는 생각하는 듯하다. 그러나 가만히 보면 정말 어처구니없는 역사적 태도 아닌가? 사회적으로 책임 있는 사람들을 처벌하지도 못한 생태에서, 왜 모든 사람들이 과거를 끝없이 반성하고 성찰해야 하는가?

여기서 그가 '자발적' 참여와 동의를 빌미로 대중을 단죄한 것을 생각하자. 파시즘에 대중이 '자발적으로' 참여하고 동의했다는 주장은, 그 '자발성'을 빌미로 모든 대중에게 정치적 책임뿐 아니라 심리적·윤리적 죄를 부과하려는 시도와 교묘하게 맞물린다. 그는 자발적 참여와 동의라는 원죄에 대해 대중에게 끝없는 반성을 요구한다. 교묘하게 위장된 정치신학이 아닐 수 없다. 책임 있는 사람들을 엄히 처벌한 후에 수동적인 참여자들에게 관용을 베풀고 새출발하는 것이 오히려 좋은 방식의 민주주의 아닌가? 씻어낼 수 없는 죄가 모든 사람들에게 있다면서 이들에게 죄를 확대하고, 마치 그것이 '진지한 청산'인 것처럼 위장하는 것은 위험한 정치신학이다─임지현이 말하는 '일상적 파시즘'에서도 이와 비슷한 논리적 구조가 존재한다. 이 점에 대해서는 나는 다른 글에서 분석한 적이 있다(「위험한 근본주의에 빠진 파시즘론」, 『폭력과 싸우고 근본주의와도 싸우기』, 나남, 2003). 이 점은 그가 서독의 과거사 청산을 왜곡하는 다음 구절에서도 확연히 드러난다.

> 소수의 나치 전범자들에게 역사적 책임을 돌리고 전후의 국제관계가 강제한 '의무적 프로그램'으로서 나치즘의 과거청산을 시도한 서독의 과거청산 프로젝트는 사실상 나치즘에 동조하고 가담했던 평범한 독일인들에게 역사적·도덕적 면죄부를 부여하는 것에 다름 아니었다. (…) 이 희생자 의식은 (…) 어두운 과거에 대한 진지한 성찰을 가로막는 것

이었다.(임지현 · 김용우 엮음, 같은 책, 53쪽)

　이 주장은 왜곡되었을 뿐 아니라 위험하다. 임지현은 말로는 '진지한 성찰'을 하자고 하지만, 사실 그는 적극적으로 수행할 수 있는 정치적 · 사회적 청산을 포기하거나 방기하는 대신, 현실적으로 결코 수행할 수 없는 신학적 고해성사로 그것을 대체하자고 나선다. 나치즘에 '자발적으로' 참여하고 동의했던 평범한 독일인은 그의 말대로라면 거의 모든 독일인일 것이다. 그들이 자발적으로 참여하고 동의했으므로 무한의 책임을 무한정 묻겠다고? 비록 완전무결한 방식은 아니겠지만, 가능한 한 책임 있는 방식으로 인적 청산을 하고, 나머지 사람들에게는 성찰할 수 있는 기회를 주는 것이 바람직하지 않은가? 또 서독이 전후 국제관계가 강제한 의무적 프로그램을 수동적으로 수행했다고 하는데, 위험한 왜곡이 아닐 수 없다. 처음에 그런 요소가 전혀 없진 않았겠지만, 그렇더라도 그것이 왜 나쁜가? 더구나 서독은 기회가 있을 때마다 '자발적으로' 자신의 과거를 사과하고 사죄했고, 그 점은 인접한 프랑스로부터도 인정받았으며, 그 결과 유럽통합의 길이 열린 것 아닌가. 그토록 대중이 '자발적으로' 파시즘에 참여하고 동의했다고 말하는 임지현은, 왜 서독의 '자발적인' 사죄와 반성은 인정하지 않는가?

　'자발성'을 이중적으로 적용하는 그의 태도는 민주주의의 가능성마저 부인할 정도로 위험하다. 인적 청산을 하지 말자는 이야기는 더 나아가 근(현)대적 민주주의가 의존하고 있는 법치주의 및 사법체계를 포기하거나 뒤흔들자는 이야기나 마찬가지다. 물론 철학적으로 혹은 종교적으로 보자면 죄가 있는 사람을 개인적으로 인식하고 처벌하는 것은 가당한 일이 아니다. 홀로 있는 조용한 시간이면 누구나 그런 회의에 빠질 수 있다. 그러나 그런 철학적 혹은 종교적 회의와, 민주주의의 실행 방식은 다른 차원이라고 보아야 한다. 철학적 혹은 신학적 회의론을 과장하여 그것으로 사회적 책임과 처벌에 대한 논의를 뒤덮거나 왜곡하는 일은 매우 경계해야 한다. 그런데 임지현은 바로 그 오류에 빠졌다. 사회적 청산 대신에, 과거를 공유하고 있는 모든 사람들에게 끝나지 않을 죄의식과 수치심을 심어놓자는 것이다.

> 사실상 대중독재의 과거를 청산하고 극복하는 문제는 사법적 차원에서의 죄의 유무를 추궁하는 문제를 넘어서, 과거를 공유하고 있는 사람들이 **도덕적 죄의식과 수치심**을 뼈아프게 자각하고 있는가 하는 문제와 연결된다.(임지현 · 김용우 엮음, 같은 책, 54쪽. 강조는 본 필자)

대중에게 도덕적 죄의식과 수치심 심기. 이것이 임지현식 '대중독재' 프로젝트의 이면이다. 모든 대중들이 자발적으로 죄에 참여하고 동의했으므로, 그들의 내면과 기억에 결코 지워지지 않을 도덕적 죄의식과 수치심을 각인하기. 얼마나 끔찍한 종교재판의 재판(再版)인가? 한편으로 공허하지만 다른 한편으로 매우 위험하고 독단적인 정치신학인 셈이다. 이 과정에서 그는 민주주의의 싹을 짓밟고 모독하면서, 민주주의를 위험한 정치신학적 재판(裁判)에 내맡기려 한다.

이 점이 역설적이다. 그는 대중이 자발적으로 참여하고 동의하게 한 파시즘 체제가 '정치신학적' 체제라고 말한다. 그러나 사실은 바로 그런 과장된 관점이 위험한 정치신학의 성격을 띤다. 이 점은 그가 대중들의 원죄를 빌미로, 곧 민주적으로 참여하고 동의했다는 '원죄'를 빌미로, 끝나지 않을 도덕적 죄의식과 수치심을 인간 내면에 각인하려는 데에서 드러난다. 더 나아가 그는 그 '원죄'를 대중에게 적용하면서 다름 아닌 현실적 민주주의의 주체에게도 각인하려고 한다. 그 '원죄'라는 것은 애매하게 설정되었으면서도 종교심판처럼 악의적이고 끔찍하다. 소수의 인적 청산에는 반대한다면서, 그는 다수, 아니 거의 모든 사람을 인적 청산의 대상으로 삼는다. 이것이야말로 무자비하고 냉혹한 정치신학 아닌가.

임지현은 기존 좌파가 독재를 분석하는 틀을 '민중적 도덕주의'라고 비판한다는 점에서, 좌파라고 보기 어렵다. 그렇다면 그는 어디에 속하는가? 아마도 관념적 극좌파 혹은 극좌적 근본주의자라고 할 수 있을 것이다. 물론 여기서 '극좌'라는 지칭이 확정된 내용을 갖는 것은 아니다. 현실적으로 진지한 고민 대신에 관념적 고민에 사로잡혀 있다는 점에서, '극좌'는 실제로 우파적 편향을 띨 수도 있다. 그래도 이 근본주의의 성격을 따져보면, 이렇다. 그는 국민국가의 주권을 파시즘과 연결하는 위의 글에서 단 한 번도 국민국가의 현실적 존재를 고민하거나 인정하지 않는다. 마치 고결하게 국민국가를 초월한 이론가인 양 말한다. 그러나 그런 담론행위는 공허하거나 솔직하지 못하다. 국민국가의 과잉을 비판하는 일과 이론적이거나 관념적으로 국민국가를 초월하는 일은 전혀 다르다. 국가의 과잉을 비판하는 데서 그치지 않고, 마치 자신이 말과 행위에서 모든 국민국가를 초월한 양 이념적이고 관념적인 태도로 부정하고 폄하하는 태도, 그것이 극좌 근본주의의 중요한 특징일 것이다. 그런데 그의 근본주의 경향은 여기서 그치지 않는다. 앞에서도 보았듯이, 폭력적 권력이 작동하는

데 대중이 조금이라도 자발적으로 참여하거나 동의했다는 이유로 이 '자발적 참여와 동의'를 원죄로 실체화하고 단죄하는 성향, 그 원죄 때문에 대중은 영원히 죄의식에 사로잡혀 있어야 하고 수치심에 떨어야 한다는 관점, 그리고 대중의 실존을 대중민주주의의 복잡한 차원에서 인정하지 않고 이념의 엄숙한 잣대로 깔보는 경향이 특히 근본주의적 성격을 띤다.

우파 근본주의와 좌파 근본주의의 만남은 우연이 아니야

민주주의의 싹을 자르거나 짓밟는 임지현의 행위가 어처구니없는 정치신학적 해석에서 기인한다면, 공병호는 어처구니없는 경제적 관점에서 민주주의적 가치를 비난한다. 그런데 후자처럼 시장자유주의적 관점은 아니더라도 기본적으로 같은 경제적 관점에서 민주주의를 비난하는 좌파적 해석이 있다. 이것이 묘하다. 전통적으로 좌파적 해석은 자본주의를 비판하고 비난해왔지만, 민주주의의 원칙이나 가능성까지 싸잡아서 비난하지는 않았다. 그만큼 민주주의는 조심스러운 대상이었고 존중할 만한 대상이었다. 그런데 언젠가부터 자본주의를 비난하는 좌파적 분노는 심지어 민주주의까지 비난의 대상으로 삼았다. 물론 그만큼 자본주의의 문제나 폐해가 심각하기에 이런 일이 벌어진다고 보면, 이해할 만하다. 그러나 최근 좌파 근본주의는 민주주의의 문제점들을 조목조목 비판하는 데서 그치지 않고 그 근간조차 통째로 비난하는 정도에 이르렀다. 여기서 문제가 생긴다.

더구나 자본주의를 비난하면서 민주주의까지 비난하는 사람들은 언뜻 보면 매우 바람직한 목표를 갖고 있다. 곧 미국의 패권주의적 자본주의의 부패를 비판하려는 목표. 지구적 다원주의에 가장 위협이 되는 나라로 미국이 지적되는 상황에서, 그 비판은 적극적으로 수행되어야 할 일 중 하나이다. 그러나 이 일에 동의하면서도 나는, 미국식 자본주의의 변질과 타락을 고발하는 일이 그대로 민주주의의 변질과 타락을 고발하는 일로 등치되거나 확대되는 데에는 동의하지 못한다. 또 미국사회의 문제점을 엄격하게 비판하는 것은 좋다고 생각하지만, 그것이 곧바로 현실 민주주의의 양상을 송두리째 부정하는 일로 나아가는 것은 바람직하지 않다고 생각한다. 너무 엄격한 도덕주의의 잣대를 적용하면 얻는 것보다 잃는 것이 많을 수 있기 때문이다. 이 점을 살펴보기 위해서 미국인으로서 미국 체제를 고발한 닐 우드(Neal Wood)의 『미국의 종말에 관한 짧은 에세이』를 읽어보자.

역사적 자본주의가 그 발전 과정에서 탐욕과 민주주의를 한동안 수단으로 삼은 것은 사실이다. 그리고 그렇게 탐욕과 민주주의가 자본주의적으로 정당화됨으로써, 극단적으로 부정적인 현상들이 나타난 것도 분명하다. 닐 우드는 이 극단적으로 부정적인 현상들을 다시 극단적으로 부각함으로써, 자본주의뿐 아니라 '탐욕'과 민주주의도 똑같은 악으로 만든다. 그러나 탐욕과 민주주의가 자본주의적 메커니즘과 결합하거나 동원되는 과정에서 여러 부정적인 현상들이 나타나기는 했지만, 그 과정은 현재 시점에서 단지 부정적으로만 평가하기 곤란한, 긍정적이거나 양가적인 측면들을 잉태했다고 보아야 한다. 다르게 말하면, 개인의 욕망을 세속적으로 인정하는 일은 중세 기독교 세계관과 봉건 신분사회에서 이탈하여 근대 계몽사회로 진입하기 위해서 일정하게 필요했고 또 필수적이었다고도 할 수 있다. 그런데 닐 우드는, '탐욕'이 그 이전에도 부정과 저주의 대상이었는데

갑자기 자본주의 시대에 당연한 것으로 받아들여졌다고 단순화한다.

끝없이 물질적 부를 추구하는 행위는 저 고대 그리스 문명의 전성기부터 1500년대까지 수천 년간 윤리주의자들과 경전의 주석가들로부터 한결같은 저주의 대상이었다는 것이 역사적 사실이다 (…) 기독교도들은 가장 앞장서서 탐욕을 싸잡아 비난하던 사람들이었다.(닐 우드, 『미국의 종말에 관한 짧은 에세이』, 개마고원, 2004, 37~38쪽)

위험한 단순화다. 개인들의 욕심이 근대적 상업주의를 통해 고삐가 풀리고 따라서 탐욕의 부정적인 양상들이 확대된 것은 사실일 것이다. 그렇더라도 이 과정에서 드러나는 극단적인 양상들을 빌미로 세속적으로 정당화될 수 있는 인간의 욕심을 '탐욕'이라고 송두리째 저주할 필요는 없다. 엄격한 금욕주의 잣대를 민주주의에 적용하는 일은 역사적으로 진행된 민주주의의 성과를 왜곡할 위험이 있기 때문이다. 근대 상업주의를 비판할 때 사람들은 알게 모르게 토지를 소유한 봉건 귀족의 관점을 빌리기 십상인데, 상업주의를 비판하는 애덤 스미스에 의존하는 닐 우드도 마찬가지다.

『국부론』에서 스미스는, 우리가 이미 본 것처럼 상업사회의 주된 건설자들인 상인들과 제조업자들이 공공의 이익을 위협하고 잠식하고 있기에 지주 및 부유한 농부들의 자연적인 귀족 지배에 의해 통제되지 않으면 안 된다고 지칠 줄 모르고 꾸짖는다.(닐 우드, 앞의 책, 57쪽)

닐 우드는 민주주의에 대해서도 다음과 같은 혹평을 쏟아 붓는다.

"민주주의는 고전 고대로부터 19세기에 이르도록 사회 이론가들과 비평가들 사이에서 가장 널리 비판당한 정부 형태였다." 이런 식의 서술은 지나치게 단순해서, 왜곡에 가깝다는 느낌이 든다. 과거에 민주주의가 비판받았다는 것은 사실이지만, 그 점에 너무 집착하는 관점은 퇴행적이다. 왜냐하면 봉건적 신분사회를 뒤흔들고 근대적 시민사회로 진입하기 위해서는 만인의 이해관계를 민주적이고도 자본주의적으로 인정하는 제도가 필요했기 때문이다. 닐 우드도 인정하듯이, 중세까지 민주주의가 도입되지 못했던 것은 민주주의 자체가 나빠서라기보다는 "탐욕이나 이윤추구가 상류층에 국한된다면 사회 통합을 크게 위협하지 않을 것이라고" 사람들이 믿었기 때문이다. 그러니 이런 정치적으로 보수적인 이유 때문에 민주주의가 저주를 받았고 욕심도 금기의 대상이었다고 험담을 늘어놓는 것은 우스운 일이다. '탐욕'을 저주하면서 기껏해야 토지를 소유한 지주나 귀족 계층에 호소하는 논리와 비슷할 뿐이다.

닐 우드의 과격한 태도는 적지 않은 시장자유주의자들이 자본주의와 민주주의를 나란히 놓거나 심지어 동일한 것으로 보는 태도에 대한 반작용에서 나왔을 것이다. 그것은 충분히 이해할 수 있다. 그러나 그렇다고 그 둘 사이를 아주 적대적인 것으로 보는 태도는 문제가 있다. 역사적으로 자본주의나 자유시장이 충분히 민주적이지 않은 사회 단계에서 발전했다고 말할 수는 있다. 그러나 그렇다고 닐 우드가 이 책에서 말한 것처럼, "민주주의와 자본주의가 사실상 상극의 관계에 있다"라고 말하기는 어렵다. 그 둘이 상극 관계라는 주장은 논리적 차원에서뿐 아니라 역사적 사실 차원에서도 일관되지 못하기 때문이다. 한편으로 그는 민주주의가 자본주의와 밀접하게 연관되어

발전했다고 정색을 하고 비판하지 않았는가? 이 책에서 말하는 것처럼, "자본주의와 자유시장은 이제 민주주의와 긴밀히 연결되었고, 아예 동일한 것으로 여겨질 때가 많다." 이 경우 그가 말하는 민주주의는 세속적이고 역사적인 형태의 민주주의일 것이다. 여기서 자본주의와 민주주의가 밀접한 관계 속에서 발전한 것은 역사적 사실로 인정된다. 그렇다면 그렇게 진행한 후에 그 체제가 점차 위기에 빠졌다고 진단하고 비판하는 것이 상식적일 듯하다.

그러나 닐 우드는 다른 한편으로 이 체제의 진행과 발전 자체를 변질과 타락으로 여기면서 그 진행 과정의 사실마저 부정하는 태도를 취한다. 그는 "역사적인 경험으로 보더라도 그 둘 사이에 아무런 밀접한 연관이 없었음을 알 수 있다"라고 말한다. 이상한 논리 아닌가? 이것은 "역사적 경험"이 아니라 이상적 당위의 관점에서 내려진 판단이다. 실제로 그는 이념적으로 "진정한 민주주의"를 설정한다. "이러한 사회는 만인의 정신적·육체적 향상을 목표로 한다. 이러한 사회는 생각 없는 이기적인 자유가 아닌 타인에게 너그럽고 인간적인 평등에 훨씬 더 큰 비중을 두는 사회이다. 이러한 사회는 모든 사람들이 연령·성·인종·종교·직업 등에 관계없이 그 각각의 잠재적 능력을 완전히 실현하는 것에 진심으로 전력하는 사회이다. (…) 스스로에 대한 기만이나 미혹이라는 굴레를 완전히 벗어던진 사회이다." 이런 사회가 염원으로서는 좋을 수도 있다. 그러나 지나친 염원은 오히려 '대중독재론'처럼 현실적 민주주의를 모욕하기 쉽다는 데 주의하자.

닐 우드는 이 책에서 자본주의 사회에서 소득과 재산, 부의 불평등이 아찔할 정도로 커진다고 지적한다. 그러면서 이런 사회에서 과연

"진정한 민주주의"가 존재하느냐고 반문한다. 그 반문에는 근거가 있지만, 동시에 함정도 있다. 자칫하면 "진정한 민주주의"는 지나치게 이상적인 이념으로 작용할 뿐 아니라 근본주의적 이념으로 빠지기 십상이다. 이런 이념에 사로잡힐 때 사람들은 민주주의에 대해 지나치게 이념적인 잣대를 적용하거나(공병호의 예), 앞의 임지현의 예에서 보았듯이, 일종의 정치신학으로 빠진다. 현실에서 행동하는 인간들의 행위가 아무리 비루하고 하찮은 듯이 보여도 형이상학적 혹은 신학적 이념만을 기준으로 삼는 일은 바람직하지 못하다. 그런데 그는 산업화 과정에서 다수의 대중들이 민주적으로 해방된 것에 대해서도 못마땅하게 생각한다. 심지어 그는 이제까지 근대 민주주의 역사가 확보했다고 여겨지는 성과들을 그저 "기만적인 위장"이라고 몰아붙인다. "이 새로운 참주정은 다름 아닌 민주주의, 법률과 사법의 평등성, 개인의 자유, 기회균등, 무계급사회와 진보 등등의 기만적인 위장을 둘러쓰고서 인간 활동과 사유의 모든 측면에 은근하게 파고들고 있는 것이다." "이 모든 것들을 가리는 민주주의라는 가면놀음"을 비난하는 그의 어조는 도덕적 근본주의를 설교하는 사제의 끔찍한 목소리를 닮았다. '무계급사회'나 '진보' 등의 말은 분명히 기만적이다. 그러나 민주주의의 긍정적 면은 송두리째 무시하고 부정적 면만을 참주정의 위협으로 과장하고 단순화하는 것은 위험한 논리다.

사실 진정으로 이상적 민주주의는 한 번도 존재한 적이 없다. 앞에서도 지적했지만, 이 점은 매우 중요하다. 사람들이 흔히 아테네의 민주주의를 이념적 전범으로 삼곤 하는데, 엄격하게 따지자면 그 당시에도 민주주의는 이상적인 모습으로, 곧 모든 사람들의 평등이 보장되거나 만인의 인권이 존중되는 방식으로는 전혀 존재하지 않았다. 우리는 민주주의를 완성된 이념이라기보다는 지금도 아주 어렵게 진행 중인 정치적 과정이라고 보아야 한다.

민주주의를 역사적이고 사회적인 과정으로 말할 때, 그것이 전체 발생 과정에서 자본주의와 일치하거나 포개지지 않을 수도 있다. 그러나 산업화 과정에서 생긴 대중들의 해방에서 볼 수 있듯이, 일단 개인들이 어느 정도 자유를 얻은 것은 확실하며, 그것이 민주주의와의 연관 속에서 이루어진 것도 사실이다. 그러므로 역사적 진행 과정에서 그 둘이 일정하게 서로를 밀어주거나 함축했다고 말할 수는 있지 않을까? 그러나 닐 우드는 민주주의가 자본주의를 함축하거나 자본주의가 민주주의를 함축하고 있다는 가능성 자체를 아예 봉쇄하는데, 이것은 지나치게 경색된 태도다.

우리는 현실적 민주주의 혹은 차선으로서의 민주주의와 '진정한 민주주의'를 구분해야 한다. '진정한 민주주의'에 너무 집착하면 그것이 오히려 우리가 실천적이고 세속적인 차원에서 실현할 민주주의를 욕보이고 모욕하기 쉽다. 닐 우드는 반복하여 민주주의가 "탐욕을 풀어놓아 사회적 통합을 저해하는 위협"으로 비난받아야 한다고 말한다. 물론 현재 민주주의-자본주의라는 복합체가 사람들의 욕심과 탐욕을 풀어놓고, 따라서 사회적 통합을 위협하는 부분도 꽤 많다. 나도 그 점을 인정한다. 그러나 나는 그 점을 인정하면서도, 아니 오히려 인정할수록, 민주주의와 자본주의의 복합체가 풀어놓은 다른 긍정적인 점도 많다고 여긴다. 바로 이 점이 우리의 실존을 어지럽게 만든다. 민주주의-자본주의는 단순히 저질스럽지는 않다. 그것은 끝없이 저질스러우면서도, 동시에 기존의 차별이나 불평등을 허무는 데 기여하기도 했다. 새롭게 사회적 차별을 생산하고 확장하지만, 동시에 어떤 역사적 체제보다 차별을 뒤흔들고 부수는 데도 공을 세웠다. 환한 면과 어두운 면의 혼란스런 공존 속에서 때때로 우리는 눈이 부시고 아프다.

그렇다고 민주주의의 긍정적인 존재나 존재 효과에 대해 인색하다 못해 그것을 전적으로 부정해야 할까?

> 민주주의라는 말의 의미는 이제 다수의 지배를 예방하고 억누르는 제도로 **변질**되는 어처구니없는 일이 벌어지고 말았다.(닐 우드, 같은 책, 100쪽, 강조는 본 필자)

다수의 지배를 어처구니없이 비판하던 시장자유주의자와 방향은 반대인데, 민주주의의 '변질'과 '타락'을 외치는 논조는 똑같다. 나도 더러운 점이 없지 않다고 생각할 뿐 아니라, 때로는 아주 심하다고 생각한다. 그러나 전적으로 그렇기만 한 것일까? 그렇지는 않을 것이다. 전적으로 그렇다면 아무런 희망도 없을 것이다. 그런 종말론적 관점보다는, 사회적 변질에도 불구하고 민주주의에는 아직도 개혁의 여지가 남아 있고 개혁의 가능성이 작지 않다고 보아야 하지 않을까. 그러나 닐 우드는 민주주의뿐 아니라 자본주의의 진행에 대해 근본주의적 주장만이 진리라고 생각한다.

> 21세기 초의 오늘날 '민주주의'란 이제 구호에 불과한 것으로서, 자본주의 기업과 그 확장의 권위주의적인 성격을 은폐하고 자본주의 기업이 정부와 정치마저 지배하게 된 것을 은폐하는 이데올로기적인 눈속임으로 **전락해버렸다.**(닐 우드, 같은 책, 84쪽, 강조는 본 필자)

눈속임이나 이데올로기가 작동하지 않는다고 말할 필요는 없지만, 그렇다고 민주주의가 그저 그것뿐일까? 이상주의적으로만 평가하면 그럴 것이다. 그러나 대중들이 참여하는 만큼 민주주의는 존재하는 것이 아닐까? 우리 모두 대중인 한, 민주주의의 현실적 가능성을 여전히 인정하고 긍정해야 하는 게 아닐까? 그러나 그는 임지현 못지 않게 대중을 깡그리 폄하하고 무시한다. 차이가 있다면, 파시즘에 자발적으로 참여하고 동의했던 대중이 이제 자본주의에 자발적으로 참여하고 동의한다는 것일 뿐이다. 닐 우드에 따르면 "민주주의는 자본주의의 부하로 **전락**해버렸고" 따라서 "민주주의는 **이제 완전히 거세된 것이다.**"(강조는 본 필자) 이건 과시적 도덕주의 아닌가? 현실 속에서 민주주의가 때때로 혹은 자주 자본주의의 부하 노릇을 하는 꼴을 봐야 하는 것은 사실이지만, 그렇다고 민주주의의 가능성이 완전히 거세되어버린 것은 아니다. 극단적으로 이상적인 형태의 민주주의를 전제하면, 돌아오는 것은 맥 빠진 절망뿐이다.

물론 그의 이런 혹독한 비판이 미국의 천박한 자본주의를 염두에 두었음을 다시 한 번 기억하자. 미국사회에서 금권정치가 어느 사회보다 기승을 부리고 빈부 차이가 최악의 수준에 이른 것은 사실이다. 그렇지만 그 상태에서 나오는 좌파 도덕주의의 비난은 근본주의적 성격을 가지며, 가장 보수적인 사람들의 입에서 나오는 도덕적 비난과 놀랄 만큼 닮아 있다. 이게 이상한 일이다. 우파 근본주의와 좌파 근본주의는 만난다. "이제 우리들 대부분은 이러한 민주주의의 **변질**을 당연하게 받아들였다."(강조는 본 필자) 대중이 무력한 패배자로 전락했다는 이런 선고야말로 내게는 다분히 악의적이다. 그는 자본주의라는 악과 싸운다면서 그 악을 목적론적 실체로 거대하게 만든다. 비록 시장자유주의를 맹목적으로 옹호하는 사람들 중에 그런 주장을 하는 자들이 있다고 하더라도, 그 주장의 맹목성을 비판하면 될 일을 왜 민주주의까지 악으로 치부하며 점점 종말론적으로 키우는가?

한 번만, 마지막으로 한 번만 이 민주주의를 긍정하기로 하자

민주주의는 오류가 많은 제도이다. 그것을 부인할 필요는 없다. 그것에 그나마 장점이 있다면, 바로 그 점을 부인하지 않는다는 것이다. 엄격하게 말하면 어떤 시민의 행위도 자발적이지 않지만, 거꾸로 느슨하게 보자면 모든 사람의 행위가 어느 정도 자발적이라고 인정해야 마땅할 정도로 민주주의가 허용하는 '자유'는 모호하다. 시민들도 도덕적으로 완전무결하지 않지만 완전무결함이 꼭 요구되지도 않는다. 그래서 완전무결하지 않다는 이유로 그들에게 도덕적 죄의식과 수치심을 부과할 필요가 없는 것이다. 정치적 민주주의는 우리가 세속적으로 실행하고 수행해야 할 사회적 제도이지, 형이상학적 혹은 종교적 결사체가 아니기 때문이다.

물론 그렇다고 해서 이 민주주의 체제를 그저 예쁘게 볼 필요는 없다. 형이상학적 혹은 종교적 잣대를 세속적 행위를 평가하는 기준으로 삼기 어렵다고 말한다고 해서, 민주주의의 세속성에 아무 생각 없이 만족해야 하는 것은 아니다. 오히려 민주주의 때문에 나는 끊임없이 심란하고 불만을 느낀다. 때로는 욕설을 퍼붓고 싶을 정도로 싫다. 그러나 나는 거기서 멈춘다. 멈추고 싶다. 나쁜 점들을 이유로 인간 행위에 도덕적 죄의식과 수치심이라는 죄명을 깊이깊이 새기기 시작하면, 그것이야말로 나쁜 짓이기 때문이다.

　민주주의는 우리가 선택할 수 있는 차선이다. 아니, 어쩌면 그것도 못 될지 모른다. 기껏해야 차악인지도 모른다. 그것에라도 그냥 만족해야 한다는 말은 아니다. 일단 그 차악 상태를 유지하는 일도 만만찮은 일이라는 데 동의하자. 힘껏 개혁하고 갈등해야 하고 분쟁을 조절해야 한다. 절차상의 민주주의가 다는 아니지만, 그것을 유지하는 일도 사소하지 않다. 다행히 차악의 상태를 극복할 수 있다면, 우리는 당당하게 차선 상태로 이행할 것이다. 거기서 다시 최선의 민주주의, 곧 진정한 민주주의로 가야 한다고 믿어야 할까? 냉정하게 보자면, 나는 차선으로서의 민주주의로도 충분하다고 생각한다. 아니, 그것이 가장 어려운 과제라고 생각한다. 그 점에서 아마도 차선이 최선일 것이다.

　사람들은 흔히 '진정한 민주주의'에 대해 말한다. 그러나 그런 엄숙한 이념은 그들이 생각하는 것과는 달리 오히려 억압적이거나 기만적이다. 앞에서 보았듯이, '진정한 민주주의' 혹은 '진지한 성찰'에 너무 집착하는 사람들은, 시장자유주의자든 이상한 극좌든 정통 좌파든, 현실에서 힘겹게 존재하는 민주주의를 매도하기 쉽다. 그래서 오직 완벽한 내용적 민주주의가 민주주의의 목표라는 주장에 나는 좀 회의적이다. 더 나아가 그런 이상적 목표를 빌미로 현실 민주주의를 비난하는 시도에 나는 매우 회의적이다. 갈등과 낯섦, 심지어 기만과 미혹이 전혀 없는 유토피아는 어쩌면 차라리 민주주의가 아닐 듯하다. 민주적인 상태는 오히려 갈등과 낯섦, 기만과 미혹이 끊이지 않는 상태이다. 그러나 동시에 그것을 조정하고 조절하기 위해 사람들이 어느 정도 자발적으로 참여하고 동의하는 체제일 듯하다.

그런데 이렇게 '진정한' 수준에 도달하지 못했고 앞으로도 도달하지 못할 민주주의, 이 한심한 체제를 나는 그래도 좋아한다는 말인가? 그렇게 실망과 좌절을 안겨주는 그 체제를 그래도 부정하기보다는 긍정한다는 말인가? 아니, 부정하고 싶으면서도 부정하지 않고 긍정한다는 말인가? 그러고 싶다는 말인가? 그렇다. 그렇게 말썽 많은 이 더러운 체제를, 그래도 나는 차악이나 차선으로 받아들이고 싶다. 말썽 많으면 많은 대로 좋아하고, 잘 되면 잘 되는 만큼 더 좋아하고 싶다. 개혁이 되면 되는 대로 더 좋지만, 개혁이 안 되면 안 되는 대로, 나는 이 민주주의를 좋아하고 싶다. 그렇다. 혁명보다 어렵다는 그 개혁, 그것이 되면 되는 대로 더 좋고, 안 되면 안 되는 그대로, 나는 이 '더러운' 민주주의를 좋아하고 싶다. 더럽고 치사해서 아주 싫지만, 있는 그대로 나는 그것을 보고 싶다. 함께 사는 사람들의 수준에 때로는 꼭 맞고 때로는 느슨하게 맞는 체제인 그것을 비난할 필요가 어디 있는가.

싫은 것을 좋아하는 이 짓, 미친 짓 아닌가? 분열적 증상 중에서도 심한 것 아닌가? 그럴 수도 있다. 그러나 따지고 보면 민주주의는 애초부터 완전무결한 상태에 한참 못 미쳤다. 진정한 상태에 영 못 미쳤고, 지금도 영 못 미치고, 앞으로도 영 못 미칠 이 민주주의가 그래도 나는 좋다.

교육
자율과 공공 사이로

민주주의와 교육, 그 게임의 규칙

앞의 글에서 나는 민주주의를 옹호했는데, 언뜻 보면 그 태도가 '자못 당당하게' 보였을 수도 있다. 그러나 사실은 그렇지 않다. 궁여지책이라고나 할까. 나는 민주화를 지나치게 부정적으로 보는 태도에도 반대하지만 그것을 너무 이상적으로 여기는 태도에도 동의하지 않는다. 나는 그것의 복잡하고 잡스러운 상태를 그대로 인정하고 긍정하는 편이다. 이 태도가 현실문화에서 단순화하여 나타나면 어중간한 것으로 보일 수는 있다. 그러나 구체적인 문제에서 그 태도가 그저 어중간한 것은 아니다. 구체적인 사안에서 사안별로 검토해야 할 문제이지만, 복잡하고 잡스러운 상태의 민주주의를 옹호하는 태도는 때로는 중도자유주의로 나타나기도 하고 때로는 사회민주주의적 공공성을 옹호하는 태도로 나타나기도 한다. 어쨌든 나는 민주주의나 민주화가 너무 이상화될 필요는 없다고 보며, '진정한' 민주주의 혹은 민주화를 지나치게 믿는 태도도 많은 문제를 내포한다고 믿는다.

교육현장에서도 그렇다. 민주주의는 우리가 행위하고 실천하는 만큼 존재하는 것이지, 지나치게 이상적으로 그것을 상상화할 필요는 없다. 물론 어느 정도의 단계가 이상화에 해당하는지는 구체적인 문제에서 사람들 판단에 따라 변할 것이기에, 그 경계를 일반적으로 규정하기는 쉽지 않다. 시장이나 자본주의에 대해서도 비슷하다. 우파는 맹목적으로 그것을 이념으로 내세우고 좌파는 공허하게 그것을 비판하는 경향을 보인다면, 나는 주제와 사안별로 그것을 긍정하기도 하고 때로는 제한을 가해야 한다고 믿는다. 현재 사회에서 그것을 순수한 상태에서 옹호하는 것은 맹목적이고 거꾸로 그것을 무조건 혹은 지나치게 부인하는 것은 공허하다.

우선 우파적 맹신에 대하여. 현재 시장은 수요와 공급의 양 축에 의하여 합리적으로 조절되는 장이 아니다. 투기는 우발적인 요인이 아니라 거의 '정상적인' 요인으로 시장에 개입한다. 따라서 시장은 그 자체로 투기의 연속선에 존재하며, '보이지 않는 손'은 투자하는 손과 투기하는 손이 구분되지 않는다. 돈 있는 사람은 투자한다면서 투기하고, 없는데도 투자하는 사람은 돈이 없기 때문에 더 투기적이다. 이 점에서 합리적으로 운영되는 시장은 더는 존재하지 않는다. 시장은 투기적 요소나 카지노 자본주의적 요인으로 뒤덮여 있기 때문이다. 그런가 하면 좌파의 이념은 이 시장을 지나치게 부정하고 부인한다. 이것이 좌파의 현실 인식이라면 정말 이상한 일이다. 마르크스는 언제나 경제를 최고로 중요한 문제로 여겼고, 따라서 시장을 단순히 부정적인 것으로 보지도 않았다. 최소한 공산주의라는 이상적 단계에 이르기 전까지는 시장과의 관계가 가장 중요한 논의의 영역으로 남아 있었다. 그런데 그 이후 진행 과정에서 시장은 상대적으로 줄어들고 축소되었을 뿐 아니라 극단적 혐오의 대상으로 밀려났다. 지나친 시장화의 위험을 경계하다 보니 시장 자체가 항상 그런 위험을 초래한다고 여겨진 셈이다.

시장과 민주화에 대한 이 이야기는 내가 보기에 교육에 그대로 적용될 수 있다. 다른 사회라고 전혀 그렇지 않은 것은 아니지만 특히 우리 사회에서 교육에 대한 논의는 지나치게 시장과 민주화라는 대립적 틀에 의존하여 진행된다. 보수적 자유주의가 지나치게 시장을 극단화하니, 그것에 대립하는 진보적 평등주의는 거꾸로 지나치게 민주화만을 고집한다. 이 대립적 틀은 이제 너무도 일반화되고 보편화되어서 많은 사람들이 그것을 당연하게 여길 정도이지만, 나는 그 맹목성과 공허함이 도를 넘어섰다고 느낀다. 더구나 그 과정에서 적대적 짝패들이 관성에 의해 움직이고, 따라서 판을 자꾸 단순한 방향으로 몰고 가는 경향을 보인다.

거대하고 경직된 이념의 변증법에서 벗어나자. 흔히 말하듯이 신자유주의적 광풍에 맞서 싸우는 한국의 진보주의 진영이 그나마 평등과 공공성이라는 가치를 지키는 것은 사실이다. 그러나 안타깝게도 이 싸움에서 시장과 민주화라는 이념적 틀에 사로잡히지 않은 시민과 학부모는 개입할 틈이 별로 없는 것도 사실이다. 신자유주의에 대항한다면서 진보진영은 때때로 평등과 공공성이라는 가치를 너무 추상적 차원에서 구호로 외치는 듯하다. '신자유주의적' 경향이 미국 주도의 국제질서에서 위험한 세계화를 초래하는 것은 사실이지만,

교육현장에서 나쁜 문제들에 일방적으로 '신자유주의'의 낙인을 찍는 것은 논의를 지나치게 경직된 이념에 묶어둘 위험이 있다.

시장과 민주화를 단순히 대립항으로 여기는 데 그치지 말고 어떤 조합이 구체적인 상황에서 바람직한지를 논의해야 한다. 그런데 정작 논의가 너무도 단순하게, 너무도 공허하게 '시장이나 민주화냐'의 양자택일 형태로 이루어진다. 누구 책임일까? 일차적으로는 많은 사람들이 중간계층으로 존재하면서도 정작 문화정치적 중도(우파적이든 좌파적이든)에 기반을 둔 담론적 실천을 하지 못하는 데 문제가 있다. 중도적 선택은 시장과 민주화를 단순히 배타적이지 않은 공존관계로 볼 것을 요구하는데, 사람들은 그러지 못하고 있다. 그 원인은 복합적일 것이다. 그러나 무엇보다도 자신들의 기득권에 매달리고 있으면서도 시장이란 이념을 방패로 삼는 사람들, 그리고 그들에 대항한다면서 과도하게 '진정한 민주화'를 상정하고 시장을 백안시하는 사람들, 그리고 그들이 그 상태에서 조장하는 '적대적 짝패' 관계가 책임이 크다.

중도적 선택이 현실 문화정치에서 왕왕 어중간한 자리에 남는 것은 사실이다. '우충좌돌' 전략은 그런 어중간한 중도에 머물지 않고 오히려 그것을 깨려고 하지만, 현실에서 그것을 얼마나 깰 수 있는지는 앞으로도 고민해야 할 문제다. 어쨌든 '우충좌돌'은 이념적으로 적대적인 대립의 틀 자체와 부딪치며 그것을 뒤흔든다. 다른 많은 문제에서도 그렇지만, 이 글이 이야기하려는 교육과 관련해서도 다름 아닌 시장과 민주화의 대립관계가 이 대립적 틀을 형성한다. 이 대립적 틀에 기생하는 것이 '적대적 짝패'들이다. 우파가 진정한 시장을 옹호한다는 주장을 하면, 좌파는 진정한 민주화를 옹호한다는 주장을 한다.

물론 이 대립관계가 어떤 논의나 운동에서는 출발점이나 준거점을 제공하는 역할을 할 수 있지만, 그에 못지않게, 아니 때로는 그보다 훨씬 더 이 대립적 틀이 지나치게 경색되어 있다고 생각한다. 너무 군은 틀이어서 진지한 논의를 다시 왜곡하고 좁힌다. 따지고 보면 진정한 시장을 신봉하는 우파도 존재하기 힘들고, 진정한 민주화를 실천하는 좌파도 존재하기 힘들다. 그런데도 그들은 각자 그 이념적 틀에 의존하면서 자신들의 명분과 실리를 동시에 추구한다.

공병호와 복거일이 말하는 게임의 규칙

교육문제도 다른 모든 문제와 같이 전적으로 시장제도의 틀 안에서 생각하고 결정할 수 있다는 사람들의 말부터 들어보자. 말할 것도 없이 이들은 시장자유주의 옹호자들이다. 우선 다음과 같은 규정은 시장에 관해서만 볼 때는 크게 무리가 없어 보인다. "시장은 게임에 참가한 사람이 얼마나 머리를 잘 써서 적은 비용으로 상품이나 서비스를 원하는 사람을 만족시켰느냐로 판단한다." 그러나 다음과 같이 극단적으로 합리주의적인 규정에 이르면 문제가 벌써 꽤 심각해진다. 공병호가 『시장경제와 그 적들』에서 말한 것처럼 "시장은 과정이 어떠하였는가에 대해서는 전혀 관심이 없다." 시장은 "과정보다는 결과로 평가한다." 인간의 삶은 전적으로 결과에 의해서만 규정되고 판단하기는 어렵다. 그럼에도 시장자유주의자는 거침없이 그렇게 판단한다. 더구나 그들은 교육문제도 전적으로 바로 이 기준에 의해 판단한다.

시장이라는 게임과 대학입시라는 게임 모두가 과정(process)보다는 결과(result)를 앞세운다는 점에서 거의 엇비슷하다고 할 수 있다. 열심히 하면 대학입시에서 합격의 영광을 누릴 가능성이 높은 것과 마찬가지로, 열심히 노력하면 시장이라는 게임에서 성공할 확률은 높아지게 된다.(공병호, 『시장경제와 그 적들』, 자유기업센터, 1997, 67~68쪽)

공병호는 과정이야 어떻든 대학입시라는 게임에서 결과를 좋게 내는 사람이 시장의 기준에서 높이 평가되어야 한다고 여긴다. 그러나 이런 기준은 교육의 관점에서 매우 문제이다. 어떤 사회적 시스템에서 학생들이 공부하는지 전혀 따지지 않은 채, 다만 시험에서 높은 점수를 내는 사람이 중요하다는 생각은 극단적인 시장자유주의의 성격을 띤다. 현재 한국사회에서 교육과 관련한 갈등이 얼마나 팽팽한지를 생각하면, 아찔할 정도로 단순한 잣대가 아닐 수 없다. 교육현장에서의 갈등이 공교육과 사교육의 구분과 괴리를 비롯한 무수한 사회적·정치적 차이와 차별 때문에 생긴 것은 공병호도 인정할 것이다. 더구나 현재 교육 갈등이 심각한 양상을 띠는 이유는 교육현장에서 개인의 노력이 점점 빛을 잃어가는 대신에, 사회경제적 계급이 세습되는 경향이 점점 강해지기 때문이다. 이런 교육자본의 재생산과 세습은 자유주의적 합리성에 오히려 방해가 될 공산이 크다. 그런데도 시장자유주의는 그 문제를 엉뚱하게 시장의 합리성이라는 허울 좋은 잣대로 은폐하는 건 아닐까.

또 그 과정에서 그들의 논리는 심각한 자기모순에 빠진다. 앞의 인용된 구절을 잘 읽어보자. 공병호는 대학입시에서 개인이 "열심히 하면 합격의 영광을 누릴 가능성이 높아지는 것과 마찬가지로"라는 논리를 편다. 그러나 바로 상황이 점점 더 그렇게 되지 않기 때문에 문제가 생긴다는 것을, 그는 은폐하거나 모르는 척한다. 그는 마치 개인의 노력이 제일 중요한 것처럼 말하지만, 과거와 달리 개인이 아무리 열심히 해도 안 될 정도로 부모의 사회경제적 능력이 학생들의 교육성과를 좌지우지하고 있지 않은가? 근대화 과정 초기에 교육이 그래도 계층상승의 기회로 작동했다면, 이제는 거꾸로 계층 재생산을 유발한다. 한 예로 2004년 서울대 입시에서 서울의 고3 학생 비율은 전국 대비 24.6%였는 데 반해, 합격생 비율은 38.9%였다. 그와 비교하면 다른 지역에서는 학생 비율과 합격자 비율이 거의 비슷하거나, 오히려 학생 비율보다 합격자 비율이 더 적은 경우가 많았다. 서울에서도 강남지역의 합격생 비율이 강북의 그것을 압도한다. 모든 계층에서 소득에 따른 교육비 지출의 차이가 점점 심해지는 상황에서, 교육은 부의 대물림을 가능하게 하고 다시 부는 교육의 대물림을 조장하는 악순환이 벌어지고 있다. 물론 이 상황이 꼭 한국만의 사정은 아니지만 한국은 그 정도가 극심한 몇 군데 중 하나이며, 교육 갈등이 사회적 성장 자체를 붕괴시킬 정도의 극단적 위기를 초래하고 있다.

그러니 위의 시장자유주의자가 다음과 같이 말할 때도 그는 시장이라는 허구에 사로잡혀 있는 셈이다.

시장은 경기에 참여한 사람들을 출신성분이나 학력, 그리고 성별에 의하여 차별적인 대우를 하지 않기 때문이다.(공병호, 앞의 책, 65쪽)

시장을 추상적으로 정의하면 그렇게 보인다. 그러나 현재의 시장,

특히 한국의 시장은 많건 적건 학력이나 학벌에 의해 영향을 받으며, 더 나아가 학력과 학벌의 재생산을 부추기고 조장한다. 이로 말미암아 추상적으로 정의된 시장은 교육의, 교육에 의한, 교육을 위한 차별로 뒷받침되고, 또 그것의 재생산을 부추기고 조장함으로써 합리성을 상실한다.

그 합리성을 상실함으로써 시장은 스스로 내부에서 적을 만들어낸다. 부와 교육을 순환적으로 세습하고 계층을 재생산하는 시장은 게임의 순기능 중 하나인 교환성을 늦추고 굳어버리게 만들기 때문이다. 자유주의자가 말하는 게임으로서의 시장은 활동성을 박탈당한다. 이 점이 중요하다. 시장자유주의자는 '시장의 적'을 두려워하는데, '시장의 적'은 외부에서 우발적으로 생기거나 시장에 적대적인 체제에 의해서 생기지 않는다. 시장이 경쟁을 유연하고 합리적으로 만드는 대신 자원의 독점을 초래하는 쪽으로 쏠릴 경우, 시장의 적은 오히려 시장 내부에서 생긴다. 시장자유주의자가 말하는 경쟁이 자유로운 상태에서 일어나기보다는 억제된 상태에서 일어나는 경향이 있기 때문이다.

시장자유주의자가 가장 흔히 빠지는 함정이 있다. 마치 시장이 순수하게 합리적인 상태에서, 어떤 국가적 강제나 조절도 없이 잘 작동할 수 있는 것처럼 믿는 것. 그러나 그런 시장은 존재하기 힘들다. 국가의 힘을 전혀 빌리지 않은 시장자유주의자가 홀로 시장을 장악하는 경우도 자연히 드물 수밖에 없다. 현실의 시장은 국가라는 테두리 안에서 존재하는 경우가 대부분이기 때문이다. 이 연장선에서 생각하면, 순수한 시장자유주의자들이 혼자 힘으로 국가권력을 장악하는 경우도 거의 없다. 그런 일이 일어난다고 하더라도, 그들은 이미 알게 모르게, 많건 적건 여러 국가적 강제력을 빌리고 있다. 그런데도 그들은 마치 교육이 순수하게 시장의 규칙에 따라, 어떤 사회적 공공성에도 영향을 받지 않은 채 존재한다고 가정하는 실수를 끊임없이 저지른다. 시장자유주의자 복거일도 쉽게 그런 함정에 빠진다.

> 사회의 존속과 발전에 필수적이고 외부효과가 커서, 교육은 흔히 공공재로 여겨지지만, '무임승차자들'을 쉽게 가려낼 수 있으므로, 교육은 공공재가 아니다. 자연히, 시장이 교육을 적정 수준보다 덜 생산할 위험은 거의 없다.(복거일, 『자유주의 정당의 정책』, 자유기업센타, 1998, 199쪽)

나도, 강력한 진보주의자들이 왕왕 주장하듯, 교육이 순전히 공공재라고 믿지는 않는다. 그러나 어느 정도 공공성을 띤다고 생각하며 그래야 한다고 믿는다. 다만 구체적인 현실에서 어느 정도까지 공공성과 사적인 욕망을 공존하게 만들어야 하는지에 대해 진지하게 고민해야 한다고 생각한다. 그런데 시장자유주의자들은 어떻게 이렇게 단순하게 시장이 공공재가 전혀 아니라고 주장하는 것일까? 시장이 적정하게 교육을 생산한다고? 복거일은 종종 자유주의자로서의 포용을 보일 때도 있지만 그가 이런 순진한 낙관주의를 단순하게 피력할 때, 섬뜩한 느낌을 피할 수 없다. 교육을 어느 정도 국가가 관리한다는 것은 벌써 그것에 사회적 공공성이 내재한다는 것을 증명하지 않는가? 교육이 공공성을 가진다는 것은 다음과 같은 그의 주장에서도 간접적으로 드러난다.

정부의 고등교육에 대한 보조금은 어떤 기준으로도 정당화되지 못한다
는 사실이다. 초등교육에 대한 정부투자는 약하나마 나름의 근거를 가
졌다. 고등교육에 대한 투자는 그렇지 못하다.(복거일, 앞의 책,
200~201쪽)

그의 말을 따르더라도 최소한 초등교육에는 일정한 공공성이 내재
한다. 그리고 그가 "어떤 경우에도 정당화되지 못한다는 고등교육에
대한 보조금" 주장도 그가 사실을 혼동하거나 혹은 알지 못해서 나왔
을 것이다. 우리나라 국가교육예산 중 고등교육비가 차지하는 비율
은 10%이다. 미국의 27%, 캐나다의 22%, 스웨덴의 24%에 비하면
절반에도 못 미치는 수준이다. 사립대학에 대한 정부의 국고 재정지
원을 보더라도 우리나라는 4.7%인데, 미국은 19%, 영국 35%, 일본
13%로 큰 차이를 보인다. 이 점을 보더라도 흔히 시장자유주의자들
이 말하는 시장의 자동조절장치는 그야말로 허구적인 장치에 지나지
않는다.

물론 고등교육에 대한 보조금이 다른 보조금들과 마찬가지로 애초
목적과 달리 오히려 소득이 많은 사람들에게 다시 소득을 이전하는
부정적 효과를 가질 수 있는 것은 사실이다. 그러나 이런 부정적 측
면은 다른 다양한 제도를 통해 조절할 일이지, 공공성을 뿌리뽑을 빌
미는 아니다. 어쨌든 그런 부분적 역효과를 빌미로 공적 부조금 자체
를 송두리째 혹은 일방적으로 부정하는 일은 광적인 맹목성에 가 닿
는 일이다. 미국은 상대적으로 시장 기능을 매우 중요하게 생각하는
나라지만, 교육뿐 아니라 보건복지 부문에서도 한국보다 훨씬 높은
비율의 공공적 재정지출을 하고 있다. 고등교육을 포함하여 아예 모

든 교육을 거의 공적으로 관리하고 있는 독일과 프랑스, 북유럽의 경우는 말할 나위도 없다. 물론 이런 공공 교육을 곧이곧대로 이상적인 모델로 여기거나 당장 그대로 한국에 적용하려고 덤빌 필요는 없다. 또 최근에 유럽의 교육현장에서도 과거의 공공성이 조금 위축되는 경향이 보인다. 그렇더라도 그것은 아직은 잘 작동하는 공공 모델임을 부인할 수 없다. 이런 사정인데도 시장방임주의자들은 가공의 시장을 설정한 채 논의를 추상적으로 끌고 가곤 한다.

진보적 교육이론, 좀 공허하지 않은가

시장자유주의자들이 교육에서 공공성을 전적으로 혹은 거의 전적으로 무시하는 것과 비교하면 흔히 진보진영에서는 그것을 거의 절대적인 가치로 여긴다. 전자들이 교육의 민영화 혹은 시장화를 무조건 주장하는 데 반해, 후자들은 거꾸로 교육의 공공성을 거의 절대적으로 숭상한다. 여기서 교육문제에 관한 담론은 극단적인 양극화에 빠지게 된다. 물론 진보진영은 교육을 시장화하려는 쪽의 맹목성을 견제하기 위해 공공성을 주장하는 면이 강하고, 극단화된 현실에서 그런 전략이 유효한 것도 사실이다. 그러나 극단적 시장화에 대응한다면서 그에 대한 대립적 이념으로 공공성을 구호로 내세우는 데에도 문제는 있지 않을까? 극단적 시장화에 대응하더라도 단순히 전술적 극단화에 그치지 말고, 좀 더 솔직하고 진지한 대안이나 보완책 마련에 주의해야 하는 것이 아닐까?

한 예로 김용일은 그의 책『교육의 미래─시장화에서 민주화로』에서 신자유주의자들에 맞서서 교육의 민주화를 주장한다. 그 주장이 일관되기는 하지만, 공공성이라는 이념은 다소 추상적으로 제시되고 있다. 더구나 그는 신자유주의자들이 촉발한 "국가냐 시장이냐"라는 논쟁이 "공허한 논쟁"임을 안다. 김용일은 같은 책에서 또 그들은 "이런 대립구도를 설정한 뒤, '국가의 실패'를 역설하면서 시장에 대한 외길의 선택을 강요"한다고 지적한다. 그 지적은 맞다. 그러나 그렇다면 진보주의자도 비슷한 질문을 자신에게 던져야 할 것이다. 그 시장에 맞서 오로지 공공성만 역설하고, 공공성에 대한 외길의 선택을 강조하는 것도 자칫하면 "공허한 논쟁"으로 흐르지 않겠느냐고 나는 묻고 싶다.

단순히 이론적이거나 분석적인 관심에서 이런 말을 하는 것은 아니다. 나도 개인적으로 짧은 기간이나마 진보적 교육 관련 시민단체에서 운영위원으로 참여하며 얻은 경험이 있고, 그 경험을 토대로 고민을 해보았다. 현재 교육에서 공공성이 더 강화되어야 하는 면이 분명히 있지만, 그렇다고 전적으로 혹은 오로지 그 기준에만 의존해 대응하기는 어렵지 않겠느냐는 생각이 든다. 한 예로 현재 공교육이 제대로 이루어지지 않고 사교육 점점 확장되는 것은 명백한 사실이다. 그래서 전교조를 비롯한 진보진영에서는 최고의 가치로 '공교육 내실화'를 내세운다. 그것이 중요하다는 것은 의심할 여지가 없다. 그러나 공교육이 교육에 관한 자율적 주도권을 상실한 지 오래된 상황에서, 그리고 학원을 다니는 중고교생이 더 늘어날 뿐 아니라 대학 졸업생의 상당수도 학원강사로 일하는 상황에서, 학원은 사회경제적으로 무시하기 힘든 축을 형성하고 있다. 중장기적으로 대안을 갖춘 일관된 정책이 마련되지 않고서는 여전히 존재할 가능성이 높다. 이 상황에서 진보진영은 말한다. 결정적인 요인이 대학서열체제인만큼 그것을 혁파해야 한다고.

> 대학의 선발 자율권이란, 서울대를 정점으로 하는 대학서열체제에서는,
> 그리고 사교육이 대학입시를 좌우하는 현실에서는 부를 대물림하는 장
> 치에 불과하다 (…) 모든 사람들이 타고난 개성과 재능을 계발할 수 있
> 는 진정한 의미의 교육이 이루어지기 위한 전제조건은 만인에 대한 만
> 인의 투쟁인 입시전쟁을 끝내는 것이다. 입시전쟁에서 벗어날 수 있는
> 길은 대학서열체제를 혁파하는 것 이외에는 없다.(정진상, 「막다른 골
> 목에 선 입시제도」, 『한겨레』, 2005년 7월 5일자)

서울대가 정점에 있는 대학서열체제가 최대의 문제라는 데에는 나
도 동의한다. 그것을 바꾸자고 나도 여러 번 주장해보았다. 문제는,
그것이 잘 바뀌지 않는다는 데 있고, 심지어 바뀌기는커녕 어떤 점에
서는 더 공고해지는 면도 있다. 이렇게 되면 진보진영에서는 그러니
그것을 더욱 송두리째, 근본적으로 혁파해야 한다는 주장을 내놓는
다. 당위적으로는 맞지만, 구조가 바뀌지 않는 현실에서는 조금 다른
대응을 해볼 수 있다고 나는 생각한다.

우선 대학서열체제가 문제인 것은 사실이지만, 모든 종류의 서열
화 자체가 다 금기시되고 부정되어야 할까? 이제까지 한국에서는 오
로지 입학생들의 시험성적을 기준 삼아 일률적으로 종합대학의 순위
가 결정되었기 때문에 문제가 생겼다. 미국의 경우에 전공별 모집 단
위로 연구나 교육환경에 대한 순위를 조사하고 공표하는 일이 일반
적이고, 유럽에서도 그런 일이 드물지 않다. 그런데도 그것이 사회문
제로 비화하지 않는 이유는 대학이 입학생을 선발하는 과정에서 일

률적으로 시험점수에 의존하지 않고 내신성적을 비롯한 다양한 평가기준을 자체적으로 마련하고 있기 때문이다. 여기서 '다양한' 평가기준을 도입해야 한다는 것은 그 점수를 종합적으로 합산해야 한다는 뜻이 아니다. 중요한 것은 바로 점수를 버리는 것이다. 다양한 선발기준을 마련하여 선발할 때에만, 학생들은 모든 것을 잘해야 한다는 강박에 사로잡히지 않을 수 있고, 학생들에 대한 획일적 입도선매가 이루어질 염려도 없다. 성적에 따라 평가를 하더라도 어느 수준 이상의 학생들에게는 일류 대학의 문호가 다 열려야 한다. 중요한 것은 입학성적이 아니라 대학에서의 교육성과이기 때문이다. 결국 입학생을 입시성적에 따라 한 줄로 세워 평가하고 그 결과에 따라 대학서열을 평가하는 방식은 타파해야 마땅하지만, 오히려 대학에서의 학업효과는 상대적으로 더 엄격하게 평가해야 한다. 그런데 지금 한국대학은 어느 곳이든 들어가기는 어렵고 나오기는 쉽게 되어 있다. 과거 1980년대에 졸업정원제를 실행한다면서 결국 유명무실하게 되어버린 적이 있었다. 지금 한국대학은 입학하기만 어려운 입시방식을 비롯해 여러 가지를 획기적으로 바꿔야 한다. 졸업을 까다롭게 하거나 수업방식에 창조적인 변화를 줘야 한다. 교수들에 대한 평가도 필요하면 더 다양하고 독창적으로 할 수도 있다. 이 모든 요소들을 고려하여 대학을 평가한다면 그것은 나름대로 의미를 가진다.

현재 대학입시는 최소한 획일적인 수능시험 하나로 학생들을 선발하던 과거의 일률적인 입시방식에서 점진적으로 탈피하고 있다. 서울대는 2005년 입시 이후 최소한 겉으로는 내신, 수능, 논술을 복합적으로 적용하고, 특별전형 몫(실제로는 특목고 학생에게 유리하게 작용하기 쉽지만)을 30% 정도 떼어놓는 선진국형 모델을 선택하고 있다.

이때까지 거의 획일적이었던 수능 비율을 상대적으로 낮춰놓았기 때문이다. 따라서 그 모델은 과거처럼 획일적으로 시험성적에 의해 입도선매한다는 비난은 피할 수 있게 되었다. 문제는, 이러한 선진국형 모델이 한국에서는 차별적인 사교육비 지출을 강요하며 계층의 재생산을 초래하기 십상이라는 데 있다. 이 경우 입시제도가 과거와 같은 대학서열화에서 조금 벗어난다고 하더라도, 대학들은 새로운 경쟁과 평가를 통한 순위평가에서는 벗어나기 어려울 듯하다. 대학들도 글로벌 평가 시대에서 경쟁을 피할 수 없게 되었고, 앞으로 그 평가는 과거의 획일적 서열화와는 다른 복합적인 평가방식을 따라 이루어질 형국이다. 다르게 말하면, 획일적인 종합서열 대신에 미시적이고 복합적인 서열화가 이루어질 가능성도 높고 그 필요성도 상당히 높다. 전자만 반대하는 데 그치지 말고, 후자에 대한 논의와 검토를 충실하게 할 때가 아닌가 싶다.

정운찬과 노무현에 대한 기대와 실망

이상에서 보듯이 문제는, 나쁜 구조의 혁파는 당위적 차원에서는 옳은데, 현 상황에서 획기적인 변화가 일시에 이루어지지 않을 가능성이 큰 데 있다. 왜 그런가? 단순히 패배주의를 탓할 일은 아닌 듯하다. 무시할 수 없는 여러 이유가 존재하기 때문이다.

우선 앞에서 언급한 학원시장의 팽창에 대해 다시 말해보자. 사교육 및 그것과 맞물린 문제들이 현재 교육 영역을 넘어 최대의 사회적 갈등을 야기하는 게 사실이다. 기존의 경제적 양극화를 심화하는 건 물론이고, 불안한 세상에서 그나마 사랑과 평화를 가꿀 공간인 가족을 파괴하는 요인이다. 그야말로 최대의 '공공의 적'이 아닐 수 없다. 그럼에도 불구하고 이렇게 확대된 사교육 시장을 단번에 축소하거나 없애기는 쉽지 않을 듯하다. 무조건 시장을 존중해야 한다는 말은 아니지만, 오랜 기간을 거쳐 형성된 사교육 시장을 일거에 없애기는 힘들다는 말이다. 갈수록 어려워지는 현재의 취업시장에서 대학졸업생 중 상당수가 학원에 취업하는 현실을 보면, 고졸의 80% 정도가 입학해서 거의 대부분이 졸업하는 현재의 대학 시스템이 일자리의 관점에서도 커다란 문제를 야기한다는 것을 알 수 있다.

이렇게 사교육의 팽창에 비해 공교육이 위축된 것은 그 뿌리가 깊다. 현재 사립학교법 제정에서도 문제가 되는 부분인데, 한국의 사교육은 학원에서만 이루어진 것이 아니다. 근대화 초기부터 그랬지만 해방 후에도 사립학교가 끊임없이 설립되었는데, 그 결과 현재 사립학교의 비율은 중등교육뿐 아니라 고등교육에서도 지나치게 높다. 까놓고 말하면 정부가 교육의 공공성을 반은 포기한 상태로 한국 현대사는 흘러온 셈이다. 그 상태에서 사학재단의 부실화와 비리가 늘어나고 이제는 방치할 수 없는 골칫거리가 되었지만, 정부가 교육의 사립화를 부추긴 기간이 워낙 오래되었다는 점에서 교육부의 책임도 크다.

개인적으로는 나도 사학재단의 부실과 비리를 막을 법 제정에 동의하지만, 이제까지 정부가 사립화를 방조하거나 부추긴 책임도 있기에, 중장기적 계획을 세워서 근본적 변화를 단계적으로 모색하는 것이 옳다고 본다. 구체적으로 말하면, 사립학교들을 중장기적으로 공립화할 대안을 중장기적으로 준비하거나 그렇지 않으면 사립학교들의 자율성을 일정한 한도에서 인정해주는 방식을 공식적으로 정책

화해야 한다고 본다. 현재의 어정쩡한 사학들의 존재를 그대로 둔 채, 이념적으로만 공공성 논쟁을 하면 자칫 공허해지기 십상이다.

가장 근본적인 개혁은 사립학교들을 근본적으로 공립화하는 것일 터이지만, 이 일은 비용도 비용이며 또 다른 중요한 장애가 있다. 과연 국가가 법을 어기지 않은 사립학교들을 강제로 국립화할 수 있느냐 하는 문제. 비리 대학이나 경쟁력이 없는 대학은 국가가 얼마든지 국립이나 공립으로 전환할 수 있다. 그러나 이미 오래 전부터 있었던 사립학교들을 그렇게 만드는 일은 아마 국민적 합의 없이는 불가능할 것이다. 국민적 합의 없이 그런 일을 추진한다면 당장 헌법소원이 밀려올 것이다. 다르게 말하면, 사립학교들을 공립화하는 일은 단순히 교육 분야의 개혁에 그치지 않고 전반적으로 우리 사회에 건강한 사회민주주의적 색채를 입히는 일의 일환으로서만 추진할 수 있을 것이다. 이 경우 국민적 합의는 정치적 선택과 뗄 수 없는 관계에 있을 터이다.

진보주의자들은 흔히 독일이나 프랑스 혹은 북유럽의 공공 교육을 모델로 삼는다. 나도 그 사회의 공공성을 부러워하지만, 그것을 그대로 한국에 적용하는 데에는 신중해지고 싶다. 유럽의 조세부담율은 사회민주주의의 복지 모델에 걸맞게 매우 높다. 현재 한국의 조세부담률 증가를 유지한다고 하더라도, 아마도 몇 십 년이 지나야 우리 사회의 조세부담율은 사회민주주의적 공공성을 확보할 수준이 될 듯하다. 사립학교들을 공립화하거나, 아니면 사학적 자율성을 상대적으로 인정해주는 선택은 물론 교육현장에만 국한된 것이 아니라 복지를 비롯한 사회 전체의 공공성을 어느 정도로 유지하느냐 하는 문제와 연결되어 있기에 쉽사리 결정될 문제는 아니지만, 그 문제를 건

너뛴 채 사교육 문제를 논의하는 것은 미봉책에 끝날 가능성이 높다. 그런데 진보진영에서는 이 오래된 사교육의 존재를 정책적으로 해결하는 문제에 대해서는 진지하게 고민하지 못하는 경우가 꽤 있다.

진보주의자들은 교육의 공공성 확보와 대학서열 혁파를 주장할 때, 서울대 문제가 가장 나쁜 고리이기 때문에 그것만 부수면 다른 많은 부분은 저절로 해결되리라고 믿는다. '학벌 없는 사회'를 꿈꾸며 교육운동에 참여해본 내 경험에 의하면, 그 점은 반은 맞지만 반은 맞지 않은 듯하다. 교육개혁에 관심을 갖고 고민하기 시작할 당시, 나도 한국교육 시스템에서 서울대가 갖는 상징적 효과 때문에 서울대를 획기적으로 바꾸는 방식이 중요하다는 데 동의했다. 서울대 개혁이 중요하기는 하다. 그러나 그것으로 모든 문제가 해결되지는 않는다. 다행히 서울대 문제가 어느 정도 해결된다고 하더라도, 일류 사립대학들의 팽창주의는 여전하거나 오히려 심해질 것이다. 사실 연·고대를 비롯한 서울의 여러 사립대학들은 어마어마한 기업이다. 땅값을 감안하면 재벌에 가까울 정도일 뿐 아니라 서울로의 편향과 독점을 야기하는 대표적인 요인이다.

이들 사립대학들을 국립으로 전환하는 방안은 사실 힘들거나 없다고 보아야 한다. 부실한 사립대학을 국립으로 전환하는 방식은 가능하지만, 잘나가는 사립대학들은 계속 팽창하려고 할 것이고 교육시장에서 유리한 자리를 차지하기 위해 경쟁할 것이다. 괜찮은 사립대학을 국립으로 전환할 길이 없다면, 수도권에 국립대학을 신설하는 등의 정책을 추진해야 한다. 그리고 국립대학의 등록금은 국가의 지원으로 아주 저렴한 수준에서 유지되도록 해야 한다. 반면에 사립대학의 상대적 자율성을 인정하면서 등록금도 현실화하는 정책을 적극 검토해볼 필요가 있다. 다른 말로 하면, 정부가 이제까지 해왔던 것처럼 사립대학을 규제하는 방식은 한계에 도달한 듯싶다. 지금도 사립대 등록금은 충분히 비싸다. 매년 학생들이 등록금 투쟁을 한다 해도 겨우 물가 인상률 정도로 타협하는 일이 반복되고 있다. 그 방식의 등록금 투쟁은 한계에 도달했는지 모른다. 시스템을 바꾸지 않는한, 등록금은 야금야금 계속 오를 것이다.

등록금 문제가 매년 반복되고 경제상황까지 안 좋아지자, 일부 진보적인 학자들은 대학의 등록금을 50만~100만 원 수준으로 만들자고 주장하고 나선다. 답답한 나머지 하는 말이겠지만, 이런 주장은 비현실적이다. 그들이 참조하는 유럽 대학은 대부분 국립체제로 운영되는 반면에, 서울에 몰린 대학들은 거의 재벌에 가까운 사립대학이다. 대학에 바짝 붙어 평당 수천만 원 하는 아파트나 건물이 꾸역꾸역 들어서는 현실이다. 국가가 이들 재학에 지원하는 비율이 낮은 상황에서 국가가 계속 통제하려고 하는 것도 더 이상 바람직하지 않다. 지원 액수를 더 늘려 강하게 관리하고 통제하든지, 아니면 국립대학을 따로 확대하면서 사립대학에는 상대적 자율성을 주는 것이 그나마 현실적이고 합리적일 듯하다.

무슨 말인가? 유럽처럼 대학의 전반적인 국공립화가 힘든 상황이라면, 국공립대학을 확대하면서 사립대학의 자율성을 인정해주는 방향으로 나아가는 것이 그나마 현실적인 대안일 수 있다. 국립과 사립의 이원 체제를 인정하고 현실적으로 관리하는 정책. 이 경우 그나마 괜찮은 수준의 공립대학들과 다양한 사립대학들이 공존할 것이다. 물론 국립의 비용은 저렴하게 유지되겠지만, 유명 사립대학들의 학비는 더 비싸지고 순위경쟁도 치열해질 가능성이 높다. 이 점이 우려

되기는 하지만, 그렇다고 어정쩡하게 현재의 체제를 유지하는 것은 그야말로 땜질 차원의 무대책에 가깝다.

사실 많은 서울대 출신들뿐 아니라 학부모들도 서울대를 '거의 없 애는' 수준의 해결에 소극적이거나 반대한다. 꼭 그들이 보수적이어 서가 아니라, 그들도 나름대로 현실적인 판단을 하기에 그런 태도를 보이는 듯하다. 만일 사립대학의 경쟁이 치열해지거나 교육비가 더 비싸진다면, 그들은 교육비가 많이 들지 않는 좋은 국립대학이 남아 있는 것이 좋지 않느냐고 판단하는 듯하다. 물론 개천에서 용 나기가 점점 힘들어지지만 그래도 사람들은 그런 희망을 버리고 싶지 않은 듯하다.

이렇게 보면 서울대 학부의 개방이나 해체는 현 시점에서 생각보 다 힘들 듯하다. 무엇보다도 세계적으로 지적 경쟁이 치열해지고 있 는 상황인만큼, 엘리트 교육의 필요성을 쉽게 부인하기 어렵다는 이 유도 그중 하나다. 대학들의 경쟁력 순위가 국제적으로 발표되는 판 에, 그나마 가장 경쟁력을 갖추었다고 여겨지는 서울대를 해체하기 는 어려울 것이다. 다른 중요한 이유도 있다. 지난 2004년 명문 사립 대 수시모집에서 일종의 고교등급제 덕택에 강남권 학생들이 특혜를 받았다는 의혹이 있었고, 사회적 비판과 비난이 들끓었다. 여기서 알 수 있듯이, 아무리 국립서울대 문제를 부분적으로 정리한다고 하더 라도, 연·고대를 비롯한 사립대학들이 발 빠르게 교육의 자본화를 부추길 것이 뻔하다. 사립대학들이 강남권 학생들을 모조리 빨아들 이는 데서 생기는 사회적 폐해는 현재 서울대가 유발하는 그것보다 더할 것이다.

이런 이유로 나는 서울대 문제를 오로지 해체의 관점에서 해결하려는 시도에 회의적이다. 서울대의 직접적 해체에만 회의적인 게 아니다. 민주노동당이나 전교조, 다수의 진보적인 교육단체들은 '국립대 네트워크 방식'으로 서울대를 해체하는 방식을 거의 공식적인 서울대 해법으로 제시한다. 그러나 현재의 지형에서 진보적 교육 공공성의 관점도 중요하지만, 지식 경쟁력의 관점도 그에 못지않게 중요하다. 이 두 가지 요구를 다 충족시키는 방법이 없을까? 서울대 입학 정원의 획기적 축소는 실현 가능성도 상대적으로 높을 뿐 아니라, 거부하기 힘든 대의를 확보하고 있다. 이 경우 서울대 출신들이 고위직을 독과점하는 데서 오는 사회적 폐해도 대폭 줄일 수 있다. 또 학부를 기초학문 중심으로 편성하고 대학원도 연구 중심으로 편성함으로써, 기초과학 육성이라는 국립대 본연의 취지도 살릴 수 있고 성적이 우수한 학생들의 서울대 집중도 막을 수 있다. 현재 학부에 있는 경영대, 법대, 사범대 등을 전문대학원으로 옮길 경우, 학부 정원을 크게 줄일 수 있을 뿐 아니라 전문대학원 체제로의 변화라는 목표도 이룰 수 있다.

이 점에서 나는 정운찬 전 서울대 총장의 태도에 실망했다. 그는 경제학자로서 기회 있을 때마다 기업들의 구조조정을 요구했다. 그런 그가 막상 서울대를 구조조정하는 데에는 소극적이거나 머뭇거렸다. 서울대 정원이 2006년에 조금 줄어 3200명 정도 되었고, 교육부도 2007년까지 국립대 정원의 10%를 축소하라고 요구했지만, 이 정도로는 턱도 없다. 미국 일류 대학들의 학부 정원이 1500명 정도라는 것은 정 전 총장도 알았을 것이다. 획기적 정원 축소를 거부한 채 서울대의 경쟁력을 말하는 것은 사회적 기만에 가깝다. 가뜩이나 초중등교육예산과 비교할 때 형편없이 적은 대학예산을 서울대가 계속

독식하게 내버려둔다면, 고등교육은 피폐를 면치 못할 것이다. 프랑스의 그랑제콜이 엘리트 교육을 하면서도 사회적 정당성을 확보할 수 있는 중요한 이유는 여러 분야가 독립적으로 존재하는데다 정원도 매우 적기 때문이다(예를 들면 100명 안팎). 언론들은 아직도 서울대 대학원이 정원에 미달되었다는 사실을 위기인 양 호들갑스럽게 보도하곤 하는데, 이런 보도는 무책임하고 공허하다. 대학원 정원도 과잉 상태에 있다.

　서울대 문제의 획기적 해결에 은근히 반대하기에 이런 말을 하는 것이 아니다. 획기적인 해결을 할 수 있다면 빨리 하는 것이 최상의 방법이다. 아마도 그 일은 대통령의 시퍼런 특단의 의지가 있어도 될까 말까 한 일이다. 그런데 학벌문제에 꽤 관심을 가졌던 노무현 전 대통령도 후보 시절엔 교육문제에 꽤 개혁적이었지만 취임 이후에는 그렇지 못했다. 물론 중차대한 국제문제들이 얽히고설킨 판이었으니 상대적으로 '오래되고 진부한' 문제인 교육문제에 용을 쓸 여유가 없었을 수 있다. 그러나 그런 한가한 태도는 잘못된 것이었다. 심각한 국제정치적 문제 못지않게 시민의 삶을 직접적으로 결정하는 중요한 문제는 교육 비용과 부동산 비용인데, 이 둘이 벌써 오래 전부터 융합하고 있었다. 노무현은 성적순으로 일류 대학에 입학하는 현 시스템에 대해서는 몇 번 질타를 했지만, 얽히고설킨 교육문제를 차분하게 풀어나갈 능력도 없었고 일관된 계획도 없었다. 개인적으로 정치문제에 관심이 많더라도 교육문제 역시 그에 못지않게 중요한 문제인데도, 그는 그것을 다루지 못했다. 자신이 못 하면 사람을 잘 써야 할 터인데, 그는 교육문제를 전담할 사람을 중용하지도 못했다. 인사문제에서 그는 갈팡질팡했는데 교육부장관 인사는 실패한 인사 중에서도 대표적인 인사였다. 교육을 담당할 수석비서관으로 전교조 출신을 쓰면서 교육부장관으로는 경제관료 출신인 김진표를 임명한 것은 코미디 중에서도 코미디였다.

열성과 아우성 사이에서 침묵하고 회의하기

교육문제에서 일련의 우충좌돌을 겪고 이제, 여기에 선다. 여기까지 오면서 가슴 아픈 것은 시장자유주의자와 부딪치는 것보다 진보주의자와 부딪친 일이다. 현재의 과도한 시장화에 개인적으로 동의하지 않는다는 점에서 나는 진보주의자와 어느 정도 발을 맞출 수 있다. 그러나 나는 이념적인 진영의 논리에만 충실하고 싶지는 않다. 자본주의가 점점 과도한 시장화를 부추긴다는 것, 그리고 시장은 대개 매수권을 가진 사람이 지배하는 경향이 있다는 것이 개인적으로 마음에 들지는 않지만, 그래도 나는 시장이 여러 좋은 역할을 할 수 있다는 점도 기억하고 싶다.

예를 들자면? 앞에서도 말하기는 했지만, 시장은 좋은 방향으로 작동하면 자원의 배분을 빠르게 하고 그것이 넓고 크게 순환하도록 만드는 데 기여할 수 있다. 물론 그 과정에서 민주적인 사회와 정부가 필수적이기는 하지만, 교육 영역에서도 나는 시장의 역할이 과도하게 커지는 데에는 반대하지만, 거꾸로 시장의 역할을 과도하게 무시하는 데에도 반대하고 싶다. 시장의 기준으로 교육을 관리하려는 일은 위약적이지만, 시장을 아예 배제하려는 태도도 위선적일 수 있기 때문이다.

돈은 사람을 추하게 만드는 경향이 있지만, 사람을 솔직하게 만든다. 돈 앞에서 사람은 제 모습을 드러내기 때문이다. 물론 사람은 이 모습도 다시 감추려고 하고 위장하려고 한다. 그러나 어쨌든 돈은 그런 모습까지 어느 정도 드러나게 한다. 이 점에서 나는 돈과 시장이 일종의 '실증주의적' 역할을 한다고 믿는 편이다. 돈이 굴러가는 시장은 악마가 인간을 유혹하고 인간에게 도전하는 이판사판의 공간이다. 인간이 그 유혹과 도전을 무작정 피할 수는 없을 듯하다. 그 도전과 유혹을 만나면서 인간은 제 꼴을 드러낸다. 감출 수 있는 자는 다시 감춘다.

나는 교육도 이 시장을 피할 수만은 없다고 생각한다. 실천적이고 정치적인 차원에서 한국사회에 공공성이 더 강화되어야 한다고 믿는 점에서 나는 중도좌파이다. 그러나 교육현장에서 시장도 나름대로 시금석 역할을 할 수 있다고 믿는 점에서는 중도우파일 듯하다. 이런 판단은 다만 정치적인 취향의 문제로 그치지는 않는다. 그것은 교육의 근본적인 방향과 연관된다. 앞에서 인용한 진보주의자의 말을 다시 들어보자. "모든 사람들이 타고난 개성과 재능을 계발할 수 있는 진정한 의미의 교육이 이루어지기 위한 전제조건은 만인에 대한 만인의 투쟁인 입시전쟁을 끝내는 것이다." 나도 좋은 세상이 오기를 원하지만, 앞으로 "모든 사람들이 타고난 개성과 재능을 계발할 수 있는 진정한 의미의 교육"이 이루어지리라고는, 불행하게도 믿지 않는다. 그리고 불행하게도 이전에도 그런 교육은 존재한 적이 없다고 생각한다. 이 회의적 태도는 교육의 성격과 방향에 대한 회의적 태도와 연결된다. 한국교육에서 공공성 강화가 중요한 과제고 그것을 위한 실천에는 나도 기꺼이 동참하겠지만, 교육의 목적을 너무 인본주의적으로 혹은 이상주의적으로 설정하는 데에는 회의적이다. 또 공적 교육현장에서 평등의 실현이 더 강화되어야 한다고 믿지만, 그것 자체가 교육의 목적이라고 주장하는 데에는 동의하기 힘들다.

이 태도는 단순히 회의적인 것일까? 회의적 태도는 기본적으로 소극성을 띠는 것이라면, 나의 태도는 그저 회의적이라고 말하기 어려울 듯하다. 왜냐하면 나의 태도에 좀 더 과감하고 냉정한 측면도 있기 때문이다. 내가 보기에 교육은 점점 더 문화적 차이와 차별을 생산하는 복합적인 기제로 작동할 듯하다. 그러므로 그것을 전적으로 인본주의적 가치로 되돌리기는 힘들다. 아니, 그것도 충분한 말이 아니다. 교육이 여전히 인간적 가치에 충실해야 하고 이를 위해 우리가 애써 실천을 하더라도, 사람들은 교육을 통해 더욱 '차이내기'와 '차별짓기'를 시도할 듯하다. 그 경향은 시대가 점점 더 평등과 인권을 구현해가는 과정과 단순히 모순되지도 않는다. 한편으로 평등이 과거보다 더 확장되고 있어서 다행이며 또 인권도 비교적 성공적으로 확장되고 있어 다행이지만, 평등화 과정과 동시에 이루어지는 차이내기와 차별화 과정도 만만치 않을 것이다. 어떤 차원에서는 줄어들 겠지만 다른 차원에서는 어쩌면 더 심해질 수도 있다.

왜 그럴까? 평등이 심해지고 인권이 확대될수록, 사람들은 폭력을 금기시한다. 그리고 문화적 가치를 추구한다. 그 대표적인 훈련장이 교육과 문화일 것이다. 그러나 이 경우 교육은 어떤 모습을 띨까? 모든 점에서 평등이 실현된 평화적 자기계발의 장이 될까? 그렇게 되면 좋겠지만 그렇게 될 가능성이 그리 높아 보이지는 않는다. 평등이 인권을 강화하고 평화를 불러오는 면이 분명히 있지만, 동시에 평등은 새로운 경쟁과 질투를 복합적으로 유발하는 역할도 하기 때문이다.

무서운 일이 있는데 사회에서 물리적 폭력이 금기시되면, 그 일은 그냥 사라지지 않고 잠복하는 경향이 있다. 그것이 잠복할수록, 사람들은 오히려 문화적으로 차이를 내는 데 몰두할 틈과 여유를 찾는 듯하다. 이렇게 생산된 문화적 차이는 주체가 의식하든 의식하지 않든 문화자본과 문화권력으로 작용하기 쉽다. 이것들은 다시 세련된 폭력이 될 것이다. 이런 일들은 인권이 발전하고 문화가 꽃핀 현대사회에서 벌써 다각적으로 일어난 일들이다. 이 어려운 점을 "진정한 의미의 교육"이라는 당위의 기준으로만 재단하는 데 진보주의의 당위적 이상주의가 놓여 있는 듯하다. 교육현장은 근대화 초기에도 권력과 폭력이 작동하는 현장이었고, 앞으로도 그 방식은 다르지만 비슷한 일이 일어날 것이라고 보기에, 너무 이상적인 교육적 가치를 설정하는 데 대해 나는 냉정해지고 싶다.

서로 평등하다고 믿는 개인과 집단 사이에서, 더욱이 서로 가깝다고 믿는 사람들 사이에서, 곧 한국과 같은 사회에서 교육열이 비정상적으로 높다는 것은 교육학적으로도 분석된 얘기이다.〔이와 관련한 좋은 책은 오욱환의 『한국사회의 교육열: 기원과 심화』(교육과학사, 2000)이다. 특히 한국사회의 교육열에 대해 고유의 이론을 모색하는 뒷부분을 참조할 만하다〕 한국사회에서는 특히 교육을 통한 출세론이 조선시대부터 유구하게 이어져 왔다. 사람들이 서로 평등하고 동질적이라고 느끼는 사회에서 교육은 오히려 폭력을 문화적으로 재생산하게 만드는 강력한 기제였던 셈이다. 얼마나 역설적인가? 거기서 그치지 않았다. 여성들이 일하지 않는(못하는) 사회구조가 엄마들이 자녀교육을 위해 총력전을 펼치는 데 기여했다.

이런 무모한 교육열의 한가운데에서 우리는 무엇을 해야 할까? 오욱환은 이를 분석하며 한국인들이 "새로운 모형의 이상사회를 설정해야 할 시점에 서 있다"라고 말한다. 한국사회의 폭력적인 교육열을 세밀하게 진단한 후에, 구체적인 정책에 대한 고민 없이 갑자기 이상사회로 회귀하는 그의 주장은 어색하다. 그렇다고 비관주의에 빠지자는 말은 아니다. 우리의 폭력적인 교육열을 될 수 있으면 차분하고 냉정하게 보고 싶다.

앞에서 나는 돈이 사람을 추하게 만들지만 본모습을 드러내게 만든다고 말했다. 사람들은 바로 그 돈 앞에서 그 추한 모습을 감추려고 무진 애를 쓴다. 그런데 추함을 감추는 데에 유독 큰 힘을 발휘하는 것이 바로 교육인 듯하다. 그 행동이 왕왕 폭력적일 수밖에 없다. 그러나 그 더러운 폭력의 속에서도 교육은 때때로 인간의 추한 면을 숨기고 감추게 하기도 한다. 좋은 일인가, 나쁜 일인가?

민주화에 대해서도 이와 비슷한 일이 존재하는 듯하다. 민주화도 돈처럼 대중을 추하게 만들지만, 때로는 솔직한 모습을 그대로 드러나게 한다. 그 민주화 과정을 통해 교육은 모든 사람이 받을 수 있는 선물이 되었다. 그러나 모든 사람이 교육을 받고 평등해질수록, 교육은 다시 차이를 생산하는 차별적 기제로 작동했다. 이 과정에서 교육은 많건 적건 폭력적 모습을 띤다. 이 폭력적 교육은 차이를 무화하려는 민주화 과정 속에서, 다시 차이를 생산하고 소비하고 유통하게 한다. 차이를 생산하고 소비하고 유통하는 이 과정은 인권을 확장하지만, 동시에 새로운 폭력도 낳는 듯하다.

잘못된 구조가 획기적으로 바뀌지 않는 한, 일반 학부모나 학생들도 그 구조 안에서 공생하거나 기생하는 경우가 많다. 많은 부모들이 한국 교육제도가 잘못되어 있다는 데 동의하면서도, 당장은 자기 자식의 교육이 성공하도록 돈과 노력을 퍼붓는다. 이 학부모들과 학생들의 순응이나 집중이 그들의 경제적 투자와 함께 다시 획기적인 변화를 막는 역할을 하곤 한다. 자, 잘 보자. 공부 잘하는 자식을 둔 부모는, 아무리 정치적 의식수준이 높아도 한국의 지독한 교육체제에 잘 적응하거나 안주하는 경향을 보인다. 이 점에서 "개인적인 것이 정치적이다"라는 말은 여성문제뿐 아니라 교육문제에서도 핵심이다.

불안 속에서 발버둥치는 사람들의 교육적 투자(투기)를 칭찬할 일은 아니지만, 그렇다고 무작정 비난하기도 어렵다. 어떤 점에서는 실존적으로 이해하고, 어떤 점에서는 정책적으로 접근할 점이 있다. 그들도 잘못된 구조에 대해서는 알 만큼 안다. 그걸 알면서도, 사람들은 다소 이기적으로 행동하는 것이다. 개인들의 이기적인 동기를 어느 정도 인정하면서도 동시에 공적 구조를 올바르게 조정하고 조절할 수 있는 일관된 정책적 유인책이 필요하다. 운동이든 정치든 이점을 고민하면 좋겠다.

'희생양' 도 못 되는 '희생소' 의 비명

지금까지의 논의는 다분히 교육철학적 기준을 둘러싼 것이었다. 더욱이 글이 쓰인 시점이 3년 전이어서, 교육현장에서의 아우성을 현시점에 맞춰 반영하지 못하는 점이 있다. 잠깐이나마 2008년 7월 현재 시점에 초점을 맞추어보자.

이명박 정부는 출범한 지 100일도 안 돼 교육현장을 시장경쟁에 내맡기고 학생들을 시험 보는 기계로 전락시키는 정책을 무지막지하게 추진했다. 청소년들이 촛불시위에 불을 지핀 건 우연이 아니다.

미친 소와 미친 교육은 같은 궤도 위에 있기 때문이다. 나는 '희생양' 대신에 '희생소'의 개념이 도입되어야 한다고 생각하며, 현재 교육제도에서 학생들이 겹겹으로 희생소 역할을 강요당한다고 믿는다(이에 대해서는 『한겨레』 2008년 6월 17일자 칼럼을 참조하라). 고등학교 0교시 수업, 우열반 편성, 학교등급화를 유발하는 '자립'과 '자율' 정책 등이 학생과 학부모들을 불안과 공포로 내모는 상황에서, 죽음의 공포까지 불러일으키는 급식이라니!

이 상황에서는 당연히 잔인한 경쟁을 부추기는 자유주의적 정책에 반대하고 공공성을 확보하는 쪽으로 나아가는 것이 옳다. 0교시와 우열반 편성은 가능하면 금지하도록 하자. 그것은 기본적인 인권이 걸린 문제이다. 아이들이 일찍 일어나서 밥도 못 먹고 나가는 상황은 악랄하고 무의미하다. 그러나 인권의 틀을 넘어서는 다른 차원에서는 문제들이 생각보다 복잡하다. 현재의 잘못된 대학입시 방향이 바뀌지 않는다면, 그래서 사회 전반적으로 과열된 교육열에 변화가 오지 않는다면, 고등학교에서의 왜곡된 수업도 바뀌지 않을 터이기 때문이다. 그래서 좀 더 세밀한 조절이 필요하다. 우열반 편성만 해도 그렇다. 인권 차원에서는 학생들의 기본적인 교육권을 침해하는 경향이 있으므로 철폐해야 할 것이다. 그러나 그것을 없애는 대신 서울시 교육청이 도입을 검토하겠다는 수준별 학습에 이르면, 문제는 조금 복잡해진다. 고정된 우열반이 아니라 학생들 수준에 따라 수업을 달리하는 방식은 그 자체로는 금지할 대상은 아닐 것이다. 다만 학교가 그 수준별 수업을 유연하게 할 능력과 여유를 가졌는가가 핵심일 것이다. 그렇지 못할 경우 또 대학입시에 오용될 것이다. 외국의 경우 그 취지에 걸맞게 아예 고정된 학년제에 매이지 않고 수준별 수업을 하고, 따라서 그 취지도 살아난다. 교사들도 학생들 수준에 따라 성실하게 학생들을 대할 수 있느냐 하는 문제도 중요하다. 부모들에게도 너무 불안해하지 않는 태도와 지혜가 필요하고, 학생들도 부모가 시키는 대로 따라가지 않는 독립성을 나름대로 가질 필요가 있다. 말하자면 학교, 교사, 학부모, 학생 모두의 변화가 필요한 셈이다. 이 문제들을 다룰 수만 있다면 수준별 수업은 실행할 만하다. 학생들 수준이 너무 달라서 교사는 교사대로 학생들은 학생대로 수업에 흥미를 잃는 현상도 벌써 오래 전에 방치할 수 없는 수준에 도달했기 때문이다.

이명박 정부가 새로 도입하려는 '자율형 사립고'와 '기숙형 공립고'는 기존의 특목고와 '자립형 사립고'가 유발했던 평준화해체 경향을 넓은 범위에서 가속화할 위험이 있다. 학교별 등급화가 확대되면서 학교와 교사들 사이에서도 경쟁이 과열될 수 있다는 점에서 염려스러운 것이 사실이다. 그렇지만 다른 한편으로 그것 자체만 반대하는 일은 한계를 가질 듯하다. 앞에서도 언급했듯이, 이 문제는 기본적으로 사립학교가 다수가 되는 과정을 오랜 기간 방치한 국가의 책임이 크다. 함께 일하며 성장하는 시대에는 상대적으로 드러나지 않았던 불만들이 무한경쟁과 무한책임의 시대에 점점 커지고 있다. 국가가 재정적으로 더 개입하면서 공공성을 강화하는 방향으로 가더라도, 몇몇 사립학교에는 이를 강제하기가 힘들 것이다. 이 경우 학부모들은 공립학교에 대해서도 일정한 수준의 경쟁과 선택을 요구할 것이다. 실제로 지금까지 학생들은 학교 선택권도 없이 일방적으로 배정되었는데, 이런 일이 지속되는 것도 바람직스럽지 않다.

학생들을 입시경쟁으로 내몬다는 점에서 중고등학교의 등급화는 바람직스럽지 않다. 그러나 그 기본적인 요구에만 초점을 맞출 경우 학부모들의 불안이 수그러들지 않을 것이다. 성적에 따라 결정되는 대학입시 방식이 변화하지 않는 한, 부모와 학생들은 가능하면 좋은 대학에 들어가려고 할 터이니. 작은 점수 차이로 당락이 결정되는 억울함을 해소하기 위해 노무현 정부 시절 도입된 수능등급제는 불행하게도 이명박 정부가 출범하면서 다시 폐지 위기에 몰렸다. 정부정책이 일이 년 만에 바뀌는 것은 한심한 일이지만, 실제로 일어나고 있다. 그만큼 현 교육체제는 불안정하다는 말일 것이다. 어쨌든 이명박 정부의 무지막지하고 경박한 교육정책에 반대하는 것은 좋다. 그런데 대안이 무엇인가? 모든 경쟁을 금지하는 방향으로 나아갈 수 있을까?

가능하면 고등학교에서는 과열경쟁을 하지 않고 쉽게 대학에 진학하는 방식이 좋을 것이다. 중고등학생들이 창조성도 없는 수업에 지긋지긋하게 시달리는 일이 줄어들 것이고, 대학은 엄격한 학사관리를 도입하면 될 일이다. 그런데 사립대학들은 자율성을 얻어내고자 한다. 대학교육의 질적 경쟁이란 이름으로 그것을 정당하게 만들려고 할 것이다. 그리고 그것 자체를 금지하거나 막을 길은 불행하게도 잘 보이지 않는 듯하다. 이것이 문제다. 인구가 밀집한 서울과 수도권에 양질의 국공립대학이 몇 개 되지 않은 상황이 특히 불리하다. 아무리 수능점수에 따른 대학입시를 비판해도 국가가 사립대학들의 전형방식에 일일이 간섭하는 방식은 좋지 않을 뿐 아니라, 정책적으로도 가능하지 않다. 노무현 전 대통령도 상위권(예를 들면 상위 5%~10% 정도의 성적)이면 좋은 대학 어디나 갈 수 있는 것이 바람직하다는 말을 했는데, 그 말이 정책적 실행력을 갖추지는 못했다. 서울과 수도권에 사립대학이 압도적으로 몰린 상황에서 정부가 그런 정책을 관철시킬 수 없었고, 심지어 서울대도 딴지를 걸고 나섰기 때문이다. 대통령이면 정책을 실현할 길을 찾고 실력을 갖추어야 하는데, 말만 던진 셈이고 결국 별로 도움이 되지 못한 것이다.

가시적인 미래에 국가가 대학교육을 전적으로 책임질 길과 능력이 없다면, 국립과 사립의 이원화된 길을 갈 수밖에 없지 않을까? 모두에게 동일한 기준과 비용을 적용하는 일은 어려워 보인다. 그러기 위해 양질의 국립대학을 수도권에 신설하거나 확대하는 것이 무엇보다 필요하다. 핵심적인 문제는 국가가 국공립대학에 확실하게 지원하는 것이지만, 어쨌든 국립대학은 저렴한 학비와 양질의 수준을 확보하고, 사립대학은 등록금을 포함한 학비 정책에서는 일정한 자율성을 확보하게 하자. 그것이 최선은 아니더라도 차선책은 될 것이다. 물론 국가가 국공립대학에 확실하게 지원을 하는 것이 관건이지만. 그렇지 않으면 이 지옥 같은 교육체제를 바꿀 길은 뚫리기 힘들 듯하다.

'경쟁'이란 말은 자주 표적으로 떠오른다. 모두들 그 '경쟁'을 쏘려고 하는데, 방식은 거꾸로다. 시장자유주의자들은 게임을 통한 경쟁을 과도하게 숭배하는 경향이 있는 반면에, 진보주의자들은 그것을 너무 금기시한다. 앞에서도 언급했지만, 시장자유주의자들은 경쟁을 긍정한다면서 심지어 신분적 독과점을 선호하는 경향이 있다. 그럴 경우 경쟁은 오히려 시장에 해롭게 작용할 것이다. 그와 달리, 진보주의자들은 경쟁을 금기로 삼는 경향이 있다. 그것이 비록 시장자유주의에 의해 남용될 위험이 있지만, 그렇다고 지금 상황에서 그것을 무작정 금지나 금기의 대상으로 삼는 일도 무리일 듯싶다. 게임의 규칙을 정하고 그 규칙이 잘 지켜지도록 한다면, 경쟁은 긍정적인 방향으로 작동할 수 있지 않을까? 이 경우 경쟁은 오히려 정치적·경제적·사회적 자원의 순환적 배분을 확대하고 가속화하는 장점을 가진다. 이 점에서 진보주의자는, 시장자유주의자와 상대한다면서 알게 모르게 경직성에 빠지는 게 아닌가 싶다. 그는 너무 완벽한 공공성에 사로잡힌 것이 아닐까. 시장이나 경쟁에 대해서 균형을 잡는 것이 어렵기는 하지만, 그렇다고 불가능한 것이 아닌데도 과도하게 자기 진영 논리에 몰두하는 것은 아닌가 생각이 든다.

이 점을 고등학교의 공교육에 관련하여 다음 장에서 더 얘기해보자. 교육에 관련한 갈등에 대해 우리는 너무 소통하지 못하기 때문이다.

소통의 부재

／촛불집회를 이해하는 겸손하고 뻔뻔하며 쫀쫀한 방식

촛불의 바다, 소통의 부재 속에서 타오르다

소통, 그것이 문제는 문제다. 서로 통하지 않는 이야기는 답답하고, 서로 너무 어긋나는 관점의 차이는 아찔하다. '소통의 부재'라는 주제를 접하면, 우리는 보통 순간적으로 가슴이 먹먹할 정도의 답답함을 느낀다. 그리고 그런 답답함을 느끼는 것을 어떤 점에서는 당연하게 느낀다. 그러나 소통을 문제로 느끼는 정서는, 갈등을 문제로 느끼는 정서와 마찬가지로, 당연한 듯하면서도 이상하다. 복잡한 사회에서 사람들 사이에 갈등이 많은 것이야말로 어쩌면 당연한 일 아닌가? 그리고 제각기 다른 이해관계와 욕망을 쫓는 사람들 사이에서 소통이 쉽지 않은 점이야말로 당연한 이치 아닌가? 그런데도 우리는 '소통의 부재'라는 빨간 신호등이 켜지기만 하면, 자동적으로 가슴이 쪼그라드는 답답함을 느끼곤 한다. 왜 그럴까?

소통의 문제는 갈등의 문제보다 더 근본적이거나 더 인문적이다. 갈등이 사회적 차원에서 일어난다면, 소통은 거기에 덧붙여 인간관계에 대한 철학적 물음까지 제기하기 때문이다. 그렇기 때문에 소통의 문제는 매우 모호할 수 있다. 복잡한 사건들 속에서 사람들 사이에 소통이 되지 않고 갈등이 끊이지 않았다는 점에 대해 대부분의 사람들이 동의할 것이다. 그러나 왜 그런 소통의 부재가 일어났을까 하고 물으면 그 물음은 갑자기 괴물처럼 커진다. 사람마다 소통 부재의 원인에 대해서는 제각기 다른 판단을 내리기 때문이다. 그러면서 다시 소통의 부재만이 뿌연 안개처럼 짙어진다. 그 모호함은 무엇보다도 '소통'이란 말이 인문적 모호함과 더불어 정치적·사회적 모호함을 가진다는 데에서 기인한다. 인문적이고 철학적인 관점이 끼어들수록 문제가 모호해지고 애매해진다? 이상하지 않은가? 사실, 정말 이상한 일이다.

그렇다면 이렇게 모호함을 불러오는 '소통(疏通)'이란 말 대신에 그저 갈등에 대해 말하면 충분하지 않을까? 사회적 갈등에 대해서는 제도적이고 정치적인 장(場)을 통해 해결을 모색하고 그 후 문제가 생기면 다시 비슷한 과정을 거치면 될 터이니까. 그렇게만 될 수 있다면 좋을 것이다. 문제는, 현재 한국사회가 특히 그렇지만, 갈등을 제도를 통해 조정하고 해결하는 방식으로는 충분하지 않아 보인다는 것이다. 대표적인 예가 정당정치의 효율성이다. 아무리 사람들이 정치에 관심을 많이 가져도, 신문과 잡지 들이 정치적 이합집산에 대해 지나칠 정도로 많은 기사를 써도, 국회의원이 되려는 교수들이 비정상적으로 많아도, 정당정치는 사회적 갈등을 충분히 정리하고 조절하지 못한다. 의회민주주의가 사회적 갈등을 조정하고 해결하는 데 크게 실패하고 있다는 말이다.

지난 몇 년 동안 사회적 갈등이 정치적으로 제도화되고 조정된 과정을 살펴보자. 아직도 골이 뻐근하게 쑤실 정도로 아프게 기억나는 큰 사건들이 있다. 몇 년 전 노무현 정부 때의 일이다. 이라크 파병을 둘러싼 찬반 논쟁, 천성산 고속철도공사를 반대한 한 스님의 죽음을 무릅쓴 단식, 새만금공사를 둘러싼 찬반 대결, 황우석의 배아복제 사업을 맹목적으로 지지하는 층과 그 사업을 비판적으로 보는 층의 대립, 미국과의 FTA체결을 두고 벌어진 팽팽한 갈등, 그리고 대추리에서 정부와 주민들의 대치 국면. 이 모든 사건에서 정부 혹은 국가는 국가의 이름으로 사업을 강행하려 했고 이에 반대하는 시민이나 주민들은 격렬하게 반대했다. 행여 사건이 법적으로 혹은 행정적으로 마무리되었다고 하더라도, 시민들과 소통하지 못하고 시민들을 설득하지 못한 정부와 국가의 우스운 꼴은 지금도 쉽게 잊히지 않는다.

이 소모적 사건들에 대한 정치적 책임은 기본적으로 참여정부에 있을 것이다. 대통령이 정작 설득해야 할 때 시민들을 설득하려는 노력을 게을리하고 무시했다는 점에서 책임을 져야 할 것이다. 그러나 대의제 선거를 통해 선출된 정당들도 의회민주주의 방식에 따라 유연하게 갈등을 조정하지 못했다. 그래서 선거 때는 정당에 자신의 권리를 위임했던 시민들도 다시 대의민주주의의 틀을 넘어 반대하고 싸웠다.

그러다 어느 순간부터 '모든 게 노무현 탓'이라는 말이 사방팔방으로 떠돌았다. 사실 그 상황에서 노무현은 소통이 꽉 막힌 상황에 대한 상징이자 동시에 꽉 막힌 것에 대해 책임을 묻기 위한 희생물이었다. 그 희생물을 희생시키는 의식(儀式)이 초등학생들에게까지 유행했던 것은 꽉 막힌 당시의 상황이 얼마나 파국적이었는가를 가리키리라. 그런데 이 대통령 희생물은 통하지 않았다. 가장 높은 자리에 있는 희생물을 선택할 때 가능한 희생제의 효과는, 소통이 막힌 상태에서 구성원 사이에 자리 잡고 있던 분노와 원한을 누그러뜨리거나 해소하는 것일 터이다. 그러나 그것이 오히려 이 감정들의 속도와 강도를 높게 만드는 게 아닌가 의심스러울 정도였다. 계속해서 회오리치던 그 감정들은 결국 부패의 추문에 시달리는 이명박 후보를 대통령으로 선택하는 지점까지 내달렸다.

그런 후에 소통의 부재에 대한 추억은 말끔히 사라졌는가? 웬걸, 이명박 씨도 꽉 막힌 소통을 풀어주는 선물은 아니었다. 아니, 그의 당선 자체가 소통의 부재를 치유하거나 극복하는 과정이 아니었음이 곧 드러나고 말았다. 선거에서 50% 가까운 지지를 받았어도 투표율을 감안하면 그를 지지한 사람은 전체 인구의 30%를 조금 넘는 숫자였을 뿐이다. 사실은 유권자의 3분의 1에 불과한 지지를 받은 것임에도 그의 승리는 일반적으로 압도적인 것처럼 받아들여졌다. 마치 소통의 부재라는 블랙홀이 존재하지 않는다는 착각을 불러일으킬 정도였다. 갈등은 정치적으로 조정되거나 해결되지 못했고, 사람들은 여전히 소통하지 못했다.

이명박 정부는 출범 후 석 달도 지나지 않아 국민의 거대한 반대와 거부에 부딪혔다. 잠복하였던 전 국민적 소통의 부재에 다시 국민과 대통령 사이의 소통 부재가 추가되었다. 이명박 씨는 80% 정도의 국민이 반대하는데도 그 뜻을 읽지 못했다. '국민이 반대하기에'가 아니라 '국민이 반대한다면'이라는 가정법을 쓰면서 국민과의 소통을 교묘하게 비틀고 또 비틀었다. 그러나 이번에도 대통령과 국민 사이의 소통만이 막힌 것은 아니었다. 미국 쇠고기 수입에 대다수 국민이 반대 의사를 표명했고 촛불이 너울너울 타올랐지만, 그렇다고 국민 사이에 막혔던 소통이 뚫린 것은 아니었다. 막힌 소통은 계속되고 있다. 어쩌면 노무현 탓으로 돌리면서 화를 풀려던 그 압력이 이명박의 무책임 정치 때문에 다시 터진 것뿐인지 모른다. 이 와중에 통합민주당은 더 이상 지리멸렬할 수 없을 정도로 지리멸렬했다. 중도적 가치를 내건 정당의 그 한심한 꼴은, 갈등을 조절하고 해결하는 의회민주주의 기능이 앞으로도 한동안 한심할 것임을 예고한다. 그렇다고 짧은 시간 안에 진보 정당이 갈등을 의회민주주의 안에서 조정하고 해결할 만한 힘을 가지리라고 믿기도 힘들다.

어쨌든 중요한 점은, '모든 게 노무현 탓'이라는 정치적 추문도 그랬지만 이명박을 뽑은 과정에서 사회적 갈등을 조정하고 해결하는 데 실패했다는 것이다. 모든 것을 노무현 탓으로 돌린 과정은 긍정적 의미의 희생제의로 작용하지 못하고 기껏해야 변덕스런 희생제의로 작용한 면이 컸다. 아무리 전임 대통령에게 실망했다고 해서 여러 가지로 문제가 많은 사람을 다시 대통령으로 뽑은 민심이라는 것도 변덕스러웠다. 물론 당시 이명박에 대항하는 다른 당의 후보가 마땅치 않았다는 점도 크게 작용했을 터이지만, 그 점을 고려한다고 해도 민심의 이동에 모호하거나 변덕스러운 점이 있었던 것도 사실이다. 거의 고정적인 한나라당 지지자 30%를 빼면 20% 정도가 추가로 그를 지지하면서 대통령으로 뽑았으니 말이다.

그렇다고 정치적 올바름의 관점에서 이들의 모호한 결정을 탓할 것만도 아니다. 모호한 상태에서 그를 지지한 사람들의 존재는 따지고 보면 사회적 갈등이 날카롭게 분출하는 상황에서 사람들의 선택을 정치적으로 유도하고 유인하는 제도가 부실했다는 점을 알려준다. 그들도 실제로 그를 충분히 믿은 건 아니었고, 그가 대통령이 된 후에도 충분히 기다리며 지켜볼 여유도 없었다. 일단 뽑았으면서도 그에 대한 불신과 불만이 너무도 빨리 터져 나온 저간의 사정이 이 점을 알려준다. 갈등이 사회적·정치적으로 조절되지 못했던 셈이다.

그러나 중요한 점은 이것만이 아니다. 미국 쇠고기 때문에 타오른 촛불시위는 직접민주주의의 엄청난 승리이기는 하지만, 촛불이 타오르는 그 장관(壯觀)도 일거에 사회적 갈등을 조정하고 해결하기는 어렵다는 것이다. 항의와 분노의 장엄하고 재미있는 표출이기는 하지만, 복잡하게 꼬인 갈등이 여전히 우리 눈앞에서 타오르고 있거나 연기를 내뿜고 있다. 교육문제와 부동산문제는 시민들의 건강한 삶을 가로막는 암적 존재에 가깝다. 그러니 아직도 갈 길은 멀고 험하다.

힘과 폭력, 소통 아래 숨은 그림 찾기

사회적 갈등을 정치적으로 조정하고 해결하는 무대가 기능을 못하는 이유는, 그 무대뿐 아니라 그 무대 뒤에서 작용해야 할 여러 사회적이고 정치적인 장치들이 부실하기 때문일 것이다. 그래서 사람들은 드러난 갈등보다 심오한 수준에서 소통이 막혀 있다고 생각하게 된다. 소통의 부재라는 말이 여기저기서 튀어나온다. 사람들도 정치적 갈등 아래에 무언가 소통을 가로막는 끈질긴 것들이 시커멓게 도사리고 있다고 믿는 경향이 커진다.

그러나 이 경우에 소통이란 무엇인가? 사회과학적이고 인문학적으로 어느 정도 탐구된 주제이기는 하지만, 그럴수록 소통의 문제는 간단해지기는커녕 점점 복잡해지는 경향을 띤다. 하버마스를 비롯한 일군의 사람들은 소통이란 것이 기본적으로 언어와 대화의 문제라고 생각한다. 서로를 이해하려고 하면서 이성적 규칙을 잘 따르기만 하면 충분히 성취할 수 있는 어떤 것이라고. 그러나 나는 이러한 소통 이론에 솔직히 믿음이 가지 않는다. 소통은 단순히 생각이나 의사를 이성적으로 표현하는 수준의 문제가 아닌 듯하다. 물론 상대방의 말을 정말 이성적으로 혹은 역지사지 방식으로 받아들이면 좋은 일일 것이다. 그러나 여기서 '이성적으로' 혹은 '남의 자리에 서서'라는 말은 그저 말일 경우가 많다. 행동으로 보여주지 않으면 별 소용이 없고, 따라서 소통 이론도 대부분의 경우 이론으로 그친다.

이런 소통 이론은 마치 정치가들이 선거가 끝난 후에 국민의 의사를 '겸허하게' 받아들이겠다는 말과 비슷해 보인다. 사실 이런 말을 근래 들어 잘 하는 사람은 이명박 씨다. 그는 속으로는 그렇게 생각하지도 않고 행동하지도 않으면서, 국민 앞에서 반성한다는 말을 정말 잘 한다. 거의 예술이나 외설 수준이다. 혹은 완벽하게 정치가 수준이다.

소통의 부재는 기본적으로 말이나 의식의 문제가 아니다. 아직도 냉전의 단층이 끔찍하게 존재하기는 하지만, 그럴 경우에도 이성이나 의식의 문제가 중요한 것은 아니다. 어떤 사람은 옳게 생각하고 어떤 사람은 잘못 혹은 모자라게 생각해서 그런 일이 벌어지지는 않을 것이다. 소통의 부재를 막는 여러 폭력이나 힘이 인간관계를 둘러싸고 모든 방향에서 작용한다고 보는 게 낫다. 이 폭력이나 힘은 여러 굽이를 돌았고, 여러 모양을 한다. 그것들은 이해관계일 수도 있고, 욕망일 수도 있고, 이제까지 살아온 관습의 무게일 수도 있고, 질투 혹은 원한일 수도 있다. 또는 욕망이라는 말을 거론하더라도, 그것은 그 자체로 투명하게 드러난 어떤 일이나 사건이라기보다는, 이미 여러 경로로 비틀리거나 굴절된 어떤 정서이자 감정들의 묶음일 것이다.

무슨 말인가? '소통의 부재'는 그 자체로 원인이기보다는 결과이자 증상에 가깝다. 소통의 부재가 문제이기는 하지만, 따지고 보면 그 자체가 정말 문제인 것은 아닐 듯하다. 소통의 부재를 비판할 때, 사람들은 마치 정상적이고 아무 문제 없는 소통이 가능할 뿐 아니라 마땅히 존재해야 한다는 듯이 전제하기 십상이다. 살기 힘들고 피곤한 세상이다 보니 '소통 부재'란 말만 나오면 사람들은 그렇게 논의를 끌고 가는 이야기들에 사로잡히기 쉽다.

그런데 과연 지극히 정상적인 소통이란 것을 전제할 필요가 있을까? 오히려 아무런 문제도 없거나 문제가 아주 적은 소통 상태를 가정하고 상정하는 일이 문제가 아닐까? 그런 출발점이 오히려 보수적인 기득권을 보호하는 게 아닐까? 아무리 좋은 의도에서 출발했다고 하더라도, 소통의 부재를 한탄하고 비판하는 일은 많은 경우 정상적인 소통과 의견 교환을 전제하게 되고, 그런 전제는 대부분 기존 담론의 규범에 바탕을 두게 된다. 소통의 부재를 한탄하는 일은 자신도 모르게 과거지향적이기 쉽고 기존의 중심을 전제하기 십상이니까.

'소통의 부재'라는 말이 자칫하면 기득권을 대변하기 쉽다고 해서, '소통의 부재'를 방치하거나 방임하자는 말은 아니다. 사회적 혹은 정치적 동의가 중요한 한, 그것을 과소평가할 수는 없다. 또 어떤 행위를 하는 사람들을 사회적으로 판단하거나 비판할 근거가 연기처럼 사라지는 것도 결코 아니다. 얼마든지 엄격하고 냉정하게 판단할 일들이 존재한다. 다만 그 기준이 바뀔 뿐이다. 조금 단순화하여 말하자면, 과거엔 옳음과 그름, 합법성과 불법성, 대의와 명분 등의 도덕적 기준, 그리고 비교적 일관된 개혁의 방향에 대한 기준 등이 명확했다. 그 기준을 따르되 이제는 상황에 따라서 어느 정도 거기서 벗어날 수도 있는 전략과 전술에 대한 판단, 더 나아가서 소비생활에서처럼 선거에서도 누구나 각자 나름대로의 판단과 취향에 따라 선택할 권리에 대한 인정 등의 수많은 기준들이 들어설 것이다. 이렇게 판단의 기준이 바뀌는 과정에서 많건 적건 혼동과 모호함이 생길 터이지만, 그것조차도 어느 정도는 직시하고 인정해야 할 것이다.

강북 뉴타운, 소통의 부재 속에서 찾은 뻔뻔한 길

갈등을 해결하는 과정에서 소통이 되기 힘든 것은 사실이다. 그러나 그것을 따지는 일은, 그저 소통의 부재를 한탄하거나 그저 정상적인 소통을 기대하는 일과는 다르다. 의식이 왜 소통을 따라가지 못하냐고 물을 일도 아니며, 사람들이 왜 이렇게 서로 소통하지 못할까 개탄할 일도 아니다. 소통의 부재는 단순히 의식의 결핍에서 온다기보다는 오히려 욕망과 행위의 과잉에서 온다고 보아야 할 것이다. 그리고 욕망과 행위의 과잉은 우연히 생긴 것이 아니라, 민주주의 사회가 필연적으로 유발한 일련의 사건들이다. 또 모든 사람들이 평등을 믿으며 활발하게 행동하면서 필연적으로 생기는 일들이다. 혹은 그 결과로 사람들이 모두 나름대로 권력과 폭력을 추구하고 실행하다 보니 어쩔 수 없이 생기는 일들이며, 그 결과 사람들이 이질적인 권력과 폭력 사이에 끼어 있게 되면서 반강제적으로 따라오는 일들일 것이다. 문제가 없는 것은 아니지만, 우선 그것들이 생겨난 복잡한 과정을 직시하는 것이 필요하다.

한 예. 2008년 4월 총선에서 서울과 수도권에서 한나라당은 거의 압승에 가까운 결과를 올렸다. 특히 서울에서는 뉴타운을 기대하는 시민들이 한나라당 후보를 크게 지지했다는 분석이 나왔다. 일부 야당 국회의원 후보들은 자신들도 한나라당의 뉴타운 이슈를 따라 하면서 인기에 영합했다는 자기비판을 할 정도로, 부동산 정책이 강력한 영향력을 행사했다. 부동산 개발에 대한 시민들의 이런 기대심리가 얄팍하고 속물적인 것은 사실이다. 개인들도 내면적으로는 그런 속물근성을 반성하고 비판해야 할 것이다. 그것이 윤리적으로는 근본적인 문제이니까.

그러나 여기 예민한 문제가 있다. 윤리적으로는 그런 비판이 가능하지만, 현실에서는 그런 성찰이나 비판만으로는 충분하지 않다. 그동안 강남의 부동산시장 및 그것과 뗄 수 없는 교육권력에 시달린 강북 사람들도 어느 시점부터는 강남과 강북 사이의 격차에 마냥 수긍하지 않는 경향을 보였기 때문이다. 강북 사람들에게 강남에 뒤처진 삶을 그냥 살라고 강요할 수 없다는 것도 명백하지 않은가. 강남에 치이지 않고 강남과 차별받지 않으려는 강북 사람들의 욕망이 결과적으로는 속물적으로 나타나더라도, 이 욕망 자체를 비판하는 것도 정치적으로는 옳지 않다. 왜냐하면 강남 쪽에서 먼저 그 속물적 행위가 기승을 부렸으므로.

그런데도 윤리적 혹은 정치적 담론 속에서는 강북 사람들의 이 속물적인 것만은 아닌 속물성을 비판하는 목소리가 높다. 윤리적으로는 옳지 않지만 정치적 혹은 경제적으로는 옳지 않다고만 할 수 없는 행위를 이해하는 것이 갈등을 조정하고 소통하는 과정에서 필요하지 않을까? 사실 갈등 및 그것과 연결된 소통의 문제는 오늘의 사회에서 대부분 꼬이고 꼬인 꽈배기 모양을 한다. 그렇다면 먼저 속물적 행위를 한 쪽을 지적하고 그들이 야기한 왜곡을 조정해야 한다. 하지만 그들의 행위를 따라 하는 사람들의 행위는 결코 윤리적이지도 아름답지도 않지만, 그렇다고 그것을 쉽게 비난하기도 어렵다. 여기서 드러나는 윤리와 현실 사이의 간극은 우리 시대 소통의 부재를 설명할 수 있는 중요한 열쇠이다.

소통의 부재를 지나치게 인문적으로 한탄할 필요는 없다. 그것은 자칫하면 과거의 기득권을 전제하기 쉽다. 그러면 그런 정상적인 소통이 불가능하다는 이유로, 참을 수 없는 존재의 뻔뻔함을 인정하거나 제멋대로의 뻔뻔함을 구가해도 좋은가? 그런 위험이 존재하기는 한다. 그 모습은 때로 무책임의 극단과 맞닿아서 역겹게 보이지만, 다른 한편 맹목적으로 비난하기도 어렵다. 그것이 이 진부하고 철면피한 시대의 맨얼굴일 수도 있으니까. 그 맨얼굴을 우리는 쉽게 외면할 수 없다.

소통을 원한다면 이제 개혁을 원하는 사람들도 바뀌어야 할지 모른다. 우선 보수층의 변화가 필요한 일이기는 하지만, 그 변화를 이끌어내기 위해서는, 진보 쪽에서도 너무 윤리적이거나 근본적인 이야기만 하는 것은 피하는 것이 좋다. 모든 사람들의 이해관계와 욕망이 표출되는 구체적 현실도 차분하게 보고 현실의 문제를 조정하고 해결할 길을 찾아야 할 듯하다. 이 모호하고 까칠한 현실을, 흔히 정치가들이 밥 먹듯이 말하는 것처럼 '겸허하게' 받아들일 필요는 없지만, '겸손하게' 받아들여야 할지 모른다. 아니, 그것이 꼭 겸손한 방식인 것만은 아닐지 모른다. 어쩌면 그것도 뻔뻔한 방식인지 모른다. 사람들이 보수적 혹은 이기주의적 혹은 개인주의적 경향을 드러내는 원인을 분석하고 솔직하게 인정하는 것도 나름대로 뻔뻔한 일이니까. 그래야 복잡한 사회적 갈등이나 소통의 부재에 직면해서 소통하는 방식을 익힐 수 있을 듯하다. 개혁적 중도와 진보 좌파조차 제대로 서로 소통하지 못하면서, 수구 꼴통 비난만 하는 것도 바람직하지 않다.

십대들이여, 꽉 막힌 교육을 뚫어라

거대한 사건들이 아니더라도, 일상의 차원에서 우리는 소통 부재 혹은 소통 불통이라고 부를 만한 사건들을 너무 자주 만난다. 한국사회는 현재 불행하게도 혹은 아쉽게도 그런 폭력적인 일들이 적잖이 일어나는 길목 혹은 사거리에 있다. 그 점을 무조건 정당화할 필요는 없지만, 거꾸로 폭력성을 너무 개탄하거나 일방적으로 비난하는 것도 문제일 것이다. 그 인식에 당황하면서도 그것과 끈질기게 대면하는 과정이 필요할 듯하다.

그런데 그 일은 쉽지 않다. 우리 사회에서 소통을 가로막는 가장 큰 이유는 바로 폭력성을 어느 정도 인정하느냐 하는 문제와 닿아 있다. 보수는 폭력을 너무 쉽게 받아들이는 경향이 있는 반면에, 진보는 거꾸로 폭력을 너무 쉽게 극복할 수 있다고 믿는 경향이 있다. 이 관점의 차이와 여기서 비롯된 소통의 가로막힘은 한국사회의 변화속도가 빠르고 갈등이 복합해질수록 더욱 단단해진다.

물론 '중도적' 태도를 가지기만 하면 소통의 부재가 해결된다고 믿을 필요는 없다. 다만 중도적 태도는, 폭력을 맹목적으로 인정하지도 않지만 그것을 공허하게 부정하지도 않는다는 점에서, 단순하고 과격한 대립을 피할 수 있는 완충지대 역할을 할 수 있을 것이다. 여기에 대한 이의는 얼마든지 가능하다. 중도적 태도를 가진 사람들이 사회 안에서 늘어난다고 해서, 그것만으로 소통을 보장하는 것은 결코 아니니까. 어떤 점에서는 갈등이 항시적이고도 수시로 나타나는 상황이 벌어질 수도 있다. 다만 최소한 사람들은 뾰족한 폭력이 어디서 왜 생겼는지는 생각하면서 행동할 것이다.

여기서 '폭력'은 물리적이고 강압적인 것이라기보다는 복잡한 제도에서 생기는 것들이다. 특히 민주주의와 시장경제가 결합하면서 만들어내는 것들. 로버트 달은 자신의 저서 『민주주의』를 통해 민주주의를 논하면서, 시장경제가 초기에는 민주주의를 위해 이로운 역할을 하지만 점차 불평등을 만들어내면서 해로운 일을 하는 경향이 있다고 했다. 어떻게 보면 쉽게 경험할 수 있는 사실인데도 사람들은 그 사실을 구체적인 생활 속에서 잘 살려내지 못하는 듯하다. 특히 민주주의가 신장시킨 인권이 세계화가 조장하는 경쟁과 만날 때 더욱 그런 듯하다.

많은 사람들은 이번 촛불시위가 무엇보다 미친 소와 미친 교육의 결합을 통해 촉발되었다는 것을 안다. 초반에 십대 학생들이 대거 참여하지 않았더라면, 촛불은 불바다를 연출하지 못했을 터이니까. 그렇다면 이제 미친 교육은 크게 흔들린 걸까? 나는 이번 촛불시위를 희생양의 관점에서 볼 필요가 있다고 생각한다. 과거 맹목적으로 번역되고 수입된 '희생양' 개념 대신에 우리는 '희생소'에 대해 말해야 할 듯하다. 촛불시위에 적극 참여한 십대 학생들은 그 희생소를 먹고 희생될까 걱정하는데, 그들은 이미 교육현장에서 희생소에 가까웠다. 그들의 아우성은 자신들의 운명을 자각하고 변화를 원한다는 희망을 보여줬지만, 동시에 과연 그들은 직접 그 변화를 일으킬 수 있을까 하는 의문도 던졌다. 이제 '어린 소'들은 자신들도 슬픈 희생소임을 자각하고, 미친 소에 대한 거부를 넘어, 사육시키는 교육도 거부할 수 있을 것인가.

물론 어른들이 십대들에게 변화를 가져올 책임을 떠넘긴다면 무책임한 일이다. 그러나 다른 한편으로는 그들 스스로 떨치고 일어날 때 진정한 변화가 빨리 온다는 것도 사실이다. 이번 촛불시위도 바로 어린 그들이 용감하게 모였기 때문에 타오르지 않았던가? 그렇다면 미친 교육은 어떻게 부서질 수 있을까?

우선 시장주의자들이 교육을 시장의 한 부분으로만 생각하는 안이한 태도가 문제라는 점을 지적하자. 특히 이명박 정부는 쓸데없이 시장과 경쟁을 일반화하고 과장함으로써 불안과 공포를 유발했다. 적절하고도 차분하게 진행시켜야 할 것을 요란하게 떠들어댐으로써 소란만 불러일으킨 경향이 크다. 앞에서도 말했듯이 고등학교에 0교시와 우열반 편성을 부추기는 일은 학생들의 건강과 인권에 아주 해롭다. '자율형 사립고' 정책이나 '기숙형 공립고' 정책이 학교 간 서열을 조장한다는 걱정도 현실적으로 근거가 있다.

그러나 그에 반대하는 사람들 중에도 인문주의적 이상을 과도하게 고집하는 모습은 교육의 현황뿐 아니라 인문적 이상 자체에 대해 의문을 제기하게 한다.

앞서 「교육, 자율과 공공 사이로」에서 이미 언급했지만, 나는 교육의 목적을 너무 인본주의적으로 혹은 이상주의적으로 설정하는 데에는 회의적이다. 평등이 심해지고 인권이 확대될수록, 사람들은 문화적 가치를 추구하며 교육은 자기계발의 장이 되어야겠지만, 내가 보기에 그리 될 가능성은 높아 보이지 않는다.

보수진영은 경쟁과 질투를 시장에 기여하는 기능으로 너무 쉽게 생각하여 확장하려는 반면에, 진보진영은 이 점을 과소평가하는 경향이 있다. 문제는 민주주의의 최대 업적인 평등이 그것들을 유발하고 조장하는 측면이 강하다는 데 있다. 이렇게 말한다고 해서 내가 평등을 싫어하느냐 하면 결코 그런 건 아니다. 앞에서도 말했지만, 나는 민주주의가 확대하는 평등에 적극 찬성한다. 다만 그것이 유발하는 또 다른 경쟁과 질투도 간과하면 안 된다고 생각한다.

이 점을 현재 대학입시에 초점이 맞춰진 고등학교 교육의 예에서 검토하자. 현재 고졸 학생의 80% 정도가 대학에 진학하는데, 학생들 대부분이 대학에 다니는 일은 어떤 점에서는 좋지만 어떤 점에서는 나쁠 수 있다. 대학에 가지 않아도 직업교육을 다양하게 받을 수 있다면, 적지 않은 학생들에게는 그것이 바람직할 것이다.(한 조사에 따르면 대학 졸업생의 30% 정도는 현재 직무를 수행하는 데 대학교육이 필요하지 않거나 도움이 되지 않는다는 극단적인 의견에 동의했다. 『한겨레』, 2006년 7월 4일자. 물론 이 기사는 또 다른 극단적인 의견을 반영했는데, 60.3%는 대학교육이 기업의 요구를 반영하지 못한다고 응답했다. 사실 이 두 극단이 만나면서 심각한 문제들을 유발한다.)

대학진학률이 높은 현상이 무작정 반길 만한 일은 아닌 것이다. 선진국에서는 초등학교나 중학교의 유급 제도가 활성화되어 있는 반면, 한국은 유급이 거의 없다. 학부모들도 그것을 받아들일 준비가 되어 있지 않다. 대부분 교육의 목표가 대학진학이라고 여기기 때문이다. 나 자신도 아이가 대학에 가지 않겠다고 하면, 그저 담담하기는 어려울 듯하다. 그렇지만 지적인 훈련에 적합하지 않은 학생은 차라리 다양한 환경을 갖춘 직업학교로 진학하도록 유도하는 사회적 환경이 바람직하다고 나는 생각한다. 물론 이를 위해서는 고졸과 대졸 사이의 임금 격차를 줄이는 노력을 해야 할 터인데, 이 점이 쉽지 않다. 현실적으로는 대졸과 고졸 사이의 임금 격차가 오히려 더 벌어지는 경향이 있으니 필요한 영역에서만 경쟁을 권장해야 한다는 원칙도 유명무실해지는 측면이 있다.

이 점이 얼마나 날카로운 갈등을 일으키는지 프랑스의 경우를 예로 들어보자. 프랑스에서도 한국처럼 대학진학률이 점점 높아지는 추세다. 대학입학자격시험인 바칼로레아를 통과한 전체 고등학생의 80% 정도가 대학에 진학한다. 우리와 다른 점은, 대학이 엄격하게 학사관리를 해서 절반 이상이 대학 학부 3학년을 마치지 못하고 중도에 탈락한다는 것이다(「프랑스 고교생 거리로 나서다」, 『시사IN』, 2008년 6월 7일자). 이들도 결국 대학 졸업장을 갖지 못해 취업시장에서 차별받을 위험이 크다. 일단 대졸과 고졸 사이에 임금 격차가 존재하는 사회에서는, 비록 프랑스가 한국보다 사회적 차별이 적다고 하더라도, 취업시장에서 불리할 것이다. 개인적으로는 이렇게 탈락하는 프랑스 학생들이 안타깝지만, 그렇다고 입학이 졸업을 보장하는 한국 대학 시스템이 좋다고는 생각하지 않는다. 오히려 게임의 룰이 적절하게 지켜진다는 조건에서 어느 정도 인원을 걸러내는 시스템이 낫다고 본다. 어쨌든 사회적 차별을 피하려고 다수가 대학에 진학하는 체제는 그 차별을 도리어 연장하곤 한다. 어떤 점에서는 차별을 더 위선적이고도 위악적으로 만든다.

이 문제를 고등학교 공교육으로 확장해보자. 진보적 관점으로 보면, 공교육이 정상화되면 좋을 것이다. 그러나 지금 한국사회처럼 대학입시가 총체적인 동원을 강요하는 상황에서는, 획기적인 발상의 전환이 필요하다. 공교육의 정상화만을 요구하는 것도 너무 일반적이고 당위적인 목표 아닐까? 기본적으로 공교육도 일종의 국가관리 체제라는 데 주의를 기울이자. 철학적으로 말하면 공교육은 집단적으로 훈육하고 통제한다는 면에서 권력의 대상이자 도구이니까. 학교제도가 오히려 교육을 망친다는 근본적인 이의도 무작정 무시할 수 없다.(이반 일리치의 이런 관점이 현실에서 실제로 적용될 수 있으리라는 데에 나는 회의적이지만, 그의 이의는 미래의 교육과 관련하여 여러 가지를 생각하게 한다. 특히 국가가 관리하는 공교육의 정당성만을 과도하게 주장할 필요는 없지 않을까 하는 생각에 영감을 준다. 그 주장은 자신도 모르는 새 국가주의적 강박을 부추길 수 있기 때문이다.)

똑같은 방식으로 공부해서 대부분 대학에 가는 현재의 일괄 입시 방식을 바꾸자. 대학입시 때문에 왜곡된 부분이 크지만, 고등학교 수업도 이 상태로는 너무 후진적이며 변화의 기미가 보이지 않는다. 학교는 창조적 상상력을 키우기는커녕 고갈시킨다. 거의 모두가 대학을 목표로 공부를 하는 상태는 너무 뜨거울 뿐이다. 아이들이 학교 가기 싫어하고 자퇴하고 싶다고 말하는 데에도 이유가 있다. 이런 아이들을 위한 다양한 방식의 대안교육에 대해 공교육은 무엇을 할 수 있는가? 거의 무력하고 속수무책인 게 사실이다. 다양한 직업교육과 대안교육을 제공하거나 책임지지 못하는 상황에서, 공교육의 무조건적 정상화는 대학입시의 획일화를 연장하는 데만 봉사할 가능성이 크다. 창조적이고 유연한 개혁이 필요하다.

다수가 대학교육을 받고 그 결과 대기업의 좋은 일자리와 높은 임금을 기대하는 것이 현실이다. 그 시스템과 같이 굴러가지 않으면 개인은 당장 힘들고 고생한다. 심지어 요리사나 헤어디자이너 같은 직업을 갖기 위해 다수가 전문대학 진학을 하는 상황이다. 이 시스템은 서로 비슷한 수준에서 비슷한 내용을 교육받은 다수를 서로 경쟁하게 만들 수밖에 없다. 그리고 사회적 비용도 많이 든다. 좋은 취지의 평등과 민주주의가 놀랍게도 치열한 경쟁적 시장경제를 초래하고 구성원 사이에 질투를 부추기는 지점이다. 이 시스템이 유지될 수 있을까? 힘들 것이다. 경쟁체제가 현재 한국의 자못 당당한 모습을 만들었지만, 이제는 너무 많은 사람들이 거기 치이고 다치고 힘들어한다.

모두가 같은 시기에, 곧 고등학교 졸업하자마자 대학에 가지 않아도 되는 사회 시스템을 만들어야 한다. 비용을 줄일 구체적인 길도 찾아야 한다. 부모의 희생을 대가로 학생들이 학비를 마련하는 현재 시스템은 무책임하다. 거의 모든 학생이 부모 돈으로 대학을 나와서 취업하는 체제가 공정할 리도 없고, 그런 부모자식 관계가 건전할 리도 없다. 대학 졸업생들이 대기업에만 취업하려는 경향도 나쁘고, 대학이 엄격하게 학사관리를 하지 않는 것도 나쁘고, 고등학생들이 대학에 가지 않으면 일자리를 찾을 수 없는 상황도 나쁘다. 그런데 다수의 보통 부모와 학생들은 대학을 가야 한다는 강박에서 벗어나지 못한다. 이 강박에서 벗어나자. 진보적인 신문과 여론들도 오로지 공교육 정상화만 외치고 동시에 대학진학에 몰두하는 경향이 크다. 고등학교에 가지 않아도 큰일이 일어나지 않거나, 잠깐 쉬거나 놀다 다시 공부할 수 있는 환경을 적극적으로 만들어야 하지 않을까? 쉽지 않을 것이다. 그러나 이 상황이 바뀌지 않으면, 더구나 학부모와 학생들이 스스로 변화를 일으키지 않으면, 변화는 오지 않을 것이다.

학생들을 대학에 들어가게 만드는 것만이 능사는 아니다. 대학에 안 가도 되게 만드는 것도 중요하다. 현재 대학의 모호한 시스템 자체가 거대하고 지속적인 폭력의 진원이다. 그 모호함 속에서 균형을 잡는 일이 개인에게는 어렵다. 지식경쟁이 가속화하는 경향을 무작정 따라갈 수도 없지만 쉽게 거부할 수도 없는 상황이기 때문이다. 사람들이 경쟁을 하지 않고도 살 수 있는 틈을 여기저기서 열어야 한다. 자발적으로 그렇게 하는 사람들이 늘어나야 하고, 사회는 그런 그들을 허용하고 북돋아줘야 한다. 수능점수나 영어점수로 경쟁할 필요가 없는 영역에서는 과감하게 그 벽을 부숴라.

그렇게 하지 못한다면? 평등과 민주주의와 시장경제의 복합체를 통해 생겨난 경쟁은 점점 폭력적 경향을 띨 것이다. 사회와 국가도 경쟁이 점점 지옥을 향한 여정이 되고 있는 점에 대해서 알리고 계몽할 필요가 있다. 지금처럼 비슷한 수준의 학습을 근거로 경쟁을 부추기기만 하는 짓은 어처구니없다. 그리고 구성원들도 경쟁의 폭력성에 대해 솔직해져야 한다. 경쟁할 필요가 있는 영역에서, 경쟁할 능력과 의지가 있는 사람은 하게 하라. 다만 좋은 직업과 전문직을 위한 경쟁이 고소득과 화려함만을 선사하는 것은 아니라는 것을 누구나 알게 하라. 그 경쟁에 피를 말리는 잔인함이 도사리고 있다면, 더욱이 고등교육을 받은 다수의 인구 때문에 그럴 수밖에 없다면, 경쟁이 그렇게 매력적으로 보이지 않을 것이다.

그런데 과연 십대들은 이 지옥 같은 교육체제를 걷어치울 수 있을까? 혹은 그들의 부모들이 그들을 위해 이 일을 할 수 있을까? 불행하게도 부모들은 비록 교육이 크게 잘못되었다는 것을 알기는 하지만, 가난한 시대에 힘써 공부할 수밖에 없던 학생시절 경험 때문에 자유롭고 창조적인 상상을 하기는 힘들 듯하다. 맞서 싸울 때 곤봉으로 맞는 것을 경험한 그들은, 그 일이 아픈 일임을 아는 세대다. 그래서 제 자식들에게 그런 아픈 일을 감히 하라고 하지도 못하는 편이다. 또 진보적인 사람들은 공교육 체제가 잘못되었다는 것을 알지만, 공교육의 정상적 체제에 기울어져 있는 경우가 많다. 놀아본 경험도 별로 없어서 열심히 공부해서 대학 가는 것을 정상으로 여기는 편이다.

반면에 십대들은, 특히 여학생들은 그런 구타를 감수하려 들지 않는 세대이기에, 훨씬 용감하다. 이번 촛불시위에서도 십대들은 노래하고 노는 데 익숙했다. 어른으로서 미안하고 무책임한 일이기는 하지만, 이들이 과감하고도 가볍게 행동하기를 기대하는 것이 나을 듯하다.

우석훈과 박노자, 폭력적인 한국사회에 대한 폭력적 이해

최근 우석훈도 비슷한 고민을 한다는 것을 알았다.

> 지금 절정에 도달한 학교 파시즘, 여기에서 벗어날 출구는 두 가지뿐이다. 이 미친 짓을 어른들이 갑자기 깨달음을 얻어 정지시키든지, 아니면 십대들의 총파업, 예를 들면 '동맹휴학'이나 '수능 총파업' 같은 걸로 그들 스스로 정지시키든지 둘 중의 하나다.(우석훈, 『촌놈들의 제국주의』, 개마고원, 2008, 276쪽)

나도 학생들이 그런 총파업 수준의 행동을 하기를 바란다. 그들이 처절하게 호소하면, 어른들의 굳은 마음도 깨지거나 부드러워질 것이다. 그 일이 일어난다면, 한국 현대사 최대의 기적이 될 만하다. 어른이 아이들에게 이런 기대를 하는 것이 부끄러운 일이지만, 그래도 안 하는 것보다는 낫다고 생각한다.

그런데 이 출구가 열리지 못한다면? 우석훈은 과격한 예상을 한다.

> 이를 통해 사회적 해법을 찾지 못한다면, 그 다음은 제국주의를 돌파구로 생각하는 파시즘형 사회의 도래가 있을 뿐이다. 도저히 출구가 보이지 않을 때, 국민들은 파시즘을 선택하게 된다.(우석훈, 앞의 책, 27쪽)

소통이 막히고 또 막힌 교육현장의 심각성에 대한 무서운 경고다. 나도 심정적으로는, 한국의 교육이 이대로 계속 갈 수는 없다고 생각한다. 나도 십대들을 해방하라고 말하고 싶다.

그러나 그래도 '교육 파시즘'이라며 비난하는 것은 너무 파국적이지 않을까? 수출형 경제구조, 그리고 서울 및 수도권에 집중된 채 지방을 고사시키는 경제체제가 제국주의적 성향을 띤 것은 사실이지만, 그래도 파시즘으로 치닫는 제국주의라고 비난하는 것은 지나친 게 아닐까? 아니면 그렇게 비판하더라도, 왜 그런지 맥락은 따져봐야 하지 않을까?

십대들이 자유로우면서도 창의적인 시민으로 성장할 수 있도록 도와주는 일이 시급한 건 사실이다. 그러나 너무 쉽게 선진국, 그것도 인구가 적은 선진국과 단순 비교하는 일은 조급한 것이 아닐까?

스위스와 스웨덴 혹은 독일이 이미 그렇게 하고 있고, 핀란드와 네덜란드, 덴마크도 이렇게 한다. 이게 안 되나?(우석훈, 같은 책, 277~278쪽)

그러나 독일을 제외하면 이들 나라들 인구는 500만 정도이다. 이들 좋은 환경의 나라들과 비교하면 정말 한국 상황이 갑갑하지만, 인구도 많이 차이 나고 지정학적 조건이 크게 다른 나라와 단순 비교하는 일도 위험하다. 최근 핀란드의 교육환경을 모델로 삼자는 말이 자주 나오는데, 이런 주장에도 위험한 점이 많다. 사회적 차이를 간과하면 안 되기 때문이다. 과거엔 핀란드도 주변 나라들 때문에 많이 시달렸지만, 거의 한 세대 전부터는 이들 나라 때문에 생기는 긴장과 불안이 많이 사라졌다. 그와 달리 한국은 불행하게도 지금도 그렇지만 앞으로도 한동안 주변 강대국들 때문에 시달릴 것이다. 거칠게 말하면, 비록 한국의 교육 상황이 지옥 같고 '지랄' 같지만, 그래서 십대의 해방을 위해서는 뭐든지 해야 하지만, 제국주의와 파시즘의 잣대로 후려치는 일은 조심했으면 싶다. 중국이 국가주의적 팽창의 일환으로 동북공정을 하고 일본도 비슷한 국가주의적 팽창을 시도하는 상황이 지속되는 마당에, 한국의 갑갑한 상황이 한동안 해소되지는 않을 듯하다. 거기다 미국은 또 어떤가? 강대국들이 괴롭히는 상황에서 한국도 성장에 집착하는 경향에서 일시에 벗어나기는 힘들 것이다.

한국사회의 막 가는 상황을 비판하지 말자는 건 아니다. 비판하더라도 조심하거나 차분히 해야 한다는 것이다. 특히 한국을 지난 세기의 선진국과 비교하면서 거칠게 비판하는 일은 조심해야 한다.

만약 1세기 전에 발행된 유럽의 신문들과 지금의 한국 신문들을 찾아서 비교해본다면, 놀랄 정도로 유사한 구절이 많다는 데 독자 여러분들도 놀라실지 모른다. 당시의 '새로운 식민지'라는 단어를 지금의 '수출'이라는 단어로, '새로운 자원 개발'을 지금의 '자주 개발'이라는 단어로 바꾸고, '오페라'를 '한류'라는 단어로 바꾼다면 그 당시 신문의 기사들 상당수가 요즘의 기사와 별로 다를 바가 없을 것이다.(우석훈, 같은 책, 196쪽)

보수적인 신문들의 '성장과 개발' 타령은 유별나고 한심하다. 그러나 백 년 전 유럽에서 나왔던 표현과 비슷한 표현들이 한국사회에서 출몰한다고 해서 사회적 상황이 똑같은 것은 아닐 듯하다. 역사적으로 보면 그 나라들이 선진국으로 되는 데엔 직간접으로 제국주의 시대를 거친 것이 크게 도움이 되었다. 물론 한국이 지금 와서 그런 제국주의 경향을 의도적으로 모방할 필요도 없지만, 어쩔 수 없이 그렇게 몰리는 부분도 없지 않다. 국제 영역에서 힘과 실력 없이 사회적 자주나 해방이 오기 힘들다면, 어쩔 수 없는 이 압박을 어느 정도, 그리고 구조적 배경을 고려하여 인정해야 할 것이다.

팽창주의 혹은 성장주의 경향이 한국경제에 없다는 말은 아니다. 무늬만 보면 우석훈이 말하듯 모방된 제국주의적 경향으로 볼 수 있다. 그러나 시장주의자들이 특히 부추기는 그 경향도 크건 작건 세계화 차원에서 한국에 부과되거나 강요된 측면도 크다. 세계화 흐름을 타고 성장한 한국의 지난 40년 세월은 빛과 그늘을 모두 가지고 있다. 다행히 우석훈은 국제 영역을 많이 언급하고 있는데, 국내 문제와 비교할 때 국제 영역은 특히 힘과 폭력의 흐름이 거칠고 가파르거나 완강한 영역이다.

이런 지정학적 상황과 국제질서에서의 구조적 폭력을 자꾸 고려하다 보면 너무 쫀쫀해지고 인정에 기울게 되지 않을까? 과감하게 인간해방을 내세우는 것이 폼도 나고 대담하게 보일 터인데, 너무 쫀쫀하게 굴다 보면 해방을 그르치는 게 아닐까? 또 한심한 한국 사회구조를 깨거나 부술 수 있는 과감성이 훼손되는 게 아닐까? 아닌 게 아니라, 그런 경향이 생길까 나도 걱정된다. 한국사회에서 소통이 안 되는 이유를 찾다 보면, 나는 때때로 구차해진다. '한국사회가 그럴 만한 이유가 없는 게 아니지……' 라거나 '선진국, 너희부터 잘해!' 라고 중얼거리게 된다. 그래서 부패한 재벌과 결탁한 국가주의적 폭력이 지긋지긋하지만, 무조건 평화의 관점에서만 사회에 대해 이야기하는 일은 망설여진다. 국내에서도 그렇지만 국제 차원에서도 폭력적인 힘이 실행되는 데에는 맥락이 있고 순서가 있다. 선진국도 저절로 혹은 이성과 근면의 힘으로만 발전한 것은 아니다. 한국을 비롯한 후발국들이 뒤늦게 악다구니를 쓰는 모습이 아름답지는 않지만, 그저 추하다고만 할 수는 없다. 못난 점이 보이면 싫지만, 모조리 애정을 떼기는 어렵다. 이 애정이 대단한 건 아닐지 모른다. 쫀쫀하고 구차한지도 모른다. 그래도 어쩔 수 없다.

그래서 나는 박노자식으로 한국을 감옥으로 후려치는 데에도 동의하지 못한다. 물론 한국의 학교를 즐거움을 주는 곳으로 바꿔야 한다는 주장에서 그는 옳다. 하지만 촛불집회를 관찰하면서도 그는 기쁨과 축제와 해방의 기운에 대해 전혀 말하지 않는다. 그저 냉정하게 혹은 거의 냉소적으로 말한다. 『한겨레』 2008년 6월 19일자에서 그는 "한국인의 일상 코드는 무엇보다 '억눌림'"이라고 말한다. 그러면서 그는 질타를 퍼붓는다. 촛불집회가 모든 것을 바꿨다고 흥분할 필요는 없지만, 사람들은 힘든 일상 속에서도 희망과 즐거움을 찾으며 산다. 그런데 거의 항상 그래왔듯이, 그의 글의 기본 논조는 설교와 훈계, 질타로 꽉 차 있다. 그래서 그가 사회를 누르는 불안과 공포에 대해 말해도 그의 설교와 훈계가 나는 마음에 들지 않는다.

> 원망 · 불안 · 공포 · 답답함은 오늘날 한국사회에서 가장 두드러지는 심리적 특징들이다. 그 기본적 이유는 간단하다. "우리를 이만큼 먹고살게 해줬다고" 여겨지는 박정희식 수출주도형, 관료와 재벌 중심 모델의 유효기간이 다 돼 이제는 그 모델 가지고서는 사회가 발전을 이룰 수 없기 때문이다. (…) 그러니 온 나라가 불안과 불신에 휩싸여 있는 것이 어찌 당연한 일이 아닌가?(『한겨레』, 2008년 5월 8일자)

사실만 보면 그의 말이 틀린 것은 아닌 듯하다. 그렇다고 맞는 것도 아니다. 한국사회가 잘못된 "기본적 이유가 간단하다"라고 말하는 박노자는 너무 단순하고 심지어 거만해 보인다. 그의 글은 지적인 합리주의와 설교방식의 훈계를 뒤섞어놓는 경향을 보인다. 한국사회에서 불안과 공포를 관찰할 때도 그가 말하는 방식은 얼마나 애정이 없이 매정한지! 애정, 이것은 결코 사소한 문제가 아니다. 한국사회가 살기 어려울 정도로 불안과 공포가 횡행한다는 것을 사람들이 모를까? 다만 그 이유가 간단하지 않고 복합적이기 때문에, 길을 찾기가 어려울 뿐이다.

한국처럼 강대국들의 존재 때문에 계속, 겹겹이 시달리는 나라는 세계적으로 드물다. 징징거리며 핑계 댈 필요는 없지만, 그렇다고 경시하거나 무시할 수도 없다. 인구가 적은 나라이면 비교적 그 틈에서 상처를 덜 받을 터이다. 갈등을 피할 수 있기 때문이다. 하지만 한국 같은 규모의 나라는 국제질서에서 기인하는 불안과 공포를 쉽게 떨쳐내기 어렵다. 거기서부터 다시 국내의 불안과 공포가 여러 갈래로 증식되고 파생된다. 미국이 주도하는 신자유주의 세계화는 나쁘지만, 그렇다고 한국이 세계화 경향을 쉽게 무시할 수 있는 형편도 아니다. 이 사이에서 균형을 잡는 일은 결코 '간단하지 않다.' 불안과 공포가 스며든 이유와 거기에서 벗어나는 방법이 간단하다고 말하는 사람들을 보면, 때때로 끔찍한 느낌이 든다. 박정희식 체제가 고질적 문제 중의 하나이기는 하지만, 그것이 생긴 이유와 그것을 극복하는 방식도 간단하지는 않다. 1960년대 이후 지금까지 근대화를 추진한 방식에는 부족한 면이 아주 많지만, 민주주의와 시민적 자존심을 확보한 과정과 결과에는 긍정할 만한 점도 적지 않다. 한국사회는 1960년대 초 아프리카 가나와 비슷한 수준의 살림살이였고, 1980년대 초 필자가 군대 갔을 때만 해도 정말 보잘것없었다. 당시의 성장이 무조건 좋았다고 말할 필요는 없지만, 가난과 무력에 괴롭던 때가 오래되지 않았다는 점도 기억해야 한다.

한국인의 일상 코드는 억눌린 데가 있지만, 동시에 거침없는 데가 있다. 서구식 개인주의 관점으로 보면 집단적으로 억눌린 면이 많이 보이겠지만, 이번 촛불집회처럼 자유롭고 해방적이면서도 훨훨 타오르는 면도 있다. 십대에게 특히 학교가 억압적이기는 하지만, 그들은 그 틈새에서도 자유를 찾고 재미를 찾는다. 한국 사람들은 이성적 개인주의만으로는 설명하기 어려운 세계화의 회오리 속에서 돌고 돈다. 주변 강대국들 때문에, 그리고 먼저 세계화를 시작해서 이익을 보는 나라들 때문에 어쩔 수 없이 힘의 질서를 따라가는 면이 꽤 있지만, 그것을 모르지도 않는다. 그래서 밴쿠버나 뉴질랜드 같은 선진적 환경을 높이 평가하면서도 그곳은 '재미없는 천국'이라 여긴다. 그러면 한국은? 지옥이지만 재미있다고 여긴다. 바보 같은 농담으로 보이지만, 아주 무섭고도 심오한 면이 있는 농담이다.

지옥에서는 소통이 잘 되지 않는다. 원한과 분노가 꼬이고 꼬여 소통을 막는다. 그래도 나는 소통이 잘 되지 않는 지옥 같은 한국상황에서 이해하고 껴안아야 할 점이 많다고 본다. 사람들이 괜히 바닥에서 기는 건 아니다. 제국주의적 경향에 비판할 점이 있더라도, 세계화 과정에서 실력을 키워야 할 점도 있다고 쫀쫀하게 혹은 구차하게 이해하려고 한다. 이번 촛불집회에서도 시민들은 비폭력을 지켰다. 대단하지 않은가? 박노자가 말하듯, 사람들이 그저 억눌린 채 대한민국이라는 "불안의 지옥"과 "갑갑한 감옥"에 갇혀 있는 것은 아니다. 촛불집회에서 시민들이 보여준 성숙한 태도를 보라. 불안과 공포속에서도 그들이 사랑과 자존심을 지키기 위해 노력하는 모습은 감동과 경외를 불러일으켰다. 그래서 그들은 결국 불안과 공포를 떨쳐낼 수 있었다. 경찰과 대치하면서 그들이 보여준 자신감과 자존심은 그들이 과거처럼 불안과 공포에 짓눌려 있지 않음을 잘 보여준다. 그 자리에 참여해본 사람은 다 알 수 있는 일이다.

소통이 안 되는 상황을 이해하는 건 만만치 않다. 겸손하게 이해하려고 해볼 수 있고, 뻔뻔하게 이해해야 할 때도 있고, 때로는 쫀쫀하거나 구차하게 이해해야 할 때도 있다. 우습기는 하다. 이 사이에서 균형을 잡기도 우스울지 모른다. 15년 전쯤 나는 철학적이고 서정적이고 시적인 뉘앙스로 '기우뚱한 균형'을 시작했다. 그런데 사회적인 현실에 대해 말하게 되면, 어느새, 균형 잡는 일은 뻔뻔하고 쫀쫀하고 구차한 일이 되어버리기 일쑤다. 그래도 애정이 있다면, 좋은 일 아닌가.

균형 피곤증을 넘어서

균형의 피로, 어떻게 풀 수 있을까

참여정부 들어 개혁이 제대로 되지 않자, '개혁 피곤증'이란 이상한 말이 신출귀몰한 도둑처럼 떠돈 때가 있었다. 그 말이 이상한 이유는 무엇보다도, 개혁에 대해 서로 다른 생각을 가진 사람들이 각자 나름대로 피곤함을 느낀다고 주장했기 때문이다. 개혁을 반대하는 사람들은 '개혁'이 민생은 살피지 못하면서 공연히 국민들만 피곤하게 만든다고 불평했고, 개혁을 적극 지지하는 사람들은 오히려 노무현 정부가 일관되게 개혁을 추진하지 못하기 때문에 피곤하다고 불만을 터뜨렸다. 그런가 하면 그 사이에 있는 사람들은 중도적으로도 개혁을 일관되게 할 수 있을 터인데, 왜 갈팡질팡하는지를 답답하게 생각했다. 개혁이 이렇게 다양한 색깔을 띠고 '피곤증'을 불러일으켰으니, 놀랄 일이었다.

'개혁'이 원래 혁명보다 힘든 것이기에, 그런 색색의 피곤함이 삐죽삐죽 터져 나왔던 것일까? 그럴지도 모른다. 그러나 그렇게만 치부하기도 곤란한 일이다. 개혁이 '원래' 힘든 것은 아니다. 사실 역사적으로 보더라도 혁명이 훨씬 드물고 어렵지 않은가? 혁명은 최소한 백 년이나 몇 백 년에 한 번밖에 일어나지 않지만, 개혁은 비록 조금씩 다르기는 하지만, 그렇게 드물지 않다. 오히려 개혁은 원래 힘들다는 말이 비록 맞는 구석도 있지만, 실제로 개혁을 어렵게 만드는 핑계가 되는 듯하다. '원래 힘들다'는 그 말이 바로 개혁을 혁명보다도 멀리 있는 것으로 만든다. 아예 개혁을 반대하는 사람들이야 말할 것도 없지만, 아마 무엇보다도 예상과 달리 참여정부의 실책이 반복되면서, 개혁은 그것을 원하는 사람들에게도 조금 혹은 꽤 피곤한 것이 되어버렸을 것이다.

그때와 사정이 많이 달라졌을까? 지금도 한국인의 삶은 구조적으로 꽤 피곤하다. '국가 피곤증'이라는 것이 있을 정도이다. 어떤 사람들은 국가가 더 강력하게 성장을 이끌어야 한다고 불평하고, 어떤 사람들은 국가가 당장 개발이나 성장을 중지해야 한다고 주장한다. 그 사이에 끼어 있는 사람들은 이래저래 양쪽에 끼여 국가나 양쪽 극단의 사람들 탓에 피곤하다는 느낌이 들 것이다. 또 어떤 사람들은 강대국 사이에서 한국이 무조건 평화를 지향하면서 중립을 지켜야 한다고 주장하는 반면에, 어떤 사람들은 미·중·일·러 사이에서 도망갈 수 있는 공간이 없으니 할 수 있는 만큼 안보 실력을 키워야 한다고 생각한다. 국내에서조차 양쪽의 대립이 매우 팽팽하게 이루어지는 형국이다. 또 미국뿐 아니라 중국에서조차 한국 유학생 수는 최고를 기록하는 판이니, 앞으로 그 유학생들이 돌아오면 미국과 중국 사이의 대립이 우리 사회 내에서 벌어질 듯하다. 교육 분야에서도 상황이 비슷하다. 초등학생을 비롯한 조기유학생 수도 매년 신기록을

갱신할 정도로 학생들이 빠져나가는 것을 국가는 속수무책으로 바라보고 있는데, 이에 대한 대책도 갈팡질팡 어지럽다. 우파들은 그렇게 유학비로 빠져나가는 돈을 국내에 묶어두려면 차라리 학교별 차이를 적극 인정하여 우수학교를 양성해야 한다고 하고, 좌파들은 공교육만 정상화하면 된다고 주장한다. 그 사이에 있는 사람들은 정말 절충이란 불가능한 것이냐며 옹색한 틈에서 중얼중얼거리는 듯하다.

이런 피곤증이 꼭 한국에만 있는 것은 아니겠지만, 이 땅에서는 특별히 심한 듯하다. 개인의 삶은 마치 양 극단에 걸친 줄 위를 아슬아슬하게 매달린 일 같다. 그 줄 위에서 '기우뚱 균형'을 잘 잡는 것이 최상의 일이라고 생각하곤 했지만, 그런 일은 점점 어려워지는 듯하다. '균형 피곤증'이라는 증상이 도질 조짐까지 보인다. 균형 잡는 것 자체를 싫어하며 새롭게 좌나 우로 쏠리는 사람들도 피곤하다고 할 것이고, 또 서로 복수하고 응징하듯 좌우로 쏠리는 것이 싫어 '기우뚱 균형'을 잡고자 하는 사람들도 피곤할 것이다. 양쪽에서 온 힘을 다해 잡아끄니 실제로 균형을 잡기도 힘들다. 그래서 균형 잡으려고 애쓰는 사람들도 점점 피곤함을 호소한다.

자꾸 불거지는 세계적인 수치들도 개인들이 삶에서 균형을 잡기 힘들게 만든다. 2004년까지만 해도 여성 1인당 출생아 1.16명 수준이었던 출산율이 2005년에는 1.08까지 떨어졌다. 홍콩을 빼놓으면 세계최저라 하니, 한국의 저출산 질주가 두려울 정도다. 그러한 급격한 감소는 한국사회에서 등장할 만한 일이기는 하지만, 균형을 잡고 살기는 어렵게 만든다. 한국 여대생들은 실제 비만률이 높지 않은데도, 체중을 감량하려는 노력은 또 세계 최고 수준이란다. 77%가 살을 빼고 있는데, 그 비율은 런던대학 팀이 조사한 22개국 중 1위라고 한다. 개인들이 선택하는 행위는 거의 줄타기 수준으로 보인다. 떨어질 때까지, 갈 때까지 줄 위를 가는 것인가? 아래에는 안전망도 부실한데? 아슬아슬하게?

세대로 볼 때 긴 세대인 40대는 위태위태하게 줄을 타는 듯하다. 2002년 대선 때만 해도 많은 사람이 개혁을 원했는데, 세상살이의 팍팍함 속에서 몇 년 새 보수적 경향을 띠는 비율이 늘었다. 그래서 2007년 대선 때는 노무현 씨에 대한 실망을 타고 보수적 경향이 강했다. 젊은 세대와 나이 든 세대 사이에서 엉거주춤 끼인 그들은 바람을 더 예민하게 탄 것이다. 이들은 전체 세대 중에서도 허리 혹은 중간 역할을 한다고 할 정도도 세대 사이에 꼭 끼어 있는데, 그래서 이들이 피곤함을 가장 많이 느끼는지 모른다. 물론 피곤함이야 상대적이기에 단순하게 비교할 수 없는 일이지만, 균형 잡기의 어려움에 관해서는 그렇게 판단할 수 있을 듯하다.

물론 그들이 정말 '무능' 보다 '부패' 를 선호한다면 위험한 상황일 것이다. 그러나 그런 식의 단순한 이분법에도 문제는 있다. 맹목적으로 '무능' 보다 '부패' 를 선호한다기보다는 사안에 따라서 실용적 혹은 전략적으로 판단한다고 보는 것이 나을 것이다. 비록 그들이 성장을 맥없이 놓칠 수는 없다고 주장하더라도, 그렇다고 그들이 공정한 삶을 포기한 것은 아니다. 이들이야말로 어느 세대보다 성장과 분배 사이에서 균형을 잡으려고 노력하는 세대이고, 생태와 개발 사이에서도 기우뚱거리며, 흔들거리며 균형을 잡으려고 애쓰는 세대일 듯하다. 40대가 다소 보수적인 경향을 띠기 시작했다는 보도도 무조건 나쁘다고만 볼 수 없다. 중도 층이 두터워지는 일은 그 자체로는 바람직한 일일 수도 있다. 그 층이 견고해진다면, 균형 잡는 일이 이전보다 덜 피곤해질 수도 있으리라.

한국인에게 균형 피곤증은 한동안 어쩔 수 없을 듯하다. 그래도 가능하면 나는 세계화 과정 속에서 생기는 우왕좌왕이 덜 피곤하게 정리되고 조절되었으면 한다. 우왕좌왕을 우충좌돌로 풀기, 그것이 나의 전략이다. 기존의 우파들(극우까지 포함하여)은 사실 우파라고 부르기도 뭣할 정도로 민족과 국가를 모르고 산 자들이다. 우파라면 모름지기 민족과 국가를 가운데에 놓고 살아야 할 터인데, 외국에 기생하며 살면서 자신을 우파라고 생각하니 어처구니없다. 그러나 따지고 보면 이 혼란도 한국 혹은 그 이전에 조선이란 국가가 허약했던 데서 오는 꼬임이나 비틀림일지도 모른다. 시대를 거슬러 올라가 조선 말부터만 생각해도, 근대화를 둘러싸고 사람들은 우왕좌왕했다. 청나라의 힘을 빌리느냐, 일본의 힘을 빌리느냐, 아니면 심지어 러시아나 미국의 힘을 빌리느냐를 두고 싸우고 또 싸웠다. 그 와중에 고종도 나름대로 일을 했을지 모르지만, 근대적 국민국가를 세우는 길목에서는 무력했고 심지어 방해가 되었다고 할 수 있다. 이때부터 계속된 무력감은 한국인들이 사고와 행동의 일관성을 유지하는 데 크게 방해가 되었으니, 우파만 탓할 일이 아닌지도 모른다.

이 무력함은 근본적으로 국제정치 상황에서 기인한다. 가정법을 사용할 필요가 없으니 직설법으로 말하면, 어쨌든 한국인들은 조선 말에서 식민지 기간에 걸쳐 자력으로 근대화를 성취하는 데 실패했다. 이 뼈아픈 실패는 어쩌면 우파로 하여금 자꾸 바깥의 힘을 빌려 근대화를 이루고 국가를 강하게 만들려는 경향을 갖게 했을 듯하다. 지금도 우파는 나라를 안 가리고, 일본이든 미국이든 중국이든, 외국의 힘을 빌리려고 하는 속성이 있다. 그러다 보면 어느 한 나라에 너무 의존하고, 결국 다른 나라와의 관계를 그르친다. 이명박 정부가 출범한 후 100일 동안의 상황을 보면 이 점이 두드러진다. 미국에 너무 기대려다가 중국과 북한으로부터 냉대를 받는 꼴을 보라.

그러나 최근 몇 년 동안 세계화를 반대해온 좌파적 경향에도 신중해야 한다. 특히 세계화의 나쁜 면들을 포괄하여 신자유주의라고 칭하는 방식. 물론 나도 미국 주도의 신자유주의는 반대한다. 그러나 1990년대 초부터 생긴 세계화 과정을 모두 신자유주의로 부르는 것도 일종의 단순화가 아닌가 싶다. 네오콘이 세계화에 지대한 영향을 끼치기는 했지만, 세계화는 벌써 미국의 네오콘이 일방적으로 좌지우지할 정도의 규모를 넘어섰다고 보는 게 맞지 않을까? 유럽이 연합하는 것도 한편으로는 미국에 대항하는 목적이 있지만, 그것만으로는 전부를 설명할 수 없다. 유럽 여러 나라들도 자국의 경계 안에서만 머물러 있기에는 모두가 좁다고 느끼는 측면이 있다. 좁은 뜻의 시장만 그런 것이 아니라 문화산업도 마찬가지다. 국가가 쉽게 허물어지지는 않겠지만, 그렇다고 국가의 경계 안에서 국가권력이 모든 것을 규정하고 결정할 단계도 지난 것이다. 그리고 인구의 팽창과 이주도 어쩔 수 없이 새로운 세계화를 불러온다.

이 와중에 세계화 혹은 지구화는 복잡한 면을 가진다. 좋은 면과 나쁜 면 모두. 신자유주의적 세계화는 비판하더라도, 세계화의 이러한 복잡성을 간과하지 말자. 결과적으로는 세계화를 피할 수 없다고 나는 생각한다. 물론 경제의 제국주의적 경향을 억제하고, 공정무역을 촉진해야 한다. 그러나 그래도 세계화는 억제되는 것이 아니라 확장될 듯하다. 문화산업을 포함한 산업과 상업은 국가 경계 안에 머물러 있으려고 하지 않는다.

그러나 그것이 꼭 산업과 상업에만 제한된 일일까? 그런 것 같지 않다. 최근 사람들을 직간접으로 만나면서 느낀 것은 그들이 점점 삶에 재미를 느끼지 못한다는 것이다. 물론 이들 중 많은 이들이 나이가 들면서 삶의 활력소가 사라졌다고 느낀다. 그러나 그들은 왜 최근에 급격히 삶에 재미를 느끼지 못하는가? 균형 잡고 사는 것이 피곤해서? 그것도 하나의 이유일 수 있다. 그러나 다른 이유가 있는 듯하다. 이제까지 한국사회는 성장하고 팽창했다. 사회적이고 지적인 활동도 그에 보조를 맞춰 왕성했다. 그 과정에서 긴장과 재미도 있었다. 그런데 어느 순간 그 움직임이 둔화되고, 더 이상 질적 변화가 불가능해 보이기 시작했다. 삶에 필요한 재미와 긴장도 사라지고 있다. 관료나 기업인, 정치인은 그것이 경제소득 때문인 것처럼 말하지만, 문제는 소득에 국한되지 않는다. 한국사회는 이제까지의 국가가 주도해오던 활동만으로는 질적인 변화를 가져오기 힘들다. 경제활동만 그런 것이 아니라, 지적인 활동도 그렇고 예술적 활동도 그렇다. 말만으로, 외환 차원에서만 세계화가 이루어지는 게 아니라 일상생활과 지적 활동 모두가 넓은 개방과 교류를 필요로 한다. 국가와 사회를 닫으려고 하면 할수록, 오히려 내부의 부패와 갈등이 심해지는 경향도 있다. 특히 경제활동뿐 아니라 지적이고 문화적인 활동은 국가의 영역을 다양하게 넘나들어야 한다.

개방과 세계화가 어려움을 초래한다고? 그런 점도 분명히 있다. 특히 기존의 일자리를 위태롭게 하는 면에서는 보완이 필요하다. 근래에 들어 노조 중심의 좌파가 자신들에게 불리한 개방과 세계화에 반대하는 경향이 두드러지는데, 이것은 비단 한국사회에만 해당하지는 않는다. 다른 나라의 노조들도 기본적으로 반대하고 있고, 어느 정도까지는 당연히 그렇게 해야 할 것이다. 그러나 '세상'이란 말, '세계'란 말을 하려면, 그것이 점점 복잡해지는 과정을 받아들여야 할 듯하다. 네팔의 히말라야산 커피를 공정무역의 형태로 수입하는 형국 아닌가. 다만 개방한다고 해서 사회의 모든 활동이 개방되고 세계화될 필요는 없다. 지역의 구석들은 오히려 더 차분하게 지역으로 남아 있는 것이 좋다. 그렇게 유도하도록 하자.

이렇게 세계화에 대해 말하는 이유는 기우뚱한 균형이나 균형 피곤증이 단지 개인의 심리적 균형의 물음으로 그치는 문제가 아님을 말하기 위해서다. 결국 '세계'와 연결되고 '세계화'와 이어진다. 각자가 처한 상황에 따라, 그 세계가 달리 보일 수는 있다. 그리고 세계적인 문제를 보면 그 세계란 것이 한없이 모호하고 수상하게 보일 수 있다. 물론 국민국가의 지난한 궤적 때문에 우리가 아직 국민성을 버리지 못한 면이 있으며 세계화 과정 속에서 국가가 국민을 보호해야 할 의무도 여전하다. 그래도 그 선을 넘어서는 것이 상상력의 과제일 것이다. 특히 SF 소설이 많이 쓰이고 많이 읽혀야 좋을 터인데, 그 장르는 불행하게도 국내 문학계에서 가장 약한 영역 중 하나에 속한다.

지금까지 말한 '세계'는 일반적인 상황에서 우리가 대면하는 현재의 세상이다. 그런데 인문학자는 많은 경우 현재의 복잡한 세상을 그대로 보는 대신에 고전이나 텍스트 속의 세상을 보는 경향이 크다. 그 때문에 인간을 본다는 원래 취지와는 달리, 살아 있는 인간보다는 텍스트 안의 인간을 보기 쉽다. 그런 그가 현실의 세계 한가운데에 서면 균형 잡기가 어려울 것이라는 건 당연하다.

인문학자, 텍스트와 현실 사이에서 외줄 타기

가만히 보면 인간의 길을 찾아야 하는 인문학자는 언제나 고민이 많다. 인간의 길이라니! 과연 그런 것이 오늘날 도대체 있기나 할까? 때로는 회의적으로 자문하면서도, 나는 또 그런 것이 있으려니 어렴풋이 생각한다. 냉정하게 말하면 인문학의 미래는 밝지 않다. 특히 우리 인문학 제도는 획기적으로 바뀌는 게 마땅하다. '인문학의 위기'라는 말이 과도하게 포장되기만 하고, 실제로는 위기를 변화의 기회로 제대로 삼지 못한다는 점에 대해서도 이 책에서 이미 이야기했다. 마지막으로 인문학이 나아갈 방향을 짚어보자.

우선 제도적 문제를 짚어보자. 문 · 사 · 철이 인문학에서 핵심적이라고 하지만, 실제로는 우스꽝스러울 정도로 학문간 소통은 부재하다. 문학과 사학, 철학 각각이 제도적인 칸막이 안에서 만족하고 있을 뿐이며, 심지어 내부에서 소통과 통합을 가로막는 일도 심심치 않게 벌어진다. 통합적인 교과과정이나 수업을 실질적으로 운영하지 않는다. 각 전공의 교수들은 일반 대중하고는 소통하기 어렵거나 지나치게 논문적 주제에만 집중하는 경향이 크다. 논문을 쓰는 것은 어렵지 않다. 그러나 그것이 어떤 의미를 가지고 있는지에 대해서는 쓰는 사람조차 회의적일 때가 많다. 좁은 전공 안에서만 통용될 뿐 아니라 그 안에서도 활발하게 비판적으로 논의되지는 않는 편이다. 논쟁도 잘 일어나지 않거나 또 일어나더라도, 텍스트의 해석에 관한 문제에 그치는 경우가 많다. 물론 이 문제는 굉장히 큰 문제고, 단순히 연구를 부추기는 제도 탓만 하기도 힘들다.

아마도 좁은 전공에 갇힌 인문학 이론의 의미가 점점 반감되는 시대라는 것이 큰 이유 중 하나일 것이다. 10년 전만 해도 지적으로 상당한 의미를 가졌던 사상적 텍스트들은 그 의미를 급격히 상실해가고 있는데, 이 경향은 철학에만 국한되지 않고 모든 인문적 이론에 공통된다. '인간이란 무엇인가', '우리 모두는 인간으로서 무엇을 해야 하는가'와 같은 거대담론에 대한 흥미가 알게 모르게 떨어졌다고나 할까. 더 나아가면, 철학사나 문학사 중심으로만 엮인 전공 과정은 과거와 비교할 때 크게 의미를 상실했다. 그 전공 안에 갇힌 논문도 그 전공 안에서만 읽히거나 유통될 뿐, 사회적으로 사용되지 못하는 경우가 점점 늘어난다. 이것이 인문학의 위기를 불러온 커다란 원인일 것이다. 문·사·철 전공자들이 각자 제 전공 안에서, 그 안에서 통용되는 텍스트들만 연구하는 상황 속에서 인문학은 저절로 시들고 있다.

이 상황에서 무엇을 해야 할까. 대안조차 복잡하다. 최소한 크게 두 방향으로 가야 할 듯하다. 그러나 기본적으로 이제까지 교양으로 가르치던 방식의 인문학, 특히 문·사·철로 나뉜 방식이 기본적으로 변해야 하고 또 몇몇 과목은 폐기되어야 한다. 그것은 근대적 분업과정을 실행하는 차원에서는 적절했을 수 있지만, 이제는 이로움보다 해로움이 크다. 한 가지 전공만을 공부한 학생이 복잡한 사회에 나와서 제대로 일하기 어려운 것이 현실이다. 그런데도 그 방식이 전국 대학에서 거의 일반적으로 통용되고 있다. 외국 대학에서는 그나마 복수전공이 비교적 널리 실행되어서 단일전공의 칸막이 학습을 피해 갈 수 있었는데, 제도적으로나 사회적 통념에 따라 4년 만에 거의 반강제적으로 졸업해야 하는 국내 대학에서는 그동안 복수전공이 대부분 유명무실한 상태였다.

변화는 두 방향으로 이뤄져야 한다. 연구 중심 대학원이나 전문대학원을 위한 과정과, 대학원으로 진학하지 않고 취업을 준비하는 학생을 위한 과정을 구분하자. 먼저 지적되어야 할 점은, 현재 한국대학은 분리되어야 할 이 두 과정이 아직도 분리되지 않은 채 뒤섞여 있다. 이제야 법학전문대학원이 겨우 출범하는 단계에 이르렀지만, 빠른 시간 안에 사범대학도 교육전문대학원 체제로 변환해야 한다.(아직도 전교조는 교육전문대학원 체제로의 전환에 부정적이거나 소극적인 태도를 보이는 듯하다. 학비가 가중되는 문제가 있기는 하지만, 고등학교 나온 후 4년 만에, 특히 군대를 갔다 오지 않은 여학생의 경우, 전공과정 하나만 공부한 후 교사가 되는 현재 체제는 여러 측면에서 바람직스럽지 못하다) 결국 대학원 과정은 전문 분야의 취업을 준비하는 전문대학원 분야와, 지적인 훈련을 위한 일반대학원 과정으로 분화 및 통합될 것이다. 이들을 위한 학부 과정이 있을 것이고, 그와 달리 어떤 대학원으로든 진학하지 않고 그저 학부만으로 취업을 준비하는 과정이 있을 수 있다. 후자의 경우부터 살펴보자.

이들을 위해 기존의 인문학적 강의나 수업이 필요할까? 최근 상당히 줄어들었지만 10여 년 전까지만 해도 교양이란 이름으로 인문학 수업이 필수나 선택 과정으로 많이 주어졌다. 물론 외환위기를 겪은 1997년 전까지만 해도 대학을 졸업하면 그래도 일자리는 찾기 수월했다. 그 이후 취업이 힘들어지면서 이전의 여유롭던 인문학 강좌도 위기를 맞이했다. 이제 구태의연한 관행은 조금씩 바뀌고 있지만, 대학 시스템이 바뀌지 않으니 아직도 근본적인 변화는 요원하다. 대학원 과정을 원하지 않고 취업을 원하는 학생에게는 과거와 같은 교양 과정이 불필요하다는 목소리가 높다. 어차피 취업을 준비하는 과정이니 실무 준비를 시키는 게 좋다는 이야기다. 최소한 과거처럼 문학과 철학, 역사로 구분된 인문교양은 변화해야 한다. 마찬가지로 교양으로 구분된 사회과학과 자연과학도 꽉 막힌 세분화를 피해야 한다. 따지고 보면 '교양'은 얼마나 구시대적 산물인가? 국가를 위해 필요한 바람직한 시민을 길러내기 위한 교육체제가 요구했던 기본 학습들. 과거엔 철학사에 대한 아주 기본적인 교양을 갖추는 것이 요구되었다. 그러나 철학뿐 아니라 문학이 독립적으로 할 수 있는 몫이 점점 줄어들고 있는 상황에서, 취업을 준비하는 학생들에게는 그런 교양을 강요할 필요는 없을 것이다. 그 대신 과거와 달라진 '세계'를 이해할 수 있는 복합적이면서도 실천적이거나 실용적인 수업 기회가 주어지는 것이 마땅할 것이다.

취업 준비를 위한 학생들에게 인문학이 실제로 줄어들어도 괜찮다면, 거꾸로 대학원 과정을 위해서는 인문학이 복합적으로 강화되어야 할 것이다. 사회과학이나 자연과학과 결합되는 방향으로 가야 한다는 뜻이다. 사회과학도 그렇지만 특히 자연과학과 기술의 진화 과정을 외면하는 인문학은 공허하다. 이 결합이 학부에서뿐 아니라 대학원 과정에서도 일어나야 바람직할 것이다. 학부에서만 일어나고 대학원은 여전히 좁은 전공으로 치닫는다면, 그 효과가 미미할 것이다.

그런데 인문학이 사회과학과 자연과학과 결합하고 통합하는 일은 말처럼 쉽지 않다. 서로 신뢰가 축적되어 있지도 않다. 모두 자기 전공을 세분화하는 데에만 몰두했기 때문이다. 어느 쪽을 탓할 필요도 없다. 복수전공 등의 과정을 거치면서 소통과 신뢰를 축적했어야 하는데, 국내에서는 그것도 놓쳤다.

최근 서울대는 법대가 법학전문대학원으로 전환하면서 남는 학부

정원 93명을 위해 인문-사회-자연 융합과정을 운영하겠다고 발표했다. 실제로 어떻게 될지는 두고 봐야겠지만, 학문을 융합한다는 대전제는 맞다. 융합과정의 시작이 그렇게 소극적이고 조심스러운 데도 이유가 있겠지만, 어쨌든 조심스럽거나 소극적인 건 사실이다. 융합하기 위한 획기적인 동력이 부족해서일 것이다. 전환을 위해 필요한 제도적 장치가 부족하기도 하지만, 칸막이에 익숙한 나머지 학자들이 융합을 위한 준비를 제대로 하지 못했다는 점도 들 수 있을 것이다. 이 점을 검토해보자.

웹사이트 포럼인 www.edge.org는 나름대로 크게 융합을 준비하고 실행하는 곳이다. 편집인이자 발행인인 존 브록만(John Brockman)은 기존 인문학의 풍토를 신랄하게 비판한다. 그는 『과학의 최전선에서 인문학을 만나다』(동녘사이언스, 2006)에서 인문학은 "걸핏하면 논쟁하려고만 드는 '대가'들의 소모적인 논쟁" 탓에 시끄럽고, "끊임없이 텍스트만 들락거릴 뿐 실제 세계와의 경험적 접촉이 전혀 없는 닫힌 세계"라고 말한다. "전통적인 인문학 분야는 소모적이고 편협한 해석학을 계속하면서 문화적 비관론에 빠진 채 세계적인 사건들에 대한 우울한 전망에 매달려" 있단다. 그런 점도 있을 것이다. 이것이 자연과학자들이 인문학을 바라보는 대표적인 시각인 듯하다. 그들은 특히 인문학자들이 현대사회를 '병든 사회'라고 진단하면서, 원시시대의 '야만인이 고귀했다'고 말하는 방식에 제일 짜증을 내는 듯하다. 실제로 많은 인문학자들이 과거 텍스트를 기준으로 삼아 '현대사회는 인간을 소외시키는 사회'이며 과거에는 조화와 통일이 존재했다는 식으로 말하곤 한다. 나도 그런 방식의 진단은 위험할 정도로 단순하다고 생각한다. 브록만은 이 관점을 '고귀한 야만인'의 관점 혹은 '문화적 비관론'이라며, 비판하고 비웃는다.

문제는 이 과학자들이 '문화적 비관론'을 인문학의 얼굴로 삼으면서, 너무 단순한 이분법을 구사하는 경향을 보인다는 것이다.

이제 이런 문화적 비관론의 반대편에 있는 과학계의 이중적인 낙관론을 생각해보자. 첫째, 과학은 하면 할수록 할 일이 많아진다. 과학자들은 끊임없이 새로운 정보를 수용하고 처리한다. 이것은 무어의 법칙이 적용되는 세계다. 지난 20년 동안 18개월마다 컴퓨터 처리능력이 두 배로 커졌던 것처럼, 과학자들도 기하급수적으로 늘어나는 정보를 받아들인다. 그러니 낙관적이지 않을 수가 없다.

둘째, 새로운 정보의 상당수가 좋은 소식이다. 혹은 점점 더 쌓여나가는 지식과 점점 더 효율적이고 강력해지는 도구와 기술들 덕분에 좋아질 수 있는 소식들이다.(존 브록만, 『과학의 최전선에서 인문학을 만나다』, 동녘사이언스, 2006)

새로운 정보가 늘어날수록 할 일이 많아지고, 상당수의 정보가 좋은 소식이라는 이중의 낙관론은 의심스럽다. 내가 보기에는 인문학이 과도하게 과거의 텍스트에 빠져서 현대사회를 병들었다고 여기고 비판하는 것도 지나치지만, 이런 이중의 낙관론도 지나친 듯하다. 비관과 낙관 사이에서 기우뚱 균형을 잡는 일은 여기서도 쉽지 않다.

비슷한 상황이, 학문들의 통합을 주장한 생물학자 에드워드 윌슨(Edward Wilson)에게서도 드러난다. 그는 통합에 대해 『통섭─지식의 대통합』(최재천·장대익 옮김, 사이언스북스, 2005)이라는 의욕적인 책을 썼고, 번역자는 그가 생각하는 대통합(consilience)을 '통섭'으로 번역했다. 번역자인 최재천은 윌슨이 생각하는 통합이 인문학적 성격을 띤다고 옹호한다. 그는「옮긴이의 말」에서 "과학이 모든 학문을 통합할 것이라고 주장하지만 윌슨이 생각하는 과학은 다분히 인문학적 과학이다"라고 말했다. 그런데 꼭 그런 것 같지는 않다. 윌슨은 오히려 과학을 중심에 놓는다. 그래서 최재천도 다른 한편으로는 윌슨의 통합 방법이 "다분히 환원론적이라는 데" 동의한다. 흔히 탈현대주의자라고 구분되는 리처드 로티(Richard Rorty) 같은 사람이 반대 서평을 쓴 것도 어쩌면 당연하다. 철학적 탈현대주의 관점에서 보자면, 윌슨의 관점은 자연과학이 실재 세계의 객관성을 충분히, 거의 완벽하게 파악한다는 환원주의에 가까우니까. 그리고 윌슨도 책 속에서 푸코의 구성주의와 데리다의 해체주의를 혹독하게 혹은 냉소적으로 비판한다. 물론 데리다의 해체주의가 텍스트 바깥에는 아무것도 없다는 식으로 텍스트 중심주의를 극단으로 몰고 간 점은 비판할 수 있다. 그러나 인문사회과학이 개입한 역사의 많은 지점이 실재하는 것이라기보다는 구성되었다는 푸코의 관점은 자연과학 쪽에서도 충분히 받아들일 수 있는 주장인데도, 윌슨은 그렇게 하지 못한다. 그만큼 인문학과 자연과학 사이의 신뢰가 부족하다는 반증일 터.

특히 어떤 표현은 통합을 주장하는 사람의 입에서 나왔다고 믿기 어려울 정도다. 윌슨은 앞의 책에서 "철학적 포스트모더니스트들은 무정부 상태의 해적 깃발 아래에서 우왕좌왕하는 반역자 선원들로서 과학과 철학의 전통적 토대에 도전장을 내밀었다"라고 말한다. 아무리 비유라고 하지만, 지나치지 않은가? 더구나 "포스트모더니즘은 대개 좌파 지향적인데"라는 정치적 표현에 이르면, 아연할 지경이다. 그는 이어서 이렇게 말한다. "아프리카 중심주의, 구성주의 사회인류학, 비판적 과학(사회주의). 근본주의 생태학, 에코 페미니즘, 라캉의 정신분석, 라투르(Bruno Latour)의 과학사회학, 신마르크스주의 등이 (여기에) 포함된다." 결국 월슨은 지식의 통합을 외치면서도 매우 보수적인 세계관에 매달리는 듯하다.

물론 포스트모더니즘이 철학적으로 실재론을 공격한 것도 부분적으로 사실이다. 그러나 과학을 인문학이나 사회과학과 똑같이 다룬 것은 아니다. 포스트모더니즘이 유행처럼 불면서 단순화한 면이 있기는 하지만, 푸코와 들뢰즈 등도 그 정도의 구분은 했다고 볼 수 있다. 그러니 "과학에 대한 포스트모더니즘의 태도는 일종의 파괴였다"라고 단순히 평가할 일은 아니다. 더구나 월슨은 과학적 실재론을 방어하는 데 그치지 않고, 문화적 다양성이나 정치적 다양성까지 매도하는 주장을 한다. 포스트모더니즘에 따르면, "정치적 다문화주의가 정당화되고 각 민족 집단과 그 공동체 안에서의 성적 기호가 동등한 타당성을 갖는다. 이것은 관용(tolerance)의 차원을 넘어선다." 관용의 차원을 넘어선다? 너무 센 말이다. 정치적 다문화주의도 못 받아들이면서 통합을 주장하는 과학자라니, 균형이 무색하다.

결국 월슨은 통합에 대한 근거 없는 낙관론을 가졌던 것인가? 위의 책에 실린 다음과 같은 주장을 읽으면 그렇게 보인다. "여러 사상들이 다원주의적으로 서로 경쟁할 때 승자는 늘 질서의 편에 서 있다. 왜냐하면 그것이 실제 세계가 작동하는 방식이기 때문이다." 승자가 언제나 질서의 편에 있고, 그것이 실제 세계가 작동하는 방식이라? 세계에 대한 너무 순진한 낙관론이 놀랍고 무섭기까지 하다. 이런 순진한 낙관론은 인문학과 과학의 통합에 기여하기는커녕, 매우 해롭게 작용할 것이다.

세계 앞에서 균형을 잡기는 어렵다. 세상을 따뜻하게 어루만지려던 우리 두 손은 어색해지고, 멋쩍어지고 심지어 뻣뻣해진다. '세계'는 두 손에서 미끄러진다. 경쟁과 승리에 대한 과도한 낙관주의는 통합과 균형에 대해 자신을 열었던 인문학자들조차 얼어붙게 만드는 듯하다. 과학이라는 이름으로 과학자들이 자신의 정치적 관점을 순진하게 정당화한다면, 균형은 피곤해진다. 그런 의미라면 '세계'는 자꾸 자꾸 멀어질 것이다. 잡으려들수록 멀어진다.

인문학의 포용주의와 과학의 승리주의 사이에서

과학이 기술의 도움을 받아 이렇게 승리를 자신할 때 생기는 가장 역설적인 일은, 윌슨 같은 과학자들이 좌파적 행동으로 치부한 인문적 실천들이 마치 반작용처럼 생긴다는 것이다. 소박한 인문학은 오히려 과학에 거부감을 느끼면서, 약하고 가난하고 '패배한' 사람들에게 다가가려고 할 것이다. 빈민들에게 인문학을 교육하자는 클레멘트 코스가 대표적이다.

빈민에게 인문학을 가르치는 행위의 의미는 사실 간단하지 않다. 이의도 상당히 제기된다. 그 코스의 창립자인 얼 쇼리스(Earl Shorris)는 빈민들이 인문학 공부를 통해 정치적 권리를 가진 시민으로 거듭나기를 희망하지만, 인문학을 통해 정치적 권리에 대한 연결점을 찾으려는 시도는 다분히 고대적이다. 소크라테스를 대표적인 예로 들면서, 그는 고대 그리스 시대에 시민들이 인문학을 통해 민주주의를 발견하고 확장했다고 말한다. 그리고 지금 사회에서도 도덕적 자아를 찾으려면 인문학 말고 어디에서 그것을 찾겠느냐고 묻는다.

개방적이고 민주적인 사회에서는 이미 정교(政敎)가 분리돼 있으니 또다시 '종교'에 기댈 수는 없는 노릇이고 보면 결국 우리에게는 인문학말고는 다른 대안이 없지 않은가? 바로 이것이 고대 그리스에서 적용됐던 인문학의 의미가 우리에게 가르쳐주는 교훈이며, 이런 이유에서 클레멘트 코스가 고대 그리스의 인문학적 전통에 기초하고 있다고 말하는 것이다.(얼 쇼리스, 『희망의 인문학―클레멘트 코스 기적을 만들다』, 이매진, 2006, 30쪽)

도덕적 자아를 꼭 종교를 대신한 인문학에서 찾아야 할까? 그 인문학은 너무 고대의 모델이 아닐까? 과거 사회의 과학과 기술, 시장은 지금 사회와 달리 커다란 역할을 하지 못했지만, 지금은 다르다. 나는 그런 '순수한' 인문학이 아니라, 과학기술과 시장의 역할을 어느 정도 인정하고 포용하는 복합적인 인문학에서 도덕적 자아를 찾을 수 있다고 본다.

또 소크라테스가 바란 민주주의는 지금 우리가 경험하는 대중민주주의는 아니었고, 심지어 어떤 점에서 그는 이 민주주의의 적대자이기도 했다. 그런데 고대 인문학과 현대적 인문학 사이에 놓여 있는 여러 모호함에도 불구하고, 이 코스가 인간적 호소력을 가지는 이유는 무엇일까? 그리고 그 희망은 왜 필요한가? 여러 이유가 있겠지만, 시장의 득세를 업고 과학과 기술의 승리를 지나치게 자신하는 사람들이 오히려 역설적으로 그런 인문학의 필요성을 부각하는 데 기여한다. 얼 쇼리스가 말하는 문제의 핵심은 "시장이 주도하는 문화를 선택할 것인지 인문학을 선택할 것인지의 문제이기 때문이다." 내가 보기에 그 양자택일은 단순하다. 그러나 시대의 분위기를 타고 과학의 승리와 힘을 확신하는 사람이 적절하게 인문학을 포용하지 못하니, 그에 저항하는 사람은 알게 모르게 소박하고 단순한 인문학에 호소하게 된다.

물론 얼 쇼리스는 무작정 인문주의를 강조하지는 않았다. 그는 실제로 실험을 했는데, 표본집단의 크기가 작아서 인문학의 역할이 증명되지 못했다고 말한다.

하지만 변화의 조짐을 보였던 일상생활에서의 사례나, 학생들을 향한 우리의 호의가 사람들로 하여금 성찰적으로 사고하게 하고, 정치적 삶을 살도록 하게 하는 힘이 인문학 속에 있는지를 입증해주지는 못했다. 인정컨대 표본의 크기가 작았다.

또 그는 "인문학은 항상 '이미 죽고 없는 유럽 백인 남성들'의 작품에서 많은 영향을 받을 것"이라는 점도 모르지 않는다. "왜냐하면 이들은 역사의 말썽꾸러기들이었으며, 혁명과 발명을 부추겼던 자들이었고, 변화를 추동하는 힘이었으며, 인문학을 질식시키는 '침묵'에 간단없이 맞섰던 대항자였기 때문이다." 다르게 말하면 역사적으로 이들의 "작품들만큼 사람들을 정치적 삶(이 속에는 지금 생각해도 놀랄 정도의 자율성이 담겨 있다)으로 이끈 작품도 없는 것이 현실이다." 얼 쇼리스는 과거 인문학의 이름으로 생겼던 작품들의 복잡한 맥락을 알고 있는 것이다.

그런데 그가 보기에 현재 그런 보수적인 작품들만큼 정치적 영향력을 행사하는 작품이 없는 현실이 왜 도래했을까? 그는 보수진영도 복잡한 문제를 안고 있지만, 전통적 좌파도 거기에 책임이 있다고 지적한다.

사실 이런 현실이 초래된 데에는 좌파가 '위험을 무릅쓰고' 인문학을 내팽개쳐버린 책임도 적지 않다고 하겠다. 권위에 도전하는 성가신 존재와 같은 인문학을 '제거해버린' 좌파는 결국 아득한 사상과 작은 승리가 가져다준 추억에 만족한 채 멍하니 앉아 있다 고사돼버린 것이다.

윌슨이 경계하고 비판한 '좌파적 경향'이 다소 편협하다면, 쇼리스가 지적하는 좌파의 잘못에는 경청할 점이 있다. 너무 경제적 관점으로 치우쳤다는 것이다. 권위에 도전하는 인문적 정신은 사실 고전적 성격을 가지며, 여전히 귀하다. 그러나 그것에만 호소하기에는 현재의 사회가 매우 복잡한 것도 사실이다.

우리는 포용적 인문학을 검토하다 승리주의적 과학에 부딪쳤다. 경쟁과 힘도 필요할 때가 있다. 나는 거기까지는 동의한다. 그러나 그 과학이 말하는 승리는 자신감을 넘어 자만심의 표현으로 보일 수 있다. 그래서 우리는 승리에서 패배로 돌아가는 길로 들어선다.

과학과 인문학 사이에는 아직도 기본적인 신뢰가 쌓이지 못했다. 그러다 보니 강자인 과학과 기술이 알게 모르게 '오버하는' 경우가 많다. 그와 달리 인문학은 많은 경우 과거의 관점을 현재에 그대로 적용하는 실수를 저지르고, 지나간 텍스트를 오늘에 와서 글자 그대로 인용하는 단순함을 보이기도 한다. 사실 인문학이란 것 자체가 오늘날 복잡한 모순 덩어리다. 어떤 사람들은 과거 종교가 했던 일을 인문학이 대신해서 연장하기를 원하는가 하면, 어떤 사람들은 그들 사이의 연결이나 연장을 아예 끊어버리려 한다. 인문학을 하나의 이름으로 부르는 것 자체가 이상한 일인 셈이다. 동일한 이론적 이념을 가진 인문학은 없다. 인문학을 어떻게 사회적으로 사용하느냐가 중요하다. 내세우는 이론이 다소 단순하더라도 당시의 행위가 진솔하다면 괜찮을 것이다.

하나의 인문학의, 하나의 인문학을 위한, 하나의 인문학에 의한 균형은 없다. 인문학은 여러 연결고리, 여러 가지치기 가운데 자리 잡은 벌판일 뿐이다. 경계가 희미한 땅. 그 땅에서 세계로 갈 수는 있지만 그 땅이 곧 '세계'는 아니다. 그 땅은 자주 흔들린다. 여러 종류의 지진이 일어난다. 그 땅에서 제 몸으로 균형을 잡는 일은, 그것 참, 쉽지 않다. 허구한 날 기우뚱, 흔들거린다.

기우뚱함, 자신과 시대를 사랑하는 감각의 징표

우파든 좌파든 고정된 이념에 따라 행동한다면, 세계와 세계화는 간단해 보일 것이다. 그러나 고정된 이념을 내려놓을 경우, '세계'는 모험과 위험으로 들끓는다. 사건이나 과정을 평가하기는 점점 복잡해진다. 균형 잡는 일이 어려워지고 피곤해진다. 세계 속에서 많은 사람들이 이렇듯 균형 피곤증을 느낀다면? 그건 바람직하지 않다. 그렇게 피곤함만 유발하는 균형이 뭐에 좋을 것인가?

이제까지 너무 세상 앞에서 균형을 잡으려고 한 듯하다. 그럴 필요는 없다. 균형이란, 산술적으로 혹은 통계적으로 혹은 간단한 물리적 방식으로 재현될 수 있는 세계 앞에서 잡는 자세일 필요는 없다. 예를 들어 사회의 양극화에서 출발하여 10대 90의 사회를 진단하고 비판할 수는 있다. 그 앞에서 잡는 균형이란 것이 '정확하게' 10대 90

의 한가운데일 필요는 없다. 그 '정확함'을 문자 그대로 추구한다면 한국 인구 4800만 가운데 10과 90이 나뉘는 자리에 바짝, 바짝 끼어 들어야 할 터이다. 몇 센티미터의 오차만 허용하고. 세계적으로는 60억 정도의 인구가 10대 90으로 나뉘는 틈 어디에 바짝, 바짝 기어 들어가야 할 것이다. 이것은 무모한 우화나 패러디이다.

마찬가지로 무수하게 가능한 관점들과 전망들을 줄 세워놓은 후에 '정확하게' 그 가운데로 끼어들어가 균형을 잡으려 할 필요는 없다. 무수한 관점들을 상상하고 체험하는 것은 좋은 훈련이지만, 그 가운데서 산술적으로 혹은 통계적으로 균형을 잡는 일은 가능하지도 않고 별 의미도 없다. 기우뚱한(좋다거나 아름답다고 말할 수 있는) 균형은 단순하게 기계적이거나 통계적이거나 산술적이지 않다. 구체적 상황에서는 실증적 수치가 중요하고 그 수치에 따라 균형을 잡는 일이 가능하기도 하고 또 의미를 가질 수 있지만, 그것을 일반적 목표로 삼을 필요는 없다. 산술적이고 통계적 균형에 매달릴 경우, 균형 피곤증에 시달리기 쉽다.

너무 모범적인 균형을 잡으려 애쓰지는 말자. 모두가 모범생으로 살 필요는 없다. 정치적 올바름은 물론 중요하다. 그러나 모두가 그걸 추구할 필요도 없고, 모두가 그걸 추구하는 사회가 좋은 사회도 아닐 것이다. 민주사회에서는 절대적 다수 혹은 상대적 다수만이 정치적으로 올바른 선택을 하는 것으로 충분하다. 상당수가 다른 의견을 가지고 있어도 상관없다. 정치적으로 올바른 태도를 갖는 일 자체가 기우뚱한 균형을 잡는 일이지만, 그렇게 올바른 태도를 갖는 사람들과 그렇지 않은 사람들 사이에서도 다시 기우뚱, 균형이 잡혀있기만 하면 충분하다.

또는 기우뚱, 균형이 잡혀 있지 않을 때도 있을 것이다. 아주 커다란 격차만 벌어지지 않는다면, 불행하지는 않을 것이다. 그런 일이 전혀 없을 수도 없다. 개인의 삶에서도 마찬가지다. 기우뚱, 균형을 잘 잡을 수도 있지만, 기우뚱, 잘못 잡을 수도 있다. 기우뚱한 균형은 정답을 찾는 일이 아니다.

인간을 바라보는 방식, 인간으로 사는 방식에서도 마찬가지다. 이론이나 글 자체가 기우뚱, 균형을 잘 잡으면 참 좋다. 그러나 때로는 이론과 행동 사이에 쩍, 틈이 벌어지고 간격이 생긴다. 인문학자의 경우 너무 옳고 선한 이야기를 하는 경향이 크다. 그러다 보면 자칫 위선적일 수 있다. 선한 일을 하려다 보면 선한 척하게 된다. 선한 일 하기〔爲善〕가 위선(僞善)을 낳는 경우다. 그러나 이 경우에도 행동이 소박하면 괜찮을 것이다(물론 소박함과 진솔함을 판단하는 일은 또 균형의 산술적 기준을 넘어간다). 말과 행동 사이에 어느 정도 기우뚱, 균형이 잡히는 셈이다. 과학과 기술을 공부하는 사람은 그것이 생산하는 현실을 기준으로 삼기 쉽다. 나쁜 영향이 생기더라도 그것이 나름대로 질서를 만들면 그것을 현실로 인정하는 방식. 악하게 보이더라도 질서와 힘을 가져오는 쪽으로 움직이기. 그런데 그 일이 그저 악하게 보이는 것으로 그치지 않고 정말 악한 일을 하게 될 수도 있다. 악한 척 하기〔僞惡〕가 자칫 악한 일 하기〔爲惡〕로 치닫는 경우다. 여기서는 행위의 책임을 온전히 짊어지는 것이 중요하다.

삶 속에서 위선을 완전히 피할 수도 없지만 위악도 마찬가지다. 이 사이에서 기계적이고 산술적 균형을 잡으려 하지 말자. 나의 동시대인이여, 기우뚱한 균형을 잡을 수 있다면 그대는 자신과 시대를 충분히 사랑한 것이다. 이 기우뚱함은 자신과 시대를 사랑하는 살아 있는 감각의 징표이니.

이제까지 이 책에서 나는 '세계'를 이야기했다. 많고 많은 일이 무수히 일어나는 곳, 셀 수 없는 사람들이 각자 자신의 삶을 지키고 가꾸려다 보니 알게 모르게 서로 충돌하고 서로 가로막고 서로 상처를 주고받는 곳. 그곳에 대해 이야기하는 한, 나는 균형이 필요하다고 여겼다. 기우뚱하게나마 잡히는 균형. 설명하는 데 필요하다면 여기에서는 이 수치를, 저기에서는 저 수치를 들이대기까지 했다. 꼭 그렇게 지적이고 통합적으로 '세계'를 설명하려고 하지 않는 방식이 있다. 자신의 시선 하나만으로 세상을 보기. 세상을 본다고도 말하지 않고 그냥 세상을 보기. 혹은 이론 없이 그냥 자신의 몸으로 행동하기. 통합적인 균형을 말로 내놓지 않은 채, 비틀거리지 않고, 혹은 비틀거리더라도 제 길을 가기. 굳이 말하자면 미학적 삶의 방식.

여기서는 자신의 시선의 깊이와 밀도에 충실하면 된다. 그걸로 충분하다. 여기서는 기우뚱함이 기계적 균형에 얽매이지 않고 차분하기만 하면 극단적인 모습을 해도 좋다. 얼핏 보면 '차분하면서도 극단적'인 것이 아귀가 맞지 않는 듯하지만, 제법 잘 맞는다. 극단적인 데 이르렀는데도, 그 극단성은 자율적이기에, 차분하다. 기우뚱한 상태를 극단으로 몰고 나간 곳에 겨우 균형 같은 것이 생기는 셈이다. 여기에도 여러 가지가 있겠지만, 어쨌든 그 기우뚱한 균형은 탐미적이기에 힘과 재미를 얻는다. 증명을 요구하는 균형 피곤증에서 벗어나는 힘과 재미.

자, 그러니, 균형 피곤증이 몰려올 때는 균형을 버려라. 중요한 건 억지로 만드는 균형이 아닐 터이니. 정작 귀한 것은 기우뚱함일 터이니. 그것이 주는 재미를 발견하라. 기우뚱한 흔들림을 즐겨라. 그것을 유지하는 사랑의 힘을 확인하라.

'세계'는 우리보고 자세를 잡으라고 앞에 버티고 있는 게 아니다. 가능한 모든 방식으로 우리는 '그것'을 발견할 수 있다. 나는 기어간다. 기어 넘어가며, 그것을 다시 경험한다. 기어갈 때 나는 그것, 세상의 무게에 눌리고 눌린다. 조금씩밖에 나아가지 못한다. 제자리에서 빙빙 돌기도 한다. 또 나는 그것 안에서 자꾸 구멍이 숭숭 뚫리고 접히고 휑해지는 걸 본다. 나는 바깥으로 소외되는 데 그치지 않고 그것 안으로, 그것 안에서 소내하고 소내된다. 세상은 그렇게 생성된다. 세계라 불리는 것의 중심은 안에서, 안으로, 자꾸 미끄러지고 도망간다. 우주공간처럼 그 중심이 윙윙, 빙빙, 붕붕, 궁궁궁, 도는 공간. 나의 삶도 때로는 내 안에서, 내 안 저 멀리로 도망간다. 자식들도 내 안에서, 내 안으로, 나의 삶 안 저 멀리 사막으로, 도망간다. 때로는 나도 나로부터, 저 멀리 내 안으로, 내 안의 바다로, 도망간다.

기우뚱한 흔들림도 '세계'를, 자꾸 도망가려는 그것을 가까이서, 온몸으로 경험하는 방식이다. 비유하자면, 자꾸 외줄처럼 허공에 걸쳐지거나 칼날처럼 뾰족해지는 그것 위를 걷기. 혹은 그 위에서 춤추다 넘어지고 다치기. 혹은 자전하고 공전하면서 쌩쌩 도는(그런데 시침 뚝 떼고 아무 소리 안 내는) 지구 위에서 걸으며 워킹 연습하기. 슈퍼모델만 워킹 연습하나? 세상의 지금 여기 모델인 나, 그리고 나의 동시대인이여, 우리도 워킹 연습을 해보자.

자, 이제 균형 피곤증이 좀 가시는가? 그러면 조금 되돌아가자. 그래서 지나왔던 문제 하나만 심심풀이 삼아 해결해보자.

사실 세계 안에서 균형 잡는 일은 한 개인이 함부로 하겠다고 나설 일이 아니다. 국가 안에서는 국가가 해야 할 일이고, 세계 안에서는 일종의 세계정부가 할 일 정도 된다. 그런데 정작 세상 속에서 균형 잡는 일이 얼마나 중요한지 국가 지도자들은 알려고 하지 않는다. 각 국 안에서는 균형 잡는 일이 어느 정도 관리되거나 조절되더라도, 세 계화 과정에서 세계는 그것을 관리하고 조절하지 못한다. 유엔조차 이 일을 떠맡지 못한다. 세계화에 반대하는 일은 구체적 상황에서 필 요하고 또 두드러져 보이지만, 복잡한 세계화 속에서 균형을 잡는 일 은 사실 유엔의 최고 목적이자 일상 과제여야 한다. 각 개인이나 집 단이 할 수 있는 범위와 규모를 넘어서는 일이기 때문일 것이다. 그 러니 유엔아, 네가 세계화 속의 균형에 관심을 가져라. 세계시민들의 균형 피곤증을 덜어줘야 하지 않겠니. 그렇지 못하면 유엔, 너는 시 대의 무능력한 괴물 접두사 'UN-'일 뿐이다.

정부와 세계정부가 제대로 일을 하지 못하는 세상은 지옥이다. 아 무리 재미있는 지옥이라지만, 우리 사회가 지옥인 건 사실이다. 다만 애정이 있고 사랑하기 때문에 지옥조차 재미있을 뿐이다. 사람들, 그 렇게 지옥 속에서 박박 혹은 슬슬 기며 넘어간다. 안에서 안으로 숭 숭숭 뚫리는 세상 속에서 사람들, 흔들리며 기우뚱, 균형을 잡는다.

조용한 새벽, 나뭇가지가 풀썩 하고 흔들리는 모습을 볼 것이다. 작은 새가 펑 뛰어들면서 가지가 흔들거린다. 거의 장관이다. 새는 가뿐히 균형을 잡고 가지에 착지한다. 좁디좁은 가지에 너끈하게 착 지한다. 기우뚱 흔들거리며 쩍쩍거린다.

*이 책의 원고들은 대부분 출간에 맞춰 기본 구조가 유지된 채 다소 수정되었다. 게재되었던 잡지의 출처는 다음과 같다.

1. 「우충좌돌 지식인, 김훈과 홍세화 사이로」, 계간 『문학수첩』, 2005년 봄호.

2. 「인문학, 보편주의와 실용주의 사이로」, 월간 『인물과 사상』, 2006년 11월호.

3. 「인문학자, 메타세쾨이어나무 숲 사이로」, 계간 『황해문화』, 2006년 겨울호.

4. 「인문학자, 솔직함과 뻔뻔함 사이로」, 계간 『황해문화』, 2007년 봄호.

5. 「상품화, 위선과 위악 사이로」, 계간 『BOL』, 2006년 가을호.

6. 「희생양 만들기, 김일병과 전두환 사이로」, 계간 『철학과 현실』, 2005년 가을호.

7. 「민주주의, 우파 근본주의와 좌파 근본주의 사이로」, 계간 『문학수첩』, 2005년 여름호.

8. 「교육, 자율과 공공 사이로」, 계간 『문학수첩』, 2005년 가을호.

9. 「소통의 부재, 촛불집회를 이해하는 겸손하고 뻔뻔하며 쫀쫀한 방식」, 월간 『인물과 사상』, 2006년 7월호.